Agenturauswahl im Marketing

Jens Erichsen

Agenturauswahl im Marketing

Anforderungen formulieren, Pitches
auswerten, Verhandlungen führen –
So finden Unternehmen den
optimalen Partner

Springer Gabler

Jens Erichsen
Is it a match?
Waldems, Deutschland

ISBN 978-3-658-48840-6   ISBN 978-3-658-48841-3   (eBook)
https://doi.org/10.1007/978-3-658-48841-3

Die Deutsche Nationalbibliothek verzeichnet diese Publikation in der Deutschen Nationalbibliografie;
detaillierte bibliografische Daten sind im Internet über https://portal.dnb.de abrufbar.

Planung/Lektorat: Imke Sander
Springer Gabler ist ein Imprint der eingetragenen Gesellschaft Springer Fachmedien Wiesbaden GmbH
und ist ein Teil von Springer Nature.
Die Anschrift der Gesellschaft ist: Abraham-Lincoln-Str. 46, 65189 Wiesbaden, Germany

Wenn Sie dieses Produkt entsorgen, geben Sie das Papier bitte zum Recycling.

Für alle Kunden, die mit Engelsgeduld den teilweise sehr langen und ausführlichen Präsentationen von Agenturen zugehört haben.

Für alle Agenturen, die sich mit riesigem Engagement durch die teilweise sehr ausführlichen Briefings von Unternehmen gearbeitet haben.

Vorwort

Der amerikanische Agenturmanager Abi Dan schrieb in seinem Blog, dass „Ausschreibungen eine verkorkste Methode zur Agenturauswahl sind." Sie seien „ein künstlicher, zufälliger Prozess, der den realen Arbeitsalltag nicht abbildet". (Abi Dan, Blogger 2022). Das mag überspitzt sein, es beschreibt jedoch die Notwendigkeit, sich tiefer mit den Herausforderungen und Verfahren von Ausschreibungen zu beschäftigen.

Im Marketing wird eine Ausschreibung auch gerne als Pitch bezeichnet. Der Begriff Pitch ist so vielseitig wie missverständlich: Während er in der Hip-Hop-Kultur als Affront gilt, beim Golf einen präzisen Annäherungsschlag beschreibt und Start-ups damit ihre Geschäftsideen präsentieren, steht er in der Marketingbranche für den gesamten Prozess, in dem Agenturen um die Gunst eines Kunden wetteifern. In diesem Buch verwende ich den Begriff entsprechend umfassend – als Synonym für den gesamten Ausschreibungsprozess von der ersten Anbahnung bis zur finalen Entscheidung. Für eine bessere Lesbarkeit verwende ich die Begriffe Pitch und Ausschreibung synonym.

Die wirtschaftliche Dimension eines Pitches ist unbestritten zentral. Kosteneinsparungen sind messbar und werden – besonders im Einkauf – häufig als primäres Erfolgskriterium herangezogen. Doch der reine

Fokus auf kurzfristige Einsparungen kann trügerisch sein: Der langfristige Mehrwert durch hochwirksame Kreation, Reduktion von Kosten der Neukundengewinnung (Customer Acquisition Costs) oder effizientere Prozesse kann ein deutlich größerer Effizienz-Hebel sein. Ein ausgewogenes Bewertungssystem muss daher sowohl die finanziellen Aspekte als auch die qualitativen Potenziale einer Zusammenarbeit berücksichtigen. Die Zusammenarbeit mit der richtigen Agentur entscheidet mit über den Markterfolg.

Die durchschnittliche Dauer einer Kunden-Agentur-Beziehung liegt bei etwa drei Jahren (R3, 2016). In einer jährlichen Branchenumfrage aus den USA gaben 40 Prozent der Marketing-Manager an, innerhalb der nächsten sechs Monate ihre Agentur wechseln zu wollen (Setup, 2024). Diese hohe Wechselabsicht deutet darauf hin, dass viele Unternehmen mit ihrer aktuellen Agentur unzufrieden sind – oft das Ergebnis einer suboptimalen Auswahl.

Warum scheitern Agenturbeziehungen so häufig? Ein Blick auf gängige Fehler im Ausschreibungsprozess gibt Aufschluss:

- Unklare Ziele und Briefings: Unternehmen starten Ausschreibungen oft ohne klares Ziel oder mit einem vagen Briefing. Wenn nicht genau definiert ist, was man sucht, kann keine Agentur perfekt passen.
- Zu viele oder ungeeignete Teilnehmer: Aus Angst, eine gute Option zu übersehen, laden manche Unternehmen ein Dutzend Agenturen ein – oder die falschen. Eine „Agenturauswahl ohne Sinn und Verstand" (Kammann Rossi, 2018) führt leicht dazu, dass ungeeignete Agenturen zu einer Ausschreibung eingeladen werden. Das kostet alle Beteiligten Zeit und Nerven.
- Unrealistische Erwartungen: Weitere Fehler sind zu knapp bemessene Zeitpläne oder die Erwartung kostenintensiver Konzepte ohne Honorar. Unternehmen, die zum Beispiel in zwei Wochen eine komplette Kampagnenidee wollen und kein Pitch-Honorar zahlen, ernten entweder abgespeckte Ergebnisse oder vergraulen gute Agenturen.

- Subjektive Bauchentscheidungen: Am Ende entscheiden nicht selten persönliche Vorlieben statt objektiver Kriterien. Bei vielen Unternehmen dominieren im Entscheidungsprozess subjektive oder emotionale Beweggründe (Kammann Rossi, 2018) – Sympathie für den Präsentator, ein bekanntes Agentur-Logo oder der Wow-Effekt der letzten Folie. Ohne Struktur passiert es leicht, dass man sich blenden lässt und nicht die beste Agentur, sondern die geschickteste Präsentation auswählt.
- Mangelnde Transparenz: Viele – insbesondere einkaufsgetriebene – Ausschreibungsverfahren setzen auf Intransparenz. Verfahrenstechnisch ist es sinnvoll, allen Teilnehmern die gleichen Informationen zu geben. Wer hier zu restriktiv ist, vergibt Chancen, den zukünftigen Dialog mit der Agentur im Tagesgeschäft bereits in einer Pitch-Situation zu simulieren.

Diese Fehler lassen sich im Wesentlichen damit erklären, dass Unternehmen in der Regel einen Erfahrungsnachteil gegenüber Agenturen haben. Da Unternehmen ihre Agenturbeziehungen durchschnittlich nur alle drei bis vier Jahre neu ausschreiben, fehlt den Verantwortlichen oft die Routine in der Konstruktion solcher Prozesse. Vielfach treten hier Amateure gegen Profis an. Die in diesem Buch vorgestellten Verfahren werden Ihnen als Unternehmen das Rüstzeug geben, Ihren Pitch erfolgreich durchzuführen.

Für wen ist dieses Buch?
Dieses Buch richtet sich an alle, die mit der Auswahl von Marketing-Dienstleistern zu tun haben. Marketing-Entscheider – vom Startup-Marketingmanager bis zum Konzern-CMO – finden hier Leitfäden, um Pitches effizient und treffsicher zu gestalten. Einkäufer und Procurement-Verantwortliche, die Ausschreibungen betreuen, erhalten Einblicke, wie man neben Preis und Vertrag auch weiche Faktoren berücksichtigt. Selbst Pitch-Berater und Auditoren können von den fundierten Methoden profitieren, um ihren Prozess weiter zu verfeinern. Kurz: Ob Sie zum ersten Mal eine Agentur auswählen oder bereits Dutzende Pitches erlebt haben – die Inhalte bieten jedem neue Erkenntnisse.

Was erwartet Sie in diesem Buch? Ich habe über 100 Ausschreibungen begleitet – sowohl als Auftraggeber als auch als Agentur-Geschäftsführer. Diese Erfahrungen teile ich in diesem Buch und ergänze sie um ein fundiertes Gerüst, basierend auf möglichst wissenschaftlichen Erkenntnissen. Während der Ausschreibungsprozess selbst bisher wenig erforscht ist, lassen sich wertvolle Parallelen zum Recruitment ziehen. Die Auswahl eines Dienstleisters ähnelt in vielen Aspekten der Personalauswahl – ein Feld, das wissenschaftlich exzellent erschlossen ist und mit der DIN 33430 sogar standardisierte Qualitätskriterien bietet. Ergänzend fließen Erkenntnisse aus der Verkaufspsychologie ein, die besonders für die Gestaltung und Evaluation kommerzieller Aspekte relevant sind.

• Klare Verfahren und Tools: Sie lernen Schritt für Schritt einen bewährten Auswahlprozess kennen – von der ersten Bedarfsdefinition bis zur finalen Entscheidung. An jeder Station gebe ich erprobte Methoden an die Hand, etwa wie man ein Bewertungsraster erstellt oder ein Scoring-Modell anwendet, um Agenturen objektiv zu vergleichen.
• Checklisten und Templates: Am Ende vieler Kapitel finden Sie Checklisten, damit Sie nichts vergessen – zum Beispiel welche Punkte ein gutes Briefing abdecken muss oder welche Kriterien Sie bei Agentur-Vorgesprächen abklopfen sollten. Vorlagen für Bewertungsmatrizen oder Fragenkataloge erleichtern die direkte Umsetzung im eigenen Pitch-Projekt.
• Best Practices und Fallbeispiele: Wir präsentieren Erfahrungswerte aus der Praxis: Was machen erfolgreiche Pitches anders? Wo sind andere gescheitert und was kann man daraus lernen? Diese echten Geschichten – positive wie negative – machen die Tipps greifbar.
• Aktuelle Studien und Insights: Um unsere Empfehlungen zu untermauern, ziehen wir aktuelle Studien und Klassiker der Forschung heran. Dadurch erfahren Sie zum Beispiel, welche Auswahlverfahren statistisch wirklich Erfolg versprechen und warum etwa eine kulturelle Passung zwischen Kunde und Agentur genauso wichtig sein kann wie fachliche Exzellenz.

Der Mehrwert dieses Buches liegt also in der Verbindung von Theorie und Praxis: Ich liefere einen Kompass, mit dem Sie sich im oft unübersichtlichen Pitch-Prozess orientieren können. Statt lediglich auf das Bauchgefühl zu hören oder sich von der lautesten Werbeagentur blenden zu lassen, werden Sie in der Lage sein, eine fundierte Entscheidung zu treffen – und zwar effizient, fair und nachvollziehbar.

Unterschiedliche Pitches – gleiche Verfahren

Marketing ist ein weites Feld: Manchmal suchen Sie vielleicht eine kreative Lead-Agentur für die nächste große Werbekampagne. Ein andermal brauchen Sie eine Media-Agentur, die Werbeplätze effizient einkauft, oder eine CRM-Agentur für personalisiertes Kundenmarketing. Die Frage ist: Müssen Sie die Auswahl jedes Mal völlig anders angehen? Die beruhigende Antwort dieses Buches: Nein. Trotz unterschiedlicher Schwerpunkte der Agenturen, ähneln sich die Grundprinzipien der Auswahl.

Tatsächlich laufen Pitches in ihrer Struktur oft vergleichbar ab – unabhängig von der Disziplin. Ein Agenturpitch ist letztlich ein Wettbewerb, in dem Agenturen ihre Eignung für einen Auftrag präsentieren. Ob es um Werbung, PR, Digital, Event oder Design geht, spielt für den Ablauf erst mal weniger eine Rolle. Die in diesem Buch beschriebenen Methoden und Tipps lassen sich auf all diese Fälle übertragen.

Dennoch gibt es natürlich auch inhaltliche Unterschiede: Eine Kreativ-Agentur wird vielleicht im Pitch eine zündende Kampagnenidee präsentieren, während es bei einer Media-Agentur eher um Strategien zur Budgetallokation geht. Die Art der Aufgabe variiert, doch der Prozess bleibt ähnlich. In der Regel durchläuft jede Ausschreibung bestimmte Phasen – wie etwa Definition der Anforderungen, Marktrecherche, Briefing, Präsentationen und Bewertungsrunden.

Diese strukturellen Gemeinsamkeiten machen es möglich, ein einheitliches Verfahren zu entwickeln, das für jeden Pitch angewendet werden kann. In diesem Buch lernen Sie ein solches Verfahren kennen. Es ist modular aufgebaut – Sie können es je nach Art des Projekts anpassen. Suchen Sie etwa eine Media-Agentur, werden Sie vielleicht stärker auf Zahlen, Konditionen und Tools achten. Geht es um eine Kreativ-Agentur, spielen Portfolio und kreative Fähigkeiten eine größere Rolle.

Doch in beiden Fällen sollten Sie systematisch vorgehen: klare Ziele setzen, passende Kandidaten identifizieren, vergleichbare Informationen einholen und objektiv bewerten. Genau dabei hilft Ihnen der Ansatz dieses Buches. Er sorgt dafür, dass Sie am Ende Äpfel mit Äpfeln vergleichen, egal ob die Äpfel kreative Storyboards oder Mediapläne sind.

Kurz gesagt: Die Methoden funktionieren pitchübergreifend. Sie können also das Gelernte auf nahezu jede Agenturauswahl anwenden. Das nimmt Komplexität aus dem Prozess und gibt Ihnen die Sicherheit, nichts Wichtiges zu übersehen, selbst wenn das Terrain (zum Beispiel eine neue Marketing-Disziplin) für Sie neu ist.

Mehrwert

Es gibt prominente Beispiele von gescheiterten Ausschreibungen, wo bereits nach wenigen Monaten die Agentur wieder gewechselt wurde (Otto, ERGO, Expedia). Es gibt Unternehmen, die jährlich die Agentur wechseln, weil sie immer wieder unzufrieden sind. Das ist vergleichbar mit einem Fußballverein, der in drei Jahren fünf Trainer verschleißt – ein deutliches Zeichen, dass im Auswahlprozess etwas grundlegend falsch läuft. Meist wurden entweder die Kriterien falsch gesetzt (zum Beispiel zu sehr auf kurzfristige Zahlen geschielt und weiche Faktoren ignoriert) oder es gab kein objektives Bewertungssystem, sodass am Ende doch das lauteste Verkaufstalent gewonnen hat statt der besten Lösung.

Aus solchen Fällen ziehen wir zwei Lehren: Erstens, ein gescheiterter Pitch ist teuer – er kostet viel Geld, Zeit und auch Motivation. Die aufgewendeten Ressourcen für Ausschreibung und Präsentationen sind verloren, und der eigentliche Marketingbedarf ist immer noch ungelöst. Zweitens, und wichtiger noch: Das Scheitern wäre vermeidbar gewesen. Genau hier kommt ein strukturierter Auswahlprozess ins Spiel. Er fungiert als Sicherheitsnetz, das Auffanglinien einzieht, bevor man ins Bodenlose tappt.

Eine strukturierte Agenturauswahl ist keine Garantie, dass nie etwas schiefgeht – aber sie erhöht die Trefferquote immens. So wie ein guter Trainer die Siegchancen einer Mannschaft steigert, steigert ein gutes Pitch-Verfahren die Chance auf eine erfolgreiche Agenturpartnerschaft. Und um diese Erfolgsquote nachhaltig zu erhöhen, dafür ist dieses Buch da.

Aufbau und Nutzung des Buches

Nach dieser Einleitung fragen Sie sich vielleicht: Wie geht es nun konkret weiter? Dieser erste Abschnitt hat das Warum geklärt – die Dringlichkeit und den Nutzen einer fundierten Agenturauswahl. Im Rest des Buches geht es um das Wie. Dabei ist das Buch logisch entlang des Pitch-Prozesses aufgebaut, sodass Sie es sowohl von A bis Z lesen können als auch gezielt in einzelne Kapitel springen, die für Sie gerade relevant sind.

In diesem Leitfaden lernen Sie zunächst in Kap. 1 und 2 grundsätzliche organisatorische Sachverhalte sowie methodische Hintergründe zur Beobachtung und Bewertung im Rahmen von Pitch-Verfahren. In Kap. 3 erkläre ich den wesentlichen Baustein zur Pitch-Vorbereitung, nämlich Ihre Anforderungen klar zu definieren. Wenn Sie nur ein Kapitel dieses Buches lesen möchten, dann empfehle ich Ihnen genau dieses. Die Kap. 4 und 5 beschäftigen sich mit den fachlichen und kommerziellen Verfahren, mit denen Sie Ihre Anforderungen beobachten oder messen können. Wie Sie zu einer Entscheidung kommen und diese vertraglich fixieren, wird in den Kap. 6 und 7 erläutert. Abschließend widmen sich Kap. 8, 9 und 10 Sonderfällen und Zukunftstrends – von alternativen Pitch-Formaten bis zum Einfluss von KI und zu neuen Vertragsmodellen.

Nutzungshinweise

Nicht jeder Leser hat dieselben Vorkenntnisse oder Ziele. Daher ein paar Tipps, wie Sie dieses Buch für sich am besten nutzen:

- Einsteiger: Wenn Sie zum ersten Mal eine Agenturauswahl begleiten, empfehlen wir Ihnen, das Buch der Reihe nach zu lesen. So erhalten Sie ein vollständiges Bild vom Anfang bis zum Ende. Machen Sie sich Notizen und nutzen Sie die Checklisten, um Ihren eigenen Prozess aufzusetzen.
- Erfahrene Praktiker: Falls Sie schon Pitches durchgeführt haben, können Sie gezielt die Kapitel auswählen, in denen Sie sich verbessern möchten. Vielleicht hatten Sie bislang immer Schwierigkeiten mit dem Erstellen einer Bewertungsmatrix – dann steigen Sie direkt bei Kap. 6 ein.

- Checklisten: Am Ende der meisten Kapitel finden sie Checklisten, die Ihnen einfach und praktisch dabei helfen, keine wesentlichen Punkte bei Ihrem Ausschreibungsverfahren zu übersehen.

Mein Ziel ist es, dass Sie das Buch aktiv verwenden. Markieren Sie Stellen, diskutieren Sie die Inhalte im Team, übertragen Sie die Empfehlungen auf Ihre laufenden Projekte. Vielleicht entwickeln Sie sogar Ihren ganz eigenen Pitch-Leitfaden auf Basis dieses Buches – das wäre aus meiner Sicht der größte Erfolg.

Ein Hinweis zur Sprache: In diesem Buch verzichte ich bewusst auf Gender-Formulierungen, um Klarheit und Lesefluss zu optimieren. Diese stilistische Entscheidung impliziert keinerlei Wertung – alle Menschen sind gleichermaßen angesprochen, unabhängig von ihrer Geschlechtsidentität oder Lebensweise.

Jens Erichsen

Literatur

Dan, A. (2022). The Pitch Is The Worst Business Practice For Marketers And Agencies. Forbes Magazine (online), 7. September 2022.https://www.forbes.com/sites/avidan/2022/09/07/the-pitch-is-the-worst-business-practice-for-marketers-and-agencies/. Zugegriffen: 9. Apr. 2025.

Kammann Rossi. (2018). Sieben Fehler, die Unternehmen bei einem Agenturpitch machen können. https://www.kammannrossi.de/blog/sieben-fehler-die-unternehmen-bei-einem-agenturpitch-machen-k%C3%B6nnen. Zugegriffen: 17. Apr. 2025.

R3. (2016). The Top 40 Client-Agency Relationships Last an Average of 22 Years. Research Report, R3 Worldwide, 2. November 2016. https://r3global40.com/key-findings/. Zugegriffen: 17. Apr. 2025.

Setup. (2024). The Breakup Blueprint: Fixing Agency-Client Relationships Before They Fail. https://setup.us/blog/the-breakup-blueprint-fixing-agency-client-relationships-before-they-fail. Zugegriffen: 17. Apr. 2027.

Inhaltsverzeichnis

XVIII   Inhaltsverzeichnis

Über den Autor

Jens Erichsen, Diplom-Kaufmann, studierte Betriebswirtschaftslehre an der Universität Trier und mit einem ERASMUS-Stipendium an der Dublin City University. Seit 1995 ist er in der Medien- und Marketingbranche tätig und hat in seiner Karriere sowohl für Unternehmen als auch für Agenturen gearbeitet, davon mehr als 25 Jahre in Führungspositionen.

Von 2008 bis 2024 war er als Managing Director für Carat Deutschland GmbH tätig, wo er maßgeblich an der Transformation des Unternehmens zu einem ganzheitlichen Kommunikationsdienstleister beteiligt war.

Zuvor war Erichsen acht Jahre lang bei der Allianz Deutschland AG als Abteilungs-Direktor für Marketingkommunikation tätig. Dort verantwortete er die Markenführung, das Mediamanagement sowie das Sponsoring-Management für Großprojekte wie die Allianz Arena und das Formel-1-Engagement.

2016 gründete er parallel zu seiner Agenturkarriere die Hall of Wood GmbH & Co. KG, ein E-Commerce-Unternehmen, und demonstriert damit sein unternehmerisches Geschick im digitalen Handel.

Anfang 2025 verließ er Carat Deutschland und bietet mit seiner Firma Teamgeyst GmbH eignungsdiagnostische Tests an, um die Passung von Unternehmen und Agenturen zu bewerten.

Erichsen ist zertifizierter Eignungsdiagnostiker für die DIN33430. Er ist als Redner auf Konferenzen und Symposien zu Themen wie Marketingstrategie, Ausschreibungen und digitale Innovation gefragt. Mit diesem Buch teilt er seine umfangreichen Erfahrungen und Erkenntnisse aus über 30 Jahren in der Branche.

1

Organisation und Ablauf

„Wenn man es nicht schafft zu planen, plant man, es nicht zu schaffen. "

(Benjamin Franklin)

Zusammenfassung Eine effiziente Agenturauswahl beginnt mit einer strukturierten Anforderungsanalyse. Anschließend werden passende Pitch-Verfahren (z. B. RFI oder RFP) gewählt, um die Anforderungen beobachten bzw. messen zu können. Auf dieser Basis kann dann ein aussagekräftiges Briefing erstellt werden. Nach der anforderungsbasierten Recherche potenzieller Dienstleister (Longlist) folgt die Konzentration auf die entscheidenden Kandidaten (Shortlist). Nach Durchführung der gewählten Verfahren treffen Unternehmen eine fundierte Entscheidung und dokumentieren den gesamten Ablauf, um Transparenz und Optimierungspotenziale zu sichern.

Der Ausschreibungsprozess zur Auswahl einer Marketingagentur ist eine systematische und strukturierte Methode, um die passende Agentur für

© Der/die Autor(en), exklusiv lizenziert an Springer Fachmedien Wiesbaden GmbH, ein Teil von Springer Nature 2025
J. Erichsen, *Agenturauswahl im Marketing,*
https://doi.org/10.1007/978-3-658-48841-3_1

spezifische Bedürfnisse auszuwählen. Dieser Prozess gewährleistet Transparenz, Fairness, Effizienz und ist wichtig, weil er:

- Projektanforderungen und Erwartungen klar definiert.
- Eine vielfältige Auswahl qualifizierter Agenturen anzieht.
- Agenturen basierend auf Fähigkeiten, Erfahrungen und vorgeschlagenen Lösungen bewertet.
- Sicherstellt, dass die ausgewählte Agentur mit den Unternehmenswerten und -zielen übereinstimmt.
- Risiken einer schlechten Agenturauswahl minimiert.
- Allen interessierten Agenturen eine faire Chance bietet.

Vor der Ausschreibung ist eine gründliche Planung notwendig, um den Prozess effektiv und effizient zu gestalten (BME-Fachgruppe Marketingeinkauf, 2018).

Wann sollte eine Ausschreibung gestartet werden?

- Wenn eine neue Marketingkampagne oder eine signifikante Strategieänderung erforderlich ist.
- Wenn der aktuelle Agenturvertrag ausläuft oder seine Erfüllung nicht den Erwartungen entspricht.
- Beim Betreten eines neuen Marktes oder der Einführung eines neuen Produkts oder einer neuen Dienstleistung.
- Wenn eine Neubewertung und Optimierung des Marketingbudgets notwendig ist.

In der Realität ist das Hauptmotiv von Ausschreibungen häufig die Verbesserung von kommerziellen Konditionen. Gerade bei sich verändernden Marktbedingungen ist das nachvollziehbar. Dieser kurzfristigen Perspektive sollte eine langfristige Opportunitätskosten-Rechnung gegenübergestellt werden, die die Wechselkosten für Zeitverlust durch Einarbeitung, Ressourcen für die Ausschreibung und Erfahrungsverlust berücksichtigt.

Eine mögliche Berechnung ist in Tab. 1.1 dargestellt.

Die Zeitplanung ist ein zentraler Erfolgsfaktor bei Agentur-Ausschreibungen. Ein häufiger Fehler ist, den gesamten Pitch-Prozess zu

Tab. 1.1 Berechnungswege für Opportunitätskosten bei einem Agenturwechsel

Opportunitätskosten	Berechnungsweg
Zeitverlust durch Einarbeitung	Anzahl Einarbeitungstage × (Tagessatz intern + Tagessatz extern)
Know-how-Verlust	Dauer (Tage) bis neues Team eingearbeitet × (entgangener Tagesumsatz oder Leads × Wert pro Lead/Kunde)
Kosten fehlender Kontinuität	Umsatzverlust durch pausierte Kampagnen + Zusatzkosten neuer Kampagnen
Kurzfristige Performance-Einbußen	Anzahl Tage mit Performance-Einbußen × Tagesumsatz × geschätzte Leistungsminderung (%)
Interne Ressourcenbindung	Anzahl gebundener interner Stunden × Stundensatz intern

knapp anzusetzen. Daher beschäftigen wir uns in diesem Kapitel mit dem Prozess, der Organisation und den zu erwartenden Aufwänden bei Ausschreibungen.

1.1 Phasen und Meilensteine eines idealen Pitch-Prozesses

Ein idealer Pitch verläuft in klar definierten Etappen. Jede Phase hat ihre eigenen Ziele und Meilensteine, die aufeinander aufbauen. Diese strukturierte Abfolge sorgt dafür, dass nichts Wichtiges vergessen wird und am Ende eine fundierte Entscheidung steht.

Es beginnt mit der Anforderungsanalyse als Grundlage (was genau wird gesucht, welche Ziele bestehen?), führt über die Auswahl und Gestaltung geeigneter Pitch-Verfahren (RFI, Chemistry Meeting, Aufgabenproben etc.), behandelt die Zeit- und Ressourcenplanung inklusive möglicher Pitch-Honorare und endet bei der Dokumentation und Auswertung aller Ergebnisse. Ziel ist es, einen strukturierten Ablauf zu schaffen, in dem alle Beteiligten dieselben Informationen haben und Entscheidungen auf nachvollziehbaren Kriterien basieren (siehe dazu auch Abb. 1.1).

Abb. 1.1 Schematische Darstellung des idealen Pitch-Prozesses

Wichtig ist, den Zeitplan von Beginn an klar zu strukturieren und zu kommunizieren. Idealerweise wird im Ausschreibungsbriefing ein genauer Ablauf mit Terminen festgelegt: bis wann interessierte Agenturen ihre Teilnahme zusagen müssen, bis wann Fragen gestellt werden können, Abgabetermin der Pitch-Unterlagen, Termine für Präsentationen sowie der Zeitraum für die finale Entscheidungsfindung. Dieser Plan sollte realistisch sein und auch Puffer für unvorhergesehene Verzögerungen enthalten. Tab. 1.2 zeigt einen beispielhaften Zeitplan. Die hier genannten Phasen werden in den folgenden Kapiteln ausführlich beschrieben.

> **Wichtig**
> Ein realistischer Zeitplan ist entscheidend für einen reibungslosen Ablauf der Ausschreibung. Planen Sie ausreichend Zeit für jede Phase ein, um sowohl Ihrem Team als auch den potenziellen Agenturen genügend Spielraum zu geben.

Tab. 1.2 Phasen einer typischen Ausschreibung und grober Zeitrahmen

Phase	Beschreibung	Dauer (Beispiel)
Anforderungsanalyse	Ziele, Rahmenbedingungen und Anforderungen definieren, interne Abstimmung mit Stakeholdern	1–2 Monate
Verfahren	Auswahl des passenden Pitch-Verfahrens (z. B. RFI, RFP, Workshops)	2–3 Wochen
Briefing	Erstellung des Briefings inkl. Zeitplan, Budget, Rollen & Bewertungskriterien, interne Abstimmung mit Stakeholdern	3–4 Wochen
Longlist-Phase	Vorauswahl potenzieller Agenturen & Versand der Einladung & Auswahl Shortlist	1–2 Monate
Shortlist-Phase	Einladung Shortlist, Durchführung der Verfahren (Präsentationen, Tests, etc.)	2–3 Monate
Entscheidung	Finale Auswahl der Agentur & Feedback an Teilnehmende, interne Abstimmung mit Stakeholdern	3–4 Wochen
Dokumentation	Zusammenfassung, Auswertung & Archivierung des Auswahlprozesses	1–2 Wochen

1.2   Anforderungsanalyse (1–2 Monate)

Die erste Phase einer jeden erfolgreichen Ausschreibung ist die sorgfältige Definition des eigenen Bedarfs. Dieser Schritt erfordert zwar einen erheblichen Zeitaufwand, bildet aber das Fundament für alle nachfolgenden Phasen. Unternehmen müssen sich ausreichend Zeit nehmen, um ihre konkreten Marketingziele, die relevanten Zielgruppen, das gewünschte Leistungsspektrum der Agentur sowie das verfügbare Budget klar zu umreißen.

Es ist ratsam, in dieser frühen Phase alle relevanten internen Stakeholder in den Prozess einzubinden. Dies stellt sicher, dass unterschiedliche Perspektiven und Anforderungen berücksichtigt werden (BME-Fachgruppe Marketingeinkauf, 2018).

Auch Pitch-Berater können helfen, den Prozess zu strukturieren. Insbesondere bei der kommerziellen Abfrage kann tiefes Marktwissen hilfreich sein. Bedenken Sie, dass auch die Ausschreibung für ein Beratermandat Zeit in Anspruch nimmt (siehe auch Kap. 9: Die Rolle von Pitch-Beratern).

1.3   Auswahl der passenden Verfahren (2–3 Wochen)

Wenn die Anforderungen feststehen, wählen Sie die geeigneten Verfahren für Ihre Ausschreibung, um die definierten Anforderungen zu messen oder zu beobachten. Wählen Sie eine Anzahl von Verfahren, die dem Umfang Ihres Projekts angemessen sind.

Ein Messverfahren muss zur jeweiligen Anforderung passen, um valide Aussagen treffen zu können. Auf die Agenturauswahl übertragen bedeutet dies, dass unterschiedliche Anforderungsbereiche (z. B. fachliche Expertise, soziale Kompetenz, kultureller Fit) jeweils angemessene Erhebungs- oder Beobachtungsformate benötigen.

Neben diesen Anforderungen ist auch die Wirksamkeit einzelner Methoden im Hinblick auf ihre Vorhersagekraft für den späteren Erfolg essenziell. Forschungsergebnisse (Schmidt & Hunter, 1998; Sackett et al., 2022) legen nahe, dass insbesondere arbeitsprobennahe Formate (z. B. Fallstudien, Workshops, Pilotprojekte) und strukturierte Gesprächsformate eine relativ hohe Validität aufweisen. Unstrukturierte Treffen oder auch Dokumentenabfragen liefern hingegen oft nur eingeschränkte Prognosen. Eine durchdachte Kombination der Formate minimiert Bias und unterstützt ein fundiertes Gesamturteil.

In dieser Phase werden auch die Bewertungskriterien erstellt. Diese müssen zwingend anforderungsspezifisch abgeleitet werden und individuell für die ausgewählten Verfahren angepasst werden.

1.4 Briefing (3–4 Wochen)

Steht fest, wie der Pitch ablaufen soll, erstellen Sie das eigentliche Briefing. Dieses sollte enthalten:

- Hintergrundinformationen zum Unternehmen und zur Marke
- Aufgabenstellung und Ziele
- Budget, Zeitplan und Rollenverteilung
- Bewertungskriterien (die definierten Anforderungen)
- Kontaktdaten für Rückfragen und Klarstellungen

Ein strukturiertes Briefing sorgt dafür, dass die Agenturen vergleichbare Angebote erstellen und vermeidet Missverständnisse (Winkler, 2018).

Denken Sie daran, bereits jetzt alle relevanten Stakeholder zu integrieren und frühzeitig Termine zu blocken.

1.5 Longlist-Phase (1–2 Monate)

Für die erste, breite Auswahl potenzieller Agenturen sollten Unternehmen verschiedene Recherchemethoden nutzen, um einen umfassenden Überblick über den Markt zu erhalten. Dazu gehören die Durchsicht von Branchenverzeichnissen und Rankings, die Beachtung von Auszeichnungen und Wettbewerben, das Einholen von Empfehlungen von Geschäftspartnern und Kollegen, die Nutzung eigener Erfahrungen aus früheren Projekten sowie eine gründliche Online-Recherche und die Analyse der Web oder Social-Media-Präsenz potenzieller Agenturen. Eine weitere wertvolle Methode ist die Analyse der Agenturen, mit denen Wettbewerber zusammenarbeiten.

Die Kriterien für die Auswahl der einzuladenden Agenturen haben Sie bereits in der ersten Phase definiert, nämlich die spezifischen Anforderungen. Die faktische Eignung einzelner Agenturen wird im Detail erst in späteren Pitch-Phasen geprüft. Dafür legen Sie jetzt durch Einladung der passenden Agenturen den Grundstein. Hierzu können Sie anhand der folgenden Merkmale Agenturen selektieren, die zu Ihren Anforderungen passen:

- Erfahrung und Expertise:

  - Relevante Erfahrung in der Branche des Unternehmens.
  - Spezialisierung auf die erforderlichen Marketingdienstleistungen.

- Ruf und Bewertungen:

  - Überprüfung von Online-Bewertungen, Fallstudien und Empfehlungen.
  - Suche nach Auszeichnungen oder Anerkennungen.

- Größe und Ressourcen:

  - Sicherstellung, dass die Agentur über das nötige Team und die Ressourcen für das Projekt verfügt.

- Standort:

  - Berücksichtigung, ob der Standort (lokal, national, international) geeignet ist.

- Kosten:

  - Berücksichtigung von Agenturen, die wahrscheinlich im Budgetrahmen des Unternehmens liegen.

Nehmen Sie sich Zeit, um sicherzustellen, dass alle relevanten Agenturen in Betracht gezogen werden. So finden Sie die besten Kandidaten für Ihr Projekt. Ziel ist es, eine Longlist von 5 bis 8 Agenturen zu erstellen und diese im Rahmen eines geeigneten Verfahrens – in der Regel per RFI – zur Teilnahme an der Longlist-Phase einzuladen, um sich für die darauffolgende Shortlist-Phase zu qualifizieren. Die Einladung zur Teilnahme an der Ausschreibung sollte bereits einen klaren Zeitplan für den gesamten Prozess enthalten, einschließlich der Fristen für die Einreichung der Angebote und der geplanten Präsentationstermine.

Es ist wichtig, den Agenturen ausreichend Zeit zu geben, in der Regel zwei bis drei Wochen, um die Unterlagen sorgfältig zu prüfen und zu beantworten.

Nach Ablauf der Einreichungsfrist beginnt die Phase der Angebotsbewertung. Hierfür muss je nach Anzahl und Komplexität der eingegangenen Angebote ein Zeitraum von ein bis zwei Wochen eingeplant werden. Die Bewertung der Angebote sollte auf Basis der zuvor definierten Bewertungskriterien erfolgen.

Das Ergebnis der Angebotsbewertung ist eine Shortlist, die in der Regel zwei bis vier Agenturen umfasst. Diese Agenturen werden dann in der nächsten Phase zu weiteren Verfahren eingeladen.

1.6 Shortlist-Phase (2–3 Monate)

Die Organisation und Durchführung der Pitch-Präsentationen nehmen erfahrungsgemäß die meiste Zeit in Anspruch. In dieser Phase erfolgen:

- Versand des umfassenden Briefings
- Bearbeitung des Briefings durch die Agenturen
- Eventuelle Zwischenrunden (Rebriefings, kurze Workshops)
- Präsentationen, Workshops, Tool-Vorstellungen etc.

Planen Sie ausreichend Vorbereitungszeit ein, um wirklich brauchbare Ergebnisse zu erhalten. Eine durchdachte Zeitplanung verhindert Hektik und lässt Raum für tiefergehende Fragen (Winkler, 2018).

1.7   Entscheidung (3–4 Wochen)

Nach Abschluss der Shortlist-Präsentationen treffen Sie die finale Auswahl. Wichtig ist, dass Sie:

- die Verfahren mithilfe der festgelegten Kriterien bewerten,
- ein internes Entscheidungsgremium bilden (z. B. Marketingleiter, Einkauf, Geschäftsführung) und
- ein Feedbackgespräch vorbereiten (mit der Gewinner-Agentur sowie mit den unterlegenen Agenturen).

Eine zügige, transparente Entscheidung ist fair gegenüber den teilnehmenden Agenturen und stärkt Ihr Image als verlässlicher Auftraggeber (Zimmermann, 2020).

In der Regel beansprucht diese Phase 3–4 Wochen. Vielfach werden in dieser Phase auch weitere kommerzielle Verhandlungsrunden durchgeführt, einschließlich letzter Klärungen zum Budget, Team oder Vertrag. Planen Sie auch hierfür ausreichend Zeit ein.

1.8   Dokumentation (1–2 Wochen)

Der letzte Schritt im Ausschreibungsverfahren ist die Dokumentation und Auswertung:

- Archivieren der Briefings, Angebote und Präsentationen
- Festhalten der Bewertungsbögen und Entscheidungsgrundlagen
- Interner Abschlussbericht mit „Lessons Learned"
- Kommunikation des Ergebnisses an sämtliche Stakeholder

Eine gründliche Dokumentation macht den Prozess für alle nachvollziehbar und legt den Grundstein für spätere Audits oder ähnliche Ausschreibungen (Habenicht, 2018).

Planen Sie 1–2 Wochen für das Sichten und Zusammenstellen aller Unterlagen sowie die formale Kommunikation des Ergebnisses.

1.9 Fazit

Ein klar definiertes Pitch-Verfahren führt nachweislich zu besseren Ergebnissen, reduziert Bias und erhöht die Zufriedenheit mit der gewählten Agentur. Intuition bleibt wertvoll, sollte aber stets durch objektive Kriterien ergänzt werden.

Der Prozess folgt klar abgegrenzten Phasen: von der Anforderungsanalyse über die Auswahl des passenden Verfahrens, präzise Planung und Briefing mit Bewertungskriterien bis hin zu Durchführung, Entscheidungsfindung, Dokumentation und Feedback. Jeder Schritt erfüllt eine zentrale Funktion im Gesamterfolg.

Ein professioneller Pitch beansprucht in der Regel zwei bis drei Monate und erfordert entsprechende Ressourcen – eine Investition, die sich durch höhere Erfolgswahrscheinlichkeit und nachhaltige Zusammenarbeit auszahlt. Umgekehrt führen hastige oder nachlässige Verfahren oft zu teuren Fehlentscheidungen.

Erfolgreiche Unternehmen setzen auf Klarheit, Fairness und Partnerschaftlichkeit: Sie formulieren präzise Briefings, kommunizieren transparent und schaffen realistische Rahmenbedingungen. Wer typische Fehler wie unklare Anforderungen, zu viele Teilnehmer oder mangelndes Feedback vermeidet, erhöht die Qualität des Auswahlprozesses deutlich.

Die in diesem Kapitel vorgestellte Grundstruktur bietet einen systematischen Ansatz zur Auswahl geeigneter Agenturen. Voraussetzung dafür sind frühzeitig definierte Ziele, ein realistischer Zeitplan und die Einbindung relevanter Stakeholder. So lassen sich Dienstleister fundiert vergleichen, Entscheidungen nachvollziehbar treffen und wertvolle Erkenntnisse langfristig sichern.

Ein strukturiertes Pitch-Verfahren ist keine Formalität, sondern ein strategisches Instrument – für bessere Entscheidungen und erfolgreiche Partnerschaften.

Literatur- und Quellenverzeichnis

BME-Fachgruppe Marketingeinkauf. (2018). *Leitfaden: Einkauf von Marketingleistungen.* https://www.koinno-bmwk.de/fileadmin/user_upload/publikationen/BME_Leitfaden_Marketing.pdf. Zugegriffen: 17. Apr. 2025.

Habenicht, A. (2018, 1. März). *Was macht eigentlich ein Pitch-Berater bzw. eine Pitch-Beraterin?* https://www.event-partner.de/business/was-macht-eigentlich-ein-pitch-berater/. Zugegriffen: 17. Apr. 2025.

Sackett, P. R., Zhang, C., Berry, C. M., & Lievens, F. (2022). Revisiting meta-analytic estimates of validity in personnel selection: Addressing systematic overcorrection for restriction of range. *Journal of Applied Psychology, 107*(12), 2040–2068.

Schmidt, F. L., & Hunter, J. E. (1998). The validity and utility of selection methods in personnel psychology: Practical and theoretical implications of 85 years of research findings. *Psychological Bulletin, 124*(2), 262–274.

Winkler, B. (2018). *Der perfekte Agentur-Pitch – Checkliste inklusive.* https://www.kommdirekt.digital/digital-blog/agentur-pitch-checkliste/. Zugegriffen: 17. Apr. 2025.

Zimmermann, U. (2020, 16. Juli). *6 Tipps für einen erfolgreichen Agentur Pitch inkl. Pitch Planner Kit.* https://eminded.de/magazin/6-tipps-fuer-die-auswahl-deiner-agentur-inkl-checkliste/. Zugegriffen: 17. Apr. 2025.

Weiterführende Literatur

IPA, & ISBA. (2019). *Finding an agency: A best-practice guide to agency search and selection.* https://ipa.co.uk/media/7916/finding-an-agency-final.pdf. Zugegriffen: 18. Apr. 2025.

Schaefer, D. (2015). *Understanding advertiser's decision-making when choosing a media agency.* https://research-api.cbs.dk/ws/portalfiles/portal/58421186/daiva_schaefer.pdf. Zugegriffen: 18. Apr. 2025.

Schuler, H., & Höft, S. (2007). Diagnose beruflicher Eignung und Leistung. In H. Schuler (Hrsg.), *Lehrbuch der Organisationspsychologie* (S. 289–343). Huber.

Turnbull, S., & Wheeler, C. (2016). Exploring advertiser's expectations of advertising agency services. *Journal of Marketing Communications, 22*(6), 587–601.

West, D. C. (1997). Purchasing professional services: The case of advertising agencies. *Journal of Advertising Research, 37*(3), 53–61.

World Federation of Advertisers (WFA). (2020). *Project Spring: Transforming the value of marketing procurement Report*. WFA Global Sourcing Board. https://de.slideshare.net/slideshow/wfa-procurement-paper-2020/248779722#2. Zugegriffen: 18. Apr. 2025.

Zanesco, A. (2024, 17. Juli). *How to select an ad agency: 7 agency selection criteria*. https://www.trinityp3.com/should-we-pitch/things-to-consider-ad-agency/. Zugegriffen: 17. Apr. 2025.

2

Strukturierte Pitch-Bewertung: Fehler und Verzerrungen gezielt vermeiden

„Die Welt erscheint uns nicht, wie sie ist – sondern wie wir sind."

(zugeschrieben Gustav Theodor Fechner)

Zusammenfassung In diesem Kapitel erfahren Sie, wie schnell kognitive Verzerrungen und unbewusste Vorurteile die Einschätzung von Agentur-Pitches beeinflussen können. Es zeigt typische Fehlerquellen wie den Halo-Effekt oder den Overconfidence Bias auf und verdeutlicht, wie gezielte Selbstdarstellung von Agenturen unsere Wahrnehmung beeinflusst. Gleichzeitig erhalten Sie konkrete Methoden zur strukturierten Beobachtung, um faire und objektive Bewertungen zu ermöglichen. So treffen Sie am Ende eine fundierte und langfristig tragfähige Entscheidung – statt sich von der „lautesten Show" blenden zu lassen.

© Der/die Autor(en), exklusiv lizenziert an Springer Fachmedien Wiesbaden GmbH, ein Teil von Springer Nature 2025
J. Erichsen, *Agenturauswahl im Marketing,*
https://doi.org/10.1007/978-3-658-48841-3_2

2.1   Einleitung

Bevor wir starten, sollten wir uns die Grenzen unserer Wahrnehmung vor Augen führen. Denn alles, was wir in einem Ausschreibungsprozess erfahren, ist nicht vollständig objektiv. Unsere persönlichen Erwartungen, Erfahrungen und unbewussten Vorurteile können selbst vermeintlich eindeutige Honorar-Templates verzerren.

Unsere Wahrnehmung ist kein neutraler Spiegel der Realität, sondern ein aktiver Konstruktionsprozess – geprägt von Erwartungen, Erfahrungen und unbewussten Vorurteilen (Asch, 1946; Goffman, 1959; Truxillo, Bauer & Erdogan, 2018).

Im Jahr 2012 führte das Boston Symphony Orchestra ein revolutionäres Element in seinen Auswahlprozess ein: Vorspiele hinter einem Vorhang. Die Musikerinnen und Musiker spielten, ohne dass die Jury sie sehen konnte. Das Ergebnis war verblüffend: Der Anteil neu eingestellter Musikerinnen stieg von unter 5 % auf nahezu 50 %. Diese Erfahrung zeigt, dass unbewusste Vorurteile die Wahrnehmung selbst in einem scheinbar objektiv messbaren Bereich wie der klassischen Musik stark beeinflussen können (Nisbett & Wilson, 1977).

Wenn selbst hochprofessionelle Juroren in einem Bereich wie der klassischen Musik solchen Wahrnehmungsfehlern unterliegen – wie steht es dann um unsere Fähigkeit, komplexe Agentur-Präsentationen, Chemistry Meetings, Referenzgespräche oder Tool-Vorstellungen fair und objektiv zu bewerten?

Offenbar nicht gut genug. Daher müssen wir uns erstens der typischen Fehler bewusst sein und zweitens Methoden und Verfahren so konstruieren, dass diese Fehler weitgehend vermieden werden (Diagnostik- und Testkuratorium, 2018).

2.2 Typische Beobachtungsfehler und Verzerrungen

Beobachtungen spielen in vielen Schritten einer Ausschreibung eine Rolle: bei Präsentationen, Chemistry Meetings, Referenzinterviews oder Tool-Vorstellungen. Wo immer Menschen andere einschätzen, lauern kognitive Verzerrungen. Hier einige typische Fehler:

2.2.1 Halo-Effekt

Ein einzelner positiver Aspekt (z. B. ein charismatischer Präsentator oder ein gelungenes Chart) strahlt auf die Gesamtbewertung ab und lässt Schwächen übersehen. Umgekehrt gibt es auch den Horn-Effekt: Ein negativer Eindruck überschattet alles andere. Der Halo-Effekt wurde erstmals von Thorndike (1920) beschrieben, später zeigten Asch (1946) sowie Nisbett und Wilson (1977), dass sich dieser Effekt unbewusst auf unsere gesamten Urteile überträgt.

Prüfen Sie jede Anforderungsdimension einzeln! Wenn alle Noten (sehr) gut oder (sehr) schlecht sind, hinterfragen Sie kritisch, ob Sie sich vom Gesamteindruck leiten lassen.

2.2.2 Primacy-/Recency-Effekt

Der erste und der letzte Pitch des Tages bleiben überproportional stark im Gedächtnis. Ohne Gegenmaßnahmen kann die Reihenfolge dazu führen, dass mittlere Präsentationen untergehen. Woehr und Huffcutt (1994) verweisen darauf, dass Beobachter-Schulungen und klar strukturierte Verfahren solche Verzerrungen dämpfen können.

Machen Sie sich direkt nach jeder Präsentation strukturierte Notizen und füllen Sie Bewertungsbögen aus, bevor Sie zum nächsten Pitch gehen.

2.2.3 Sympathie-Effekt („Nasenfaktor")

Persönliche Vorlieben oder Antipathien (z. B. optische Erscheinung, Stimme, Humor) fließen unbewusst in die Beurteilung ein. Das „Bauchgefühl" dominiert, obwohl es keine sachliche Grundlage hat (Landy & Farr, 1980; Murphy & Cleveland, 1995).

Bleiben Sie bei den vorab definierten Kriterien und nehmen Sie sich Zeit, nach objektiven Fakten und Beispielen zu suchen.

2.2.4 Bestätigungsfehler (Confirmation Bias)

Hat man im Vorfeld einen Favoriten, neigt man dazu, nach bestätigenden Informationen zu suchen und widersprechende Hinweise auszublenden. So zementiert man vorab gebildete Meinungen, statt sie objektiv zu hinterfragen. Dieser Effekt ist in vielen Studien belegt, beispielsweise bei Wason (1960) und Nickerson (1998).

Versuchen Sie bewusst, Gegenargumente zu finden – gerade bei Ihrem „Spitzenreiter". Auch einem Außenseiter sollten Sie positive Aspekte abgewinnen.

2.2.5 Kontrasteffekt

Der direkte Vergleich mit dem vorherigen Beitrag beeinflusst die Bewertung. Eine nur gute Präsentation wirkt schwächer, wenn direkt davor eine sehr gute zu sehen war – und umgekehrt (Landy & Farr, 1980).

Bewerten Sie jeden Pitch zunächst für sich und tragen Sie erst im Nachgang alle Bewertungen zusammen.

2.2.6 Uneinheitliche Maßstäbe

Entscheider bewerten ohne abgestimmte Kriterien oft sehr verschieden: Der eine vergibt generell milde Bewertungen, der andere besonders strenge. Ohne einheitliches Raster fehlt die Vergleichbarkeit (Smith & Kendall, 1963; Arvey & Murphy, 1998).

Definieren Sie vorab eine Bewertungsskala (z. B. 1–5 Punkte) mit klaren Ankerbeispielen.

2.2.7 Overconfidence Bias (Überkonfidenz)

Die Tendenz, das eigene Urteilsvermögen zu überschätzen, wird durch den Effekt der Überkonfidenz beschrieben. Entscheider vertrauen ihrem Bauchgefühl mehr als objektiven Daten und glauben, „Menschenkenntnis" mache sie unfehlbar (Tversky & Kahneman, 1974). Dadurch ignorieren sie Warnsignale eventuell zu schnell.

Seien Sie sich immer bewusst, dass jeder täuschbar ist – gerade wenn man glaubt, besonders „unbestechlich", neutral und objektiv zu sein.

2.2.8 Ähnlichkeits-Bias (Similarity-Attraction-Effekt)

Wir beurteilen Personen oder Teams oft positiver, wenn sie uns in Herkunft, Alter, Ansichten oder Auftreten ähneln. Umgekehrt strafen wir möglicherweise unbewusst ab, wer „anders" wirkt. Dies kann laut Leary und Kowalski (1990) und Jones und Pittman (1982) die Selbstpräsentation beider Seiten verfälschen.

Hinterfragen Sie, ob Sie eine Agentur nur mögen, weil ihre Vertreter Ihnen selbst besonders ähnlich sind.

2.2.9 Ankereffekt

Eine früh genannte (Angebots-)Zahl oder Information kann unbewusst als „Anker" fungieren. Entscheider messen spätere Angebote daran, auch wenn der erste Wert zufällig oder irreführend war (Tversky & Kahneman, 1974).

Betrachten Sie jedes Angebot neutral und vergleichen Sie es auf Basis ihrer vorab definierten Kriterien, statt sich von früheren Zahlen leiten zu lassen.

2.3   Selbstdarstellung von Agenturen (Impression Management)

Jeder Mensch inszeniert sich in sozialen Interaktionen – wir alle möchten einen bestimmten Eindruck erwecken. In Pitch-Situationen wird dieses Impression Management genannte Phänomen besonders deutlich: Agenturen wissen, dass sie in einer Wettbewerbssituation stehen und nutzen daher gezielte Selbstdarstellungstechniken, um möglichst überzeugend zu wirken (Leary & Kowalski, 1990; Jones & Pittman, 1982).

Doch genau hier liegt neben den Beobachtungsfehlern und Verzerrungen eine zweite Kategorie von Fehlerquellen: Während manche Agenturen authentische Einblicke gewähren, präsentieren sich andere im Pitch mit einer Glanzfassade, die unsere Wahrnehmung täuschen kann.

> **Wichtig**
>
> Im Pitch-Kontext sind Selbstdarstellungsstrategien von Agenturen keineswegs unzulässig oder per se manipulativ: Jede Agentur wird bemüht sein, ihren eigenen Auftritt bestmöglich zu gestalten. Entscheidend ist jedoch, sich der psychologischen Wirkmechanismen hinter der Selbstinszenierung bewusst zu sein – um nicht unbemerkt auf reine „Show-Effekte" hereinzufallen (Goffman, 1959; Murphy & Cleveland, 1995).

Zahlreiche Studien zeigen, dass Menschen sich von Glanz und Glamour rasch beeindrucken lassen (Nisbett & Wilson, 1977), was für den Leser relevant ist, weil diese Effekte schnell zu einer verzerrten Einschätzung der tatsächlichen Kompetenzen führen können. In einem Pitch wird diese Tendenz durch vielfältige Selbstdarstellungstechniken verstärkt.

2.3.1 Name-Dropping

Die Nennung großer Marken oder prominenter Persönlichkeiten, mit denen angeblich zusammengearbeitet wurde, soll den „Glanz" auf die

Agentur übertragen. Dieser Mechanismus beruht auf der sogenannten „Basking in Reflected Glory"-Theorie, auch kurz „BIRGing" genannt. (Cialdini et al., 1976).

2.3.2 Konformität

Die Agentur betont eine ausgeprägte Übereinstimmung mit den Werten und Zielen des ausschreibenden Unternehmens („Wir teilen genau Ihre Philosophie"). Diese Schmeichelei („Ingratiation") kann Sympathie erzeugen, ohne dass echte inhaltliche Substanz vorliegt (Leary & Kowalski, 1990).

2.3.3 Fiktive Erfahrungen

In hypothetischen Szenarien („Wie würden Sie vorgehen, wenn …?") oder Fallstudien werden Erfahrungen geschildert, die so nie gemacht wurden. Dies soll Kompetenz suggerieren, ist aber schwer zu überprüfen (Bortz & Döring, 2006).

2.3.4 Storytelling

Mit mitreißenden Geschichten wird eine überzeugende Erzählung aufgebaut, die das Publikum emotional anspricht. Petty und Cacioppo (1986) zeigen, dass „periphere" Reize wie eine spannende Geschichte unsere Bewertung stark beeinflussen können.

2.3.5 Visuelle Inszenierung

Spektakuläre Grafiken, hochglanzpolierte Unterlagen oder Showeffekte wecken Aufmerksamkeit und vermitteln Kreativität – unabhängig vom tatsächlichen fachlichen Niveau (Arvey & Murphy, 1998).

2.3.6 Team-Dynamik

Die Agentur stellt sich als perfekt eingespieltes Team dar, oft choreografiert bis ins Detail. So entsteht ein Bild professioneller Harmonie, das Vertrauen schafft – obwohl im realen Projektalltag Konflikte nie vollständig ausgeschlossen sind (Landy & Farr, 1980).

2.3.7 Buzzword-Overload

Trendbegriffe wie „digitale Transformation" oder „holistischer Ansatz" sollen den Eindruck von Modernität erzeugen. Wächter und Lehnert (2015) verweisen darauf, dass übermäßig viele Modebegriffe den Eindruck hoher Expertise vermitteln, jedoch gleichzeitig das Verständnis trüben können.

2.3.8 Selektive Erfolgsgeschichten

Nur die besten Projekte werden gezeigt; Fehlschläge oder mittelmäßige Ergebnisse bleiben ausgeblendet. Menschen neigen dazu, Informationen, die leicht verfügbar oder besonders einprägsam sind, höher zu bewerten, als sie es objektiv verdient hätten – unabhängig davon, wie repräsentativ sie tatsächlich sind (Gebhardt, 2022).

2.3.9 Referenzübertreibung

Ein kleines Projekt wird als Leuchtturminitiative dargestellt, um Prestige und Kompetenz zu unterstreichen. Bortz und Döring (2006) legen nahe, dass gerade Referenzen von bekannten Marken oft überinterpretiert werden, was für Ausschreibungen kritisch ist, da die Gesamtsituation dahinter nicht hinterfragt wird.

Auch in strukturierten Interviews oder standardisierten Meetings lässt sich Impression Management nie vollständig ausschalten. Die Forschung (Jones & Pittman, 1982; Leary & Kowalski, 1990) empfiehlt jedoch, mit konsistenten Fragen, objektiven Bewertungsbögen und mehreren unabhängigen Beobachtern vorzugehen (Wirtz & Caspar, 2002). So lassen sich gezielte „Blender-Effekte" besser entlarven, denn der Fokus bleibt auf nachweislichen Kompetenzen und relevanten Arbeitsergebnissen – anstatt allein auf den perfekten Auftritt.

2.3.10 Warum eine strukturierte Vorgehensweise unverzichtbar ist

Die genannten kognitiven Verzerrungen – von Overconfidence bis zum Ankereffekt – und die verschiedenen Impression-Management-Techniken der Agenturen zeigen, dass unsere Urteilsfähigkeit immer gefährdet ist (Tversky & Kahneman, 1974; Wason, 1960). Chemistry Meetings, Referenzgespräche oder Präsentationen laufen schnell Gefahr, vom besten Auftritt, statt von der besten fachlichen Leistung dominiert zu werden.

Um sicherzustellen, dass am Ende nicht die „lauteste Show" oder pure Sympathie gewinnt, sondern tatsächlich die passende inhaltliche Lösung, braucht es ein strukturiertes Vorgehen (Diagnostik- & Testkuratorium, 2018; Highhouse, 2008). Im nächsten Abschnitt erfahren Sie von Methoden, mit denen sich alle Beobachtungen (unabhängig vom jeweiligen Format des Agenturkontakts) systematisieren lassen.

2.4 Grundlagen der strukturierten Beobachtung

Strukturierte (systematische) Beobachtung bedeutet, eine Präsentation oder ein anderes Verfahren (z. B. Chemistry Meetings, Tool-Demos) nach festgelegten Kriterien zu erfassen (Gebhardt, 2022). Statt Eindrücke frei nach Gefühl zu sammeln, definiert man genau, was beobachtet wird und wie die Beobachtung erfolgt. Das Beobachtungsschema bietet eine geplante, wiederholbare und möglichst objektive Erfassung (Murphy & Cleveland, 1995).

Diese Art der Standardisierung von Beobachtungen bietet konkrete Vorteile:

- Höhere Objektivität und Reliabilität: Mehrere Personen sollen unabhängig voneinander ähnliche Urteile fällen können (Wirtz & Caspar, 2002).
- Bessere Verwertbarkeit: Gleiche Kriterien erleichtern den Vergleich der Anbieter (Landy & Farr, 1980; Woehr & Huffcutt, 1994).
- Komplettheit: Das Schema lenkt die Aufmerksamkeit auf alle relevanten Punkte – auch unter Zeitdruck (Diagnostik- & Testkuratorium, 2018).

Natürlich kann ein sehr starres Schema Unvorhergesehenes übersehen. Dennoch werden Gütekriterien (Objektivität, Reliabilität, Validität) durch diese Vorgehensweise deutlich verbessert. In Pitches oder Ausschreibungen lohnt sich der Planungsaufwand, um am Ende eine wirklich fundierte Entscheidung zu treffen (Schmidt & Hunter, 1998).

2.5 Methoden der strukturierten Beobachtung

Der Nobelpreisträger Daniel Kahneman bemerkte einmal sinngemäß, wir seien weniger objektiv und rational, als wir glauben (Tversky & Kahneman, 1974). Strukturierte Beobachtung korrigiert diese Selbsttäuschung.

2.5.1 Klare Beobachtungskriterien festlegen

Für Präsentationen, Chemistry Meetings oder Referenzgespräche definieren Sie vorab relevante Anforderungen wie Fachkompetenz, Preis-Leistungs-Verhältnis, Kreativität, Methodik oder Teamchemie. Beschränken Sie sich auf einige wenige Hauptanforderungen. Wenn es zu viele werden, geht der Fokus verloren. Knüpfen Sie jedes Kriterium an die Ziele und Prioritäten Ihrer Ausschreibung (Diagnostik- & Testkuratorium, 2018).

2.5.2 Anforderungen operationalisieren

Ein zentrales Qualitätsmerkmal strukturierter Beobachtung besteht darin, abstrakte Anforderungen in verhaltensnahe Operationalisierungen zu übersetzen. Dadurch wird gewährleistet, dass die Beurteilung nicht auf subjektive Eindrücke oder bloße Etiketten (z. B. „Kreativität" oder „Teamfähigkeit") reduziert bleibt, sondern auf konkrete, beobachtbare Handlungen (Bortz & Döring, 2006; Smith & Kendall, 1963).

Damit ein Kriterium wie „Kreativität" nicht nur intuitiv als „irgendwie originell" bewertet wird, müssen präzise Indikatoren definiert werden, die sich während der Präsentation oder des Meetings tatsächlich beobachten lassen. Auf diese Weise werden Interpretationsspielräume deutlich verringert.

Indem jedes Jury-Mitglied beim Beobachten auf dieselben konkreten Verhaltensmerkmale achtet – etwa „Klarheit der Argumentation", „Nennung mindestens eines umsetzungsfähigen Beispiels" oder „interaktives Einbinden des Teams" – sinkt das Risiko, sich von subjektiven Vorlieben, Formfehlern oder äußeren Faktoren (z. B. Dresscode) leiten zu lassen. Am Ende helfen diese verhaltensnahen Operationalisierungen, die einzelnen Anbieter fair und nachvollziehbar zu bewerten, anstatt nur einem allgemeinen Eindruck zu folgen.

2.5.3 Bewertungsbögen und Skalen

Ein Beobachtungs- und Bewertungsbogen listet alle Anforderungen mit dazugehörigen Bewertungsstufen (z. B. 1–5 Punkte oder „erfüllt voll/ teilweise/nicht"). Alle Jury-Mitglieder erhalten das gleiche Dokument und notieren ihre Eindrücke strukturiert. So entsteht Vergleichbarkeit.

2.5.4 Mehrere Beobachter einbeziehen

Die Zuverlässigkeit steigt, wenn mehrere Personen unabhängig bewerten (Interrater-Reliabilität, n. d.). Erst nach der Einzelbewertung folgt die Diskussion. Ein kurzes Briefing vorab hilft, typische Beobachtungsfehler (z. B. Halo-Effekt) zu reduzieren (Thorndike, 1920; Asch, 1946). Unterschiedliche Fachbereiche (z. B. Marketing, Einkauf, Geschäftsführung) bringen zudem diverse Perspektiven ein (Arvey & Murphy, 1998).

2.5.5 Strukturierte Notizen

Während der Präsentation oder des Gesprächs sollten Sie zunächst Fakten notieren („Agentur-Team besteht aus fünf Personen, Demo funktionierte fehlerfrei"). Die persönliche Bewertung sollte erst später stattfinden („sehr gute Methodik"). So trennen Sie Beobachtung und Bewertung klar (Woehr & Huffcutt, 1994).

Im Alltag sehen wir oft, wie starke Auftritte dominieren. Eine Agentur, die gerade einen Referenz-Case spektakulär präsentiert oder ein charismatisches Auftreten zeigt, bleibt stärker im Gedächtnis. Wer jedoch gleich nach jedem Termin Notizen anfertigt und die vordefinierten Kriterien anwendet, ist dagegen besser gewappnet (Highhouse, 2008).

2.6   Bewertungssysteme für den Pitch-Prozess

Strukturierte Beobachtungen sind nur der erste Schritt. Anschließend bewerten Sie die Eindrücke und führen sie in eine Entscheidung über – etwa mithilfe von Punktesystemen, Notenskalen oder gemischten Methoden (Murphy & Cleveland, 1995; Arvey & Murphy, 1998).

2.6.1 Gewichtung der Kriterien

Nicht alle Kriterien haben denselben Stellenwert. Öffentliche Vergabestellen müssen in den Ausschreibungsunterlagen die genaue Gewichtung (z. B. „60 % Konzeptqualität, 40 % Preis") offenlegen. Bei privaten Verfahren ist dies nicht zwingend vorgeschrieben, aber dennoch empfehlenswert, um intern Klarheit zu schaffen (BME-Fachgruppe Marketingeinkauf, 2018).

2.6.2 Beispiele für Bewertungsmethoden

2.6.2.1 Punktesysteme

Jedes Kriterium erhält eine Maximalpunktzahl. Die Jury vergibt pro Kriterium beispielsweise 0–10 Punkte, die anschließend (nach Gewichtung) addiert werden. So entsteht eine Gesamtnote (BME-Fachgruppe Marketingeinkauf, 2018).

2.6.2.2 Notenskalen

Manche Unternehmen bevorzugen Schulnoten (1–5) oder eine 5-Punkte-Skala („trifft voll zu" bis „trifft gar nicht zu"). Der Vorteil: Das System ist weniger granular und relativ einfach in der Anwendung (Smith & Kendall, 1963).

2.6.2.3 Qualitative Beurteilungen

Zusätzlich oder anstelle von Punkten können Sie kurze Begründungen pro Kriterium notieren („sehr innovativ, aber Umsetzbarkeit unklar"). Rein qualitative Bewertungen sind oft transparenter, lassen sich aber schlechter vergleichen (Bortz & Döring, 2006).

Häufig verwenden Unternehmen einen Mix: Zuerst kurze Stichpunkte pro Kriterium, dann eine Punkte- oder Notenvergabe. Entscheidend ist nicht, welche Bewertungsmethode Sie wählen – sondern dass Sie überhaupt eine Methode konsequent einsetzen (BME-Fachgruppe Marketingeinkauf, 2018).

2.6.3 Praxisbeispiel: Bewertungsmatrix

Eine Bewertungsmatrix fasst Kriterien, Gewichtungen und Bewertungen tabellarisch zusammen. Ein Beispiel für ein Punktbewertungssystem für drei zu bewertende Agenturen (A, B, C) finden Sie in Tab. 2.1.

Tab. 2.1 Beispiel Bewertungsmatrix (Kriterien, Gewichtungen und Bewertungen)

Kriterium	Gewichtung	Max. Punkte	Agentur A	Agentur B	Agentur C
Konzeptqualität	50 %	60	45	52	55
Konditionen (Preis …)	30 %	30	28	25	22
Teamchemie	20 %	20	14	18	17
Summe	100 %	110	87	95	94

In diesem Beispiel liegt Agentur B mit 95 von 110 Punkten knapp vorn. Die Tabelle zeigt transparent Stärken und Schwächen.

Wichtig

Legen Sie die Gewichtung vor Beginn der Pitch-Phase fest, um keine nachträgliche Manipulation zu riskieren. Das minimiert Beobachtungsfehler, ermöglicht Ihnen sachliche Diskussionen mit den internen Stakeholdern und stärkt die Fairness im Entscheidungsprozess (Diagnostik- & Testkuratorium, 2018).

2.7 Dokumentation und Nachvollziehbarkeit

Eine strukturierte Bewertung entfaltet ihren vollen Wert erst, wenn Sie alle Punkte und Kategorien Ihrer Bewertung dokumentieren. Gerade bei öffentlichen Vergaben ist dies vorgeschrieben, doch auch im privaten Umfeld zahlt sich eine transparente Dokumentation aus (Feldmann, 2023). Eine strukturierte Bewertung zeichnet sich aus durch:

- **Objektive Bewertung sichern**
  - Mehrere Beobachter bewerten unabhängig und notieren Begründungen (Wirtz & Caspar, 2002).
  - Sammeln Sie alle Bewertungsbögen zeitnah nach jedem Pitch ein.

- **Einfluss spontaner Eindrücke kontrollieren**

  - Halten Sie Wertungen direkt nach dem Termin fest, solange die Erinnerung frisch ist.
  - Treffen Sie die finale Entscheidung erst, nachdem alle Bewertungen gesichtet wurden (Woehr & Huffcutt, 1994).

- **Protokollierung**

  - Archivieren Sie alle Bögen und Notizen, um bei Bedarf später Unklarheiten auszuräumen (Bortz & Döring, 2006).

- **Abschluss und Entscheidungsdokumentation**

  - Berechnen Sie am Ende beispielsweise Durchschnittswerte pro Agentur.
  - Begründen Sie die finale Entscheidung schriftlich („Agentur B überzeugte besonders bei der Kreativität").
  - Bewahren Sie alle Unterlagen auf, um Feedback an unterlegene Bieter geben zu können.

2.7.1 Checkliste: Strukturierte Beobachtung und Bewertung im Pitch

Die folgenden Punkte gelten nicht nur für Präsentationen, sondern für alle Situationen, in denen Sie Anbieter oder Agenturen beobachten und vergleichen (z. B. Chemistry Meetings, Referenzgespräche, Tool-Demos).

- **Vor dem Verfahren**

  - Anforderungen definieren (max. 5–6 Hauptanforderungen, präzise formuliert)
  - Anforderungen operationalisieren in konkret beobachtbare Verhaltensweisen
  - Gewichtung festlegen (z. B. Konzept 50 %, Kosten 30 %, Teamchemie 20 %)

- Bewertungsbogen erstellen (einheitliche Skala, Platz für Notizen)
- Beobachter-Team bestimmen und über Biases aufklären und schulen
- Logistik planen (Pausen, Moderator, Protokollant)

● **Während des Verfahrens**

- Bewertungsbogen bereithalten: Stichpunkte sammeln
- Beobachtung und Bewertung trennen: Erst Fakten notieren, dann bewerten
- Keine gegenseitige Beeinflussung: Unabhängig notieren, erst danach diskutieren
- Direkt nach jedem Termin bewerten, wenn die Erinnerung noch frisch ist

● **Nach der Durchführung**

- Einzelbewertungen sammeln und vergleichen
- Uneinigkeiten offen diskutieren
- Finale Entscheidung mit nachvollziehbarer Begründung treffen
- Archivierung aller Bögen und Protokolle

2.7.2 Checkliste: Bias-Vermeidung für Entscheider

● Bewertungen getrennt vornehmen: Jeder beobachtet und bewertet für sich
● Kriterien streng einhalten: Keine spontanen (Bauch-)Maßstäbe erfinden
● Fakten vs. Eindrücke trennen: Notieren Sie objektive Aspekte getrennt von subjektiven Einschätzungen
● Halo-Effekt brechen: Wenn Sie alles gleichartig bewerten, überprüfen Sie jede Kategorie gezielt
● Gegenargumente suchen: Gerade beim eigenen Favoriten lohnt sich ein kritischer Blick
● Kollegialer Bias-Check: Fragen Sie im Team, ob andere sich vom Präsentationsstil haben blenden lassen

- Zeit nehmen: Nicht unter Zeitdruck entscheiden, lieber eine Nacht darüber schlafen
- Vielfalt im Team nutzen: Unterscheiden sich die Blickwinkel, reduzieren Sie das Risiko von Gruppendenken

2.8 Praxisbeispiele

Im Folgenden erfahren Sie in zwei kurzen Beispielen, welche Vorteile strukturierte Beobachtungen haben können.

2.8.1 Beispiel 1: Recency-Effekt bei Kurz-Pitches

Ein Elektronikunternehmen ließ vier Agenturen an einem Tag pitchen. Die letzte Agentur baute ein Workshop-Element ein und begeisterte die Jury stark. Zwei Tage später erinnerte sich kaum noch jemand an Agentur 1, obwohl man sie ursprünglich sehr positiv eingestuft hatte.

Durch den strukturierten Bewertungsprozess (Noten pro Kriterium direkt nach jedem Pitch) stellte das Team fest, dass Agentur 1 inhaltlich sehr überzeugend war. Bei freier Diskussion wäre das vermutlich untergegangen. Letztlich erhielt Agentur 1 den Zuschlag.

2.8.2 Beispiel 2: Punktlandung in öffentlicher Vergabe

Eine IT-Ausschreibung im öffentlichen Sektor sah 60 % Qualität und 40 % Preis vor. Während der Präsentationen protokollierte ein Mitarbeiter alle Fragen und Antworten.

- Anbieter A bot den günstigsten Preis, überzeugte aber fachlich nur mittelmäßig (6 von 10 Punkten).
- Anbieter B punktete bei der Fachqualität (8,5 von 10 Punkten), war jedoch teurer.

In der Endabrechnung lag B vorn. Die Vergabestelle dokumentierte dies noch am selben Tag. Bei späteren Rückfragen eines unterlegenen Bieters konnte sie genau darlegen, warum B nach objektiven Kriterien gewonnen hatte.

2.9   Fazit

Ich merke oft, wie schnell man in Pitches von starken Auftritten geblendet wird. Typische Verzerrungen wie Halo- oder Recency-Effekt lassen eine einzelne charismatische Präsentation leicht das gesamte Urteil dominieren. Der Sympathie-Effekt oder ein gehegter Favorit verstärken den Bestätigungsfehler, weil gegensätzliche Hinweise schnell übersehen werden.

Genauso tückisch wirken gezielte Selbstdarstellungstechniken. Wenn Agenturen mit Name-Dropping und Buzzword-Overload auftrumpfen, denkt man rasch: „Wow, hier steckt Expertise!" – auch ohne klare Belege. Selektive Erfolgsgeschichten oder übertriebene Referenzen vermitteln zudem schnell das Bild eines „perfekt eingespielten" Teams, obwohl dies in der Realität nicht geprüft ist.

Die Kombination aus typischen Wahrnehmungsfehlern und geschickt eingesetztem Impression Management verdeutlicht, wie wichtig eine systematische Beobachtung und Bewertung ist. Ein klarer Kriterienkatalog, eine neutrale Bewertungsmatrix und ein bewusster Umgang mit kognitiven Verzerrungen sorgen dafür, trotz charismatischer Präsentationen oder aufwendiger Showeffekte den substanziell besten Anbieter auszuwählen. So lassen sich kreative Ideen und überzeugende Auftritte würdigen, ohne allein auf eine glänzende Fassade hereinzufallen.

Ein strukturierter Ansatz ist der wirksamste Weg, menschliche Fehleinschätzungen zu reduzieren und Blender-Effekte zu entlarven. Mit klar dokumentierten Ergebnissen, einem durchdachten Fragenset und einer offenen Haltung gegenüber kritischen Einwänden steigt in komplexen Pitch-Prozessen die Wahrscheinlichkeit, tatsächlich die passende Lösung zu finden. Auf diese Weise beruht die Entscheidung nicht bloß auf der „lautesten Show", sondern auf einer inhaltlich fundierten und langfristig tragfähigen Zusammenarbeit.

Literatur- und Quellenverzeichnis

Arvey, R. D., & Murphy, K. R. (1998). Performance evaluation in work settings. *Annual Review of Psychology, 49*(1), 141–168.

Asch, S. E. (1946). Forming impressions of personality. *The Journal of Abnormal and Social Psychology, 41*(3), 258–290.

BME-Fachgruppe Marketingeinkauf. (2018). Leitfaden: Einkauf von Marketingleistungen. https://www.koinno-bmwk.de/fileadmin/user_upload/publikationen/BME_Leitfaden_Marketing.pdf. Zugegriffen: 17. Apr. 2025.

Bortz, J., & Döring, N. (2006). *Forschungsmethoden und Evaluation* (4. Aufl.). Springer.

Cialdini, R. B., Borden, R. J., Thorne, A., Walker, M. R., Freedman, S., & Sloan, L. R. (1976). Basking in reflected glory: Three (football) field studies. *Journal of Personality and Social Psychology, 34*(3), 366–375.

Diagnostik- und Testkuratorium. (Hrsg.) (2018). *Personalauswahl kompetent gestalten: Grundlagen und Praxis der Eignungsdiagnostik nach DIN 33430*. Springer.

Feldmann, H. (2023). Vergabeverfahren: Bewertung von Angebotspräsentationen. https://www.wolterskluwer.com/de-de/expert-insights/vergabeverfahren-bewertung-angebotspraesentationen. Zugegriffen: 18. Apr. 2025.

Gebhardt, L. (2022). Systematische Beobachtung: Vorbereitung & Durchführung. https://www.bachelorprint.de/methodik/systematische-beobachtung/. Zugegriffen: 18. Apr. 2025.

Goffman, E. (1959). *The presentation of self in everyday life*. Doubleday.

Highhouse, S. (2008). Stubborn reliance on intuition and subjectivity in employee selection. *Industrial and Organizational Psychology, 1*(3), 333–342.

Jones, E. E., & Pittman, T. S. (1982). Toward a general theory of strategic self-presentation. In J. Suls (Hrsg.), *Psychological perspectives on the self* (Bd. 1, S. 231–262). Lawrence Erlbaum Associates.

Landy, F. J., & Farr, J. L. (1980). Performance rating. *Psychological Bulletin, 87*(1), 72–107.

Leary, M. R., & Kowalski, R. M. (1990). Impression management: A literature review and two-component model. *Psychological Bulletin, 107*(1), 34–47.

Murphy, K. R., & Cleveland, J. N. (1995). *Understanding performance appraisal: Social, organizational, and goal-based perspectives*. SAGE Publications, Inc.

Nickerson, R. S. (1998). Confirmation bias: A ubiquitous phenomenon in many guises. *Review of General Psychology, 2*(2), 175–220.

Nisbett, R. E., & Wilson, T. D. (1977). The halo effect: Evidence for unconscious alteration of judgments. *Journal of Personality and Social Psychology, 35*(4), 250–256.

Petty, R. E., & Cacioppo, J. T. (1986). *Communication and persuasion: Central and peripheral routes to attitude change.* Springer-Verlag.

Schmidt, F. L., & Hunter, J. E. (1998). The validity and utility of selection methods in personnel psychology: Practical and theoretical implications of 85 years of research findings. *Psychological Bulletin, 124*(2), 262–274.

Smith, P. C., & Kendall, L. M. (1963). Retranslation of expectations: An approach to the construction of unambiguous anchors for rating scales. *Journal of Applied Psychology, 47*(2), 149–155.

Thorndike, E. L. (1920). A constant error in psychological ratings. *Journal of Applied Psychology, 4*(1), 25–29.

Truxillo, D. M., Bauer, T. N., & Erdogan, B. (2018*). Psychology and work: Perspectives on the industrial and organizational field.* Routledge.

Tversky, A., & Kahneman, D. (1974). Judgment under uncertainty: Heuristics and biases. *Science, 185*(4157), 1124–1131.

Wason, P. C. (1960). On the failure to eliminate hypotheses in a conceptual task. *Behavioral Science, 5*(4), 299–307.

Wächter, T., & Lehnert, S. (2015). Buzzwords in corporate communication: The effect of fashion-driven language on perceived expertise. *Journal of Business Communication, 52*(3), 398–415.

Wirtz, M., & Caspar, F. (2002). *Beurteilerübereinstimmung und Beurteilerreliabilität.* Hogrefe, Göttingen.

Woehr, D. J., & Huffcutt, A. I. (1994). Rater training for performance appraisal: A quantitative review. *Journal of Occupational and Organizational Psychology, 67*(3), 189–205.

3

Anforderungsanalyse: Das Fundament des Erfolgs

„Wenn ich eine Stunde Zeit hätte, ein Problem zu lösen, würde ich 55 min damit verbringen, das Problem zu definieren – und nur 5 min, um es zu lösen. "

(zugeschrieben Albert Einstein)

Zusammenfassung Dieses Kapitel widmet sich der Phase der Anforderungsanalyse bei der Agenturauswahl. Es verdeutlicht, wie ein klares Verständnis der eigenen Ziele, Aufgaben und Erwartungen das Fundament für einen erfolgreichen Pitch-Prozess legt. Die vorgestellten Methoden und Checklisten helfen dabei, Anforderungen gezielt zu definieren, zu priorisieren und zu operationalisieren, damit Sie langfristig von einer passenden und leistungsfähigen Agentur profitieren.

© Der/die Autor(en), exklusiv lizenziert an Springer Fachmedien Wiesbaden GmbH, ein Teil von Springer Nature 2025
J. Erichsen, *Agenturauswahl im Marketing,*
https://doi.org/10.1007/978-3-658-48841-3_3

3.1   Einleitung

Im vorherigen Kapitel stand die strukturierte Beobachtung im Fokus: Wie lassen sich Präsentationen möglichst objektiv beurteilen, ohne kognitive Verzerrungen? Dabei wurde stillschweigend vorausgesetzt, dass klar definierte Kriterien für diese Bewertung vorliegen. Doch was, wenn Sie noch gar nicht genau wissen, was Sie von einer Agentur wirklich benötigen? An dieser Stelle kommt die Anforderungsanalyse ins Spiel.

Was erwarte ich von meiner Marketing-Agentur? Viele Marketeers tun sich schwer mit dieser Frage (Schuler & Kanning, 2014). Natürlich spielen wirtschaftliche Aspekte oft eine zentrale Rolle. Aber darüber hinaus? Kreativität, Datenkompetenz, Innovationsstärke, Beratungskompetenz, Branchenerfahrung, Projektmanagement-Skills, schnelle Prozesse, Technologie-Kompetenz, Nachhaltigkeit, globale oder lokale Ausrichtung, Krisen-Management, Automatisierung – am liebsten alles gleichzeitig?

Die klare Definition Ihrer Anforderungen ist der mit Abstand wichtigste Erfolgsfaktor bei Agentur-Pitches (Faisal & Khan, 2008). Wer nicht genau definiert, was er wirklich benötigt, kann kaum die richtigen Angebote erhalten – und genau hier liegt der Kern vieler gescheiterter Projekte. Besonders in Marketing-Pitches tappen Unternehmen schnell in die Falle, eine „Eier legende Wollmilchsau" zu suchen: Sie formulieren unzählige Anforderungen und erhalten am Ende oft ein mittelmäßiges Ergebnis.

Sich stattdessen auf die wirklich wesentlichen Bedürfnisse zu konzentrieren, schärft den Blick für den Wert, den eine Agentur tatsächlich stiften soll (Clegg & Barker, 1994). Wenn Sie zuerst klären, welche Kompetenzen und Ziele entscheidend sind, kann sich die Ausschreibung auf jene Punkte fokussieren, die für Ihren Unternehmenserfolg zählen. Wie Studien zeigen, ist eine fundierte Anforderungsanalyse nicht nur in Kunden-Agentur-Beziehungen, sondern in nahezu allen Projekten das wirksamste Mittel gegen spätere Missverständnisse und Fehlschläge (Diagnostik- & Testkuratorium, 2018).

Eine solide Anforderungsanalyse mag anfangs aufwendig wirken, erspart Ihnen aber später viel Zeit, Geld und Nerven. Mit einer gründlichen Anforderungsanalyse legen Sie das Fundament, auf dem Ihr Auswahlprozess steht.

3.2 Die Bedeutung der Anforderungsanalyse

Bevor wir ins Detail gehen, lohnt sich ein kurzer Blick auf das Was und Warum der Anforderungsanalyse. Es geht darum, genau zu definieren, was Sie benötigen und warum, bevor Sie sich damit beschäftigen, wie Sie es bekommen – in unserem Fall durch die passende Agentur. Die Anforderungsanalyse beantwortet Fragen wie: Welche Marketingziele verfolgen wir? Welche Aufgaben sollen extern erledigt werden? Was erwarten wir von einer Agentur konkret (Cagley & Roberts, 1984)?

Warum ist das so wichtig? Zum einen schaffen Sie damit Klarheit – sowohl intern in Ihrem Team, gegenüber Ihren Stakeholdern als auch später gegenüber potenziellen Agenturpartnern. Zum anderen erhöhen Sie die Erfolgschancen des gesamten Projekts dramatisch. Untersuchungen zeigen, dass Projekte mit klar definierten Anforderungen und Zielen deutlich häufiger erfolgreich abgeschlossen werden (Faisal & Khan, 2008). Umgekehrt führen unklare Anforderungen oft zu Scope Creep (schleichender Ausweitung des Projektumfangs), Fehlkommunikation und enttäuschenden Ergebnissen. In der Zusammenarbeit mit Agenturen ist dies nicht anders: Fast alle Probleme zwischen Kunde und Agentur lassen sich letztlich auf mangelhafte Kommunikation oder Fehlverständnisse in der Erwartungshaltung zurückführen (Gorilla76, 2021). Unklare Erwartungen und Ziele sind Gift für jede Partnerschaft – man arbeitet dann buchstäblich aneinander vorbei.

Die Auswahl einer Marketing-Agentur ist ein komplexes Mehrkriterien-Entscheidungsproblem (Faisal & Khan, 2008). Es spielen zahlreiche Faktoren eine Rolle – von fachlichen Kompetenzen über Branchenerfahrung bis zur Chemie zwischen den Menschen. Ohne strukturierte Herangehensweise verliert man leicht den Überblick. Hier setzt die Anforderungsanalyse an – sie legt alle wichtigen Puzzleteile (Ihre Anforderungen) auf den Tisch.

Ein weiterer zentraler Punkt ist die Transparenz und Nachvollziehbarkeit. Häufig sind nicht nur das Marketing-Team, sondern auch Einkauf oder Geschäftsführung involviert. Eine sauber dokumentierte Anforderungsanalyse – idealerweise in Form eines schriftlichen Briefings oder Anforderungskatalogs – schafft eine gemeinsame Wissensbasis (Leading Swiss Agencies, 2025). So lassen sich Missverständnisse und interne Konflikte vermeiden, und die Entscheidungskriterien werden offengelegt. Ähnlich wie im Projektmanagement das Lastenheft beschreibt, was der Auftraggeber erwartet, formuliert Ihr Agentur-Briefing, welche Ziele und Anforderungen Sie haben. Die Agentur wiederum erstellt darauf basierend ihr Konzept – gewissermaßen ihr Pflichtenheft.

Kurzum: Eine sorgfältige Anforderungsanalyse verhindert, dass man Äpfel mit Birnen vergleicht oder – schlimmer noch – am eigentlichen Bedarf vorbeiarbeitet (GWA/GPRA/BVDW Initiative „Die richtige Agentur", 2025). Sie schafft die Grundlage für einen fairen und effizienten Auswahlprozess. In den nächsten Abschnitten widmen wir uns daher Schritt für Schritt dem Wie: von der Definition Ihrer Kernbedürfnisse über die Operationalisierung der Anforderungen bis zur Priorisierung.

3.3   Definition der Kernanforderungen

3.3.1 Strategische Ziele und Kontext

Beginnen Sie damit, den Kontext und die übergeordneten Ziele abzustecken. Fragen Sie sich (und Ihr Team): Wie fügt sich das anstehende Projekt oder Vorhaben in unsere Unternehmens- und Marketingstrategie ein?

Idealerweise folgt Ihr Bedarf an externer Unterstützung einer bestehenden Strategie. Eine Agentur sollte kein Selbstzweck sein, sondern ein Mittel zum Zweck. Überlegen Sie daher, welche Unternehmensziele durch die Zusammenarbeit unterstützt werden sollen – z. B. Umsatzwachstum in einem bestimmten Segment, Steigerung der Markenbekanntheit, Erschließung eines neuen Kanals oder die Optimierung der Marketing-Effizienz. Ihre Marketingziele sollten auf die übergeordneten Geschäftsziele abgestimmt sein. Wenn das nicht der Fall ist, lohnt es sich, an dieser Stelle innezuhalten: Eine Agentur kann nur dann erfolgreich für Sie arbeiten, wenn klar ist, was überhaupt erreicht werden soll und warum es wichtig ist (Blickle, 2014).

3.3.2 Leitfragen zur Bedarfsermittlung

Nach den vom Diagnostik- und Testkuratorium (2018) beschriebenen konzeptionellen Zugängen lässt sich ein Anforderungsprofil am besten über drei Ebenen definieren:

- Aufgaben und Ergebnisse (Was?): Welche konkreten Leistungen und Resultate erwarten Sie von einer Agentur?
- Verhalten (Wie?): Wie sollte die Agentur in der täglichen Zusammenarbeit agieren, um Ihre Ziele zu unterstützen?
- Eigenschaften (Womit?): Über welche Grundvoraussetzungen und Kompetenzen muss die Agentur verfügen, um Aufgaben zuverlässig zu erfüllen und das gewünschte Verhalten zu zeigen?

Diese Dreiteilung hilft Ihnen, Ihr Warum (weshalb Sie eine Agentur benötigen) klar in konkrete Anforderungen zu übersetzen. Im ersten Schritt (Aufgaben und Ergebnisse) werden Ihre Ziele greifbar, im zweiten Schritt (Verhalten) klären Sie die Erwartungen an den Projektablauf und im dritten Schritt (Eigenschaften) definieren Sie die grundsätzlichen Kompetenzen und Werte, die Ihr zukünftiger Partner mitbringen sollte.

Auf diese Weise können Sie die für Ihr Unternehmen relevantesten Anforderungen identifizieren. Anschließend geht es darum, diese Anforderungen zu operationalisieren und abschließend zu priorisieren.

3.3.2.1 Aufgaben und Ergebnisse (Was?) – Gewichtete Aufgabeninventare

Im ersten Schritt steht die Frage, was genau die Agentur tun soll. Dabei hilft ein gewichtetes Aufgabeninventar, um sämtliche Aufgaben und

Ziele klar zu erfassen und zu priorisieren (siehe dazu auch Beispiel in Tab. 3.1: Gewichtetes Aufgabeninventar).

- Alle Aufgaben auflisten: Welche Leistungen sollen ausgelagert werden? Handelt es sich um einzelne Projekte (z. B. eine bestimmte Kampagne) oder eine umfassende Betreuung (z. B. kontinuierliche Social-Media-Betreuung)?
- Bedeutung und Priorität klären: Ordnen Sie den Aufgaben Gewichtungen zu (z. B. 1–5), um zu erkennen, wo höchste Kompetenz nötig ist und welche Aspekte eher zweitrangig sind.
- Ergebnisziele definieren: Notieren Sie, welche Resultate mit den Aufgaben verknüpft sind. Sollen KPI-basierte Ziele erreicht werden (Conversion, Reichweite, Engagement) oder qualitative Effekte (Image, Kundenzufriedenheit)?

Je klarer Sie hier werden, desto präziser können Sie die Angebote verschiedener Agenturen später vergleichen – und desto sicherer stellen Sie, dass Sie nicht in Ideen investieren, die an Ihren Kernzielen vorbeigehen.

3.3.2.2 Verhalten (Wie?) – Sammlung kritischer Ereignisse

Die Verhaltensebene behandelt das Wie in der Zusammenarbeit. Oft sind es nicht die fachlichen Kompetenzen, an denen Projekte scheitern, sondern Konflikte über Abläufe, Kommunikation oder Reaktionszeiten. Hier hat sich die Sammlung kritischer Ereignisse (Critical Incident

Tab. 3.1 Gewichtetes Aufgabeninventar (Beispiel)

Aufgabe	Gewichtung (1–5)	Ergebnisziel
Entwicklung einer Social-Media-Strategie	5	Steigerung Markenbekanntheit um 20 %
Laufende Content-Produktion & Community Management	4	Aufbau einer aktiven Fan-Community
Monatliches Reporting & KPI-Analyse	4	Fundierte Entscheidungsvorlagen
Kreative Kampagnenentwicklung	2	Imageverbesserung, höhere Klickraten

Technique) bewährt, um zentrale Verhaltensanforderungen zu erkennen (Flanagan, 1954).

Die Idee hinter der Sammlung kritischer Ereignisse mag auf den ersten Blick simpel wirken: Man schaut sich Situationen an, die in früheren Projekten oder Beziehungen besonders gut oder besonders schlecht gelaufen sind. Genau diese Ausrutscher oder Glanzmomente offenbaren aber oft, wo im Alltag wirklich die Schmerzpunkte liegen – sei es in der Kommunikation, in den Prozessen oder in den Erwartungen an den Partner.

Diese Methode wird in vielen Bereichen erfolgreich angewendet. In Kliniken beispielsweise werden Beinahe-Fehler oder unerwartete Patientenreaktionen gesammelt und ausgewertet. Wenn bei einer OP unerwartet kein passendes Instrument verfügbar war, analysierte das Team: Was lief da konkret schief? Warum hat niemand rechtzeitig Bescheid gesagt? Daraus ergeben sich neue Anforderungen an Lagerhaltung, Checklisten und interne Kommunikation. Hätte die Klinikleitung stattdessen nur gesagt „Wir wollen, dass alle OPs reibungslos laufen", wären die echten Stolpersteine unentdeckt geblieben.

So wird sichtbar, wo in der täglichen Zusammenarbeit der Schuh drückt und welches Verhalten Sie sich stattdessen wünschen. Anders als bei allgemeinen Checklisten kommt man mit der Critical Incident Technique (CIT) näher an die wirklichen Bedürfnisse heran – also jene, die sich in heißen Situationen zeigen. Statt nur blumig zu sagen „Gute Kommunikation ist uns wichtig", haben Sie reale Fallbeispiele, die veranschaulichen, welche Art von Kommunikation Sie benötigen – und warum.

- Erinnern Sie sich an frühere Agenturbeziehungen: Was lief gut, was lief gar nicht gut? In welchen Situationen (kritische Ereignisse) wurde spürbar, wie wichtig das richtige Verhalten ist?
- Notieren Sie diese kritischen Situationen: Zum Beispiel: Hoher Termindruck kurz vor dem Kampagnenstart oder CpX-Optimierung half, den Absatz zu erhöhen. Halten Sie fest, wie Ihre Agentur damals reagierte und was Sie sich ggf. alternativ gewünscht hätten.
- Leiten Sie gewünschtes Verhalten ab: Beispielsweise bei Zeitdruck: Wir erwarten proaktive Kommunikation und Lösungsansätze, statt

nur auf Anweisungen zu warten. Oder bei einer Datenanalyse: Die kontinuierliche Optimierung unserer Werbemittel ist für uns ein zentraler Erfolgshebel.

Diese Methode deckt auf, welche konkreten Verhaltensweisen einer Agentur für Ihr Unternehmen kritisch sind, also maßgeblich zum Erfolg oder Misserfolg beigetragen haben.

3.3.2.3 Eigenschaften (Womit?) – Eignungsmerkmale für das Anforderungsprofil

Diese dritte Ebene fokussiert sich auf die grundlegenden Eignungsmerkmale. Welche Kompetenzen, Haltungen und Fähigkeiten sind notwendig, damit die Agentur die definierten Aufgaben (Was?) erfüllen und das gewünschte Verhalten (Wie?) zeigen kann? Definieren Sie die Eignungsmerkmale, die sich daraus ergeben – fachlich-methodisch und sozial-persönlich. Im Folgenden sind Beispiele aufgeführt, an denen Sie sich orientieren können.

Fachliche und methodische Merkmale:

- Branchenexpertise: Vertrautheit mit Ihrer Branche (z. B. E-Commerce, B2B, Healthcare)
- Technisches und kreatives Know-how: SEO, Performance-Marketing, Design, Copywriting, Usability etc.
- Projektmanagement-Kompetenzen: Fähigkeit, Timings, Budgets und Qualität zu steuern (z. B. agile Methoden, Reporting-Routinen)

Soziale und persönliche Merkmale:

- Kommunikationsstärke und Kundenorientierung: Offene, transparente Kommunikation – auch bei Schwierigkeiten
- Eigeninitiative und Problemlösungskompetenz: Proaktives Einbringen von Ideen, selbstständige Fehlersuche und -behebung
- Kulturelle Passung: Übereinstimmung in Werten wie Zuverlässigkeit, Respekt, Feedback-Kultur

3.3.3 Ein ganzheitlicher Blick auf Ihr Agentur-Anforderungsprofil

Wenn Sie diese drei Ebenen verknüpfen, erhalten Sie ein belastbares Anforderungsprofil, das Ihnen hilft, die richtige Agentur zu finden. Dann haben Sie nicht nur eine Liste von zu erledigenden Aufgaben, sondern auch klare Erwartungen an den Projektablauf und die kulturelle Passung. So wird Ihre Suche effizienter und die Zusammenarbeit mit der ausgewählten Agentur langfristig erfolgreicher (siehe Tab. 3.2).

Tab. 3.2 Beispiel zum Aufbau eines Anforderungsprofils

Anforderungs-ebene	Beispiel
Was? (Aufgaben & Ergebnisse)	– Aufbau einer Social-Media-Präsenz auf Instagram und LinkedIn – Erstellung und Umsetzung einer monatlichen Content-Strategie (Postings, Stories, Reels) – Schalten von Performance-Kampagnen mit fest definierten KPI-Zielen (z. B. Click-Through-Rate, Conversions)
Wie? (Verhalten in der Zusammenarbeit)	– Proaktive Kommunikation bei Engpässen oder neuen Ideen (nicht nur auf Anweisung warten) – Transparente Reporting-Struktur (wöchentliche Statusupdates, monatliches KPI-Dashboard) – Agiles Projektmanagement: Schnelle Reaktion auf Marktveränderungen
Womit? (Eigenschaften & Kompetenzen)	– Fachliches Know-how in Performance-Marketing (z. B. Facebook Ads, TikTok Shop) und Content Production (Video, Grafik, Text) – Branchenkenntnis im Bereich Food & Nutrition; idealerweise Erfahrung mit FMCG-Marken Team mit kreativen Köpfen und Datenanalyse-Skills
Zusammenfassung Anforderungen	Die Agentur muss: 1. Social-Media-Strategie entwickeln und umsetzen, um eine 20 %ige Steigerung der Markenbekanntheit zu erreichen 2. Durch agiles Arbeiten und regelmäßige Reportings eine effiziente Zusammenarbeit sicherstellen 3. Über starke Expertise in Performance-Marketing verfügen und Branchenerfahrung vorweisen, damit die gesteckten KPIs (z. B. Conversion-Rate) eingehalten und optimiert werden können

> **Wichtig**
>
> Achten Sie darauf, nicht zu viele Anforderungen zu definieren. Eine Agentur, die auf den ersten Blick alles kann, ist oft in keinem Bereich Spitzenreiter. In der Praxis hat sich bewährt, maximal fünf zentrale Anforderungen zu definieren, um zu fokussierten Ergebnissen zu gelangen (Mart et al., 2006).

3.4   Betroffene zu Beteiligten machen

Ein internes Kick-off-Meeting oder ein interner Workshop können sehr hilfreich sein, um alle Stakeholder auf denselben Stand zu bringen (Löschke, 2014). Binden Sie frühzeitig alle relevanten Personen ein – z. B. aus Marketing, Produktmanagement, Vertrieb, Einkauf oder Geschäftsleitung. Unterschiedliche Perspektiven sind wertvoll, um Bedürfnisse umfassend zu beleuchten. Gleichzeitig schaffen Sie so Akzeptanz für die spätere Entscheidung.

In einem solchen Workshop sollte offen diskutiert werden, was man sich von der Agentur verspricht und wo der größte Handlungsbedarf liegt. Häufig treten hier verborgene Erwartungen zutage, die im laufenden Projekt sonst zu Konflikten führen könnten. Zum Beispiel könnte die Geschäftsführung stärker auf finanzielle Kennzahlen achten, während das Brand-Management besonderen Wert auf Kreativität legt.

Am Ende dieses Prozesses sollten Sie (und alle Beteiligten) klar sagen können: „Wir wissen jetzt genau, wofür und warum wir eine Agentur beauftragen wollen."

Wichtig ist dabei die Trennung von Bedürfnissen und Lösungen. Formulieren Sie zuerst das Was (z. B. „Wir benötigen mehr qualifizierte Leads") und anschließend das Wie, das später Gegenstand der Agenturleistung ist. So bleiben Sie offen für innovative Ideen. Wenn die Agentur Ihr eigentliches Kernbedürfnis versteht, kann sie womöglich bessere Wege vorschlagen, als Sie selbst zunächst dachten.

Halten wir fest: Am Ende der Phase „Definition der Kernanforderungen" haben Sie eine klare Vorstellung Ihres Warum und Wofür. Sie kennen die Ziele und Rahmenbedingungen und wissen, welche Kompetenzen und Eigenschaften der künftige Partner mitbringen muss. All das lässt sich nun übersetzen in konkrete, beobachtbare Kriterien.

3.5 Operationalisierung von Anforderungen

Nachdem Sie Ihre Kernbedürfnisse identifiziert haben, geht es im nächsten Schritt darum, diese in konkrete Anforderungen zu überführen – man spricht von der Operationalisierung (Clegg & Barker, 1994). Das bedeutet: Aus relativ abstrakten Bedürfnissen und Zielen werden greifbare Kriterien und Vorgaben formuliert, anhand derer Sie Agenturen beurteilen und Angebote einholen können. Hier verwandelt sich das „Was wollen wir?" in ein „Worauf kommt es konkret an?".

Stellen Sie sich Ihre Kernbedürfnisse als Überschriften vor, unter denen Sie jetzt messbare oder zumindest beobachtbare Anforderungen auflisten. Jede Anforderung sollte so beschrieben sein, dass sowohl Sie intern als auch die potenzielle Agentur eindeutig verstehen, was gemeint ist. Unklare oder pauschale Forderungen wie „Die Agentur soll innovativ sein" helfen wenig – was heißt innovativ in Ihrem Kontext? Besser: „Die Agentur soll in den letzten 2 Jahren mindestens drei erfolgreiche Kampagnen mit neuartigen, digitalen Ansätzen in unserer Branche durchgeführt haben". Jetzt ist klar, woran Sie Innovation festmachen und was Ihr Kriterium sein wird. In diesem Beispiel sind das also Referenzprojekte in Ihrer Branche mit innovativem Ansatz.

Ein bewährtes Prinzip, um Anforderungen richtig zu formulieren, sind die sogenannten SMART-Kriterien. SMART steht für Spezifisch, Messbar, Erreichbar, Relevant und Zeitgebunden (Kuhn, 2009). Prüfen Sie jede wichtige Anforderung daraufhin:

- Spezifisch: Ist die Anforderung klar und präzise formuliert, ohne Raum für unterschiedliche Interpretationen?
- Messbar: Gibt es ein messbares Kriterium oder einen Indikator, an dem die Erfüllung geprüft werden kann?
- Erreichbar: Ist die Anforderung realistisch erfüllbar?
- Relevant: Trägt die Anforderung klar zum übergeordneten Projektziel bei?

- Zeitgebunden: Falls zutreffend, ist ein Zeitrahmen definiert?

Achten Sie außerdem auf verschiedene Kategorien von Anforderungen, z. B. inhaltlich/fachlich, qualitativ, prozessbezogen, kulturell und kommerziell. Nicht alles lässt sich in Zahlen fassen, doch Sie können für jeden weichen Faktor einen Prüfstein definieren, wie Awards, Portfoliobeispiele oder Referenzgespräche (GWA/GPRA/BVDW Initiative „Die richtige Agentur", 2025).

Lassen Sie uns das an einem Beispiel verdeutlichen. Nehmen wir das Kernbedürfnis: „Mehr qualifizierte Leads im Segment X generieren". Daraus lassen sich wie in den folgenden drei Beispielen mehrere (hier drei) Anforderungen ableiten, jeweils mit Operationalisierung und Verhaltensbeobachtungen:

Beispiel 1:

- ANFORDERUNG: Expertise in Lead-Generierung
- OPERATIONALISIERUNG: Nachweisliche Erfahrung in Ihrem B2B-Segment X (z. B. mind. zwei erfolgreiche Kampagnen in den vergangenen 2 Jahren, die zu einer Steigerung der Lead-Zahlen um mehr als 20 % führten).
- VERHALTENSBEOBACHTUNGEN:

  - Legt Referenzprojekte/Case Studies mit messbaren Ergebnissen vor
  - Demonstriert im Pitch einen strukturierten Ansatz zur Lead-Generierung (z. B. Funnel-Architektur)
  - Kann anhand von KPI-Beispielen zeigen, wie Erfolgskennzahlen gesteuert werden

Beispiel 2:

- ANFORDERUNG: Branchenkenntnis
- OPERATIONALISIERUNG: Kennt die Regulatorik und Fachmedien in Ihrem Markt, belegt durch mindestens einen Kunden aus Industrie Y.
- VERHALTENSBEOBACHTUNGEN:

- Nimmt auf fachliche Besonderheiten (z. B. rechtliche Vorgaben) direkt Bezug
- Verfügt über ein Netzwerk in branchenspezifischen Medien und Kanälen
- Spricht im Pitch fundiert über Best Practices in Ihrer Branche

Beispiel 3:

- ANFORDERUNG: Lead-Funnel-Setup
- OPERATIONALISIERUNG: Aufbau eines funktionierenden digitalen Lead-Funnels innerhalb von 3 Monaten, inklusive Landing Pages, E-Mail-Nurturing und Analytics-Tracking.
- VERHALTENSBEOBACHTUNGEN:

  - Stellt ein klares Projekt- und Meilenstein-Board vor
  - Zeigt technische Integration (CRM, Marketing-Automation) anhand realer Beispiele
  - Definiert, wie Leads nach Abschluss qualifiziert und weiterverfolgt werden

Bei der Formulierung Ihrer Anforderungen kann es hilfreich sein, verschiedene Kategorien von Anforderungen abzudecken:

- Inhaltlich/fachliche Anforderungen: Was muss die Agentur können? (z. B. Kompetenzen, Erfahrung, Technologien, Branchenwissen)
- Qualitätsanforderungen: Welche Qualität erwarten Sie von der Arbeit? (z. B. Kreativitätsniveau, strategische Tiefe, Innovationsgrad)
- Prozess-/Arbeitsanforderungen: Wie soll die Zusammenarbeit ablaufen? (z. B. Reporting-Frequenz, Projektmanagement-Tools, Reaktionszeiten bei Anfragen)
- Kapazitätsanforderungen: Verfügbarkeit und Ressourcen (z. B. Kann die Agentur sofort starten? Hat sie genügend Teammitglieder? Soll die Agentur vor Ort präsent sein können?)
- Kulturelle Anforderungen: Passen Werte und Arbeitskultur? (z. B. Agilität, Flexibilität, Verständnis für Corporate Identity)

3.6   Priorisierung und Gewichtung

Wenn Sie Ihre Anforderungen gesammelt haben, stellt sich die Frage der Priorisierung. Denn oft ist die Liste noch zu lang, und es gilt, den Blick auf das Wesentliche zu bewahren.

3.6.1   Muss- vs. Soll-Kriterien: Was ist wirklich essenziell?

Markieren Sie alle Anforderungen, die absolut unerlässlich sind (Muss-/K.O.-Kriterien). Werden diese nicht erfüllt, kommt die Agentur nicht infrage. Ein typisches Beispiel wäre das Budget: Wenn eine Agentur weit über Ihr Maximalbudget hinausgeht, ist das ein K.O.-Kriterium.

Alle anderen Anforderungen, die zwar wichtig, aber nicht zwingend sind, klassifizieren Sie als Soll oder Kann. Fragen Sie sich dabei, ob man eine Agentur mit all ihren Stärken wirklich ablehnen würde, wenn sie bei einem Kriterium Abstriche macht. Ein gängiges Vorgehen ist etwa die MoSCoW-Methode (Kuhn, 2009), die vier Prioritätsstufen kennt:

- Must have (Muss) – unverzichtbare Anforderungen, ohne die das Ziel nicht erreicht werden kann
- Should have (Soll) – sehr wichtige Anforderungen, die möglichst erfüllt werden sollten, die aber notfalls zurückgestellt werden können
- Could have (Kann) – wünschenswerte Anforderungen, Nice-to-have
- Won't have (Dieses Mal nicht) – Anforderungen, die bewusst ausgeschlossen werden, um den Projektumfang zu begrenzen

Seien Sie dabei ehrlich: Es ist verlockend, alles als Muss zu kennzeichnen, aber oft trennt man so nicht mehr zwischen Kern- und Randaspekten. Fragen Sie sich, ob man eine Agentur mit all ihren Stärken wirklich ablehnen würde, wenn sie bei einem Kriterium Abstriche macht.

3.6.2 Gewichtung: Stellenwert der Kriterien festlegen

Nachdem die Muss-Kriterien (K.O.-Kriterien) identifiziert sind, können Sie bei den Soll- und Kann-Kriterien unterschiedliche Stellenwerte vergeben. Das kann qualitativ sein (hoch, mittel, niedrig) oder quantitativ (z. B. eine Skala von 1 bis 5 oder Prozentpunkte). Diese Gewichtung sollte im Team abgestimmt werden, besonders wenn mehrere Personen in der Entscheidung sitzen. Wichtig ist, dass am Ende alle das Modell nachvollziehen können – denn diese Gewichtungen steuern maßgeblich, welche Agentur vorn liegt.

Diese Gewichtung sollte im Team abgestimmt werden, besonders wenn mehrere Personen an der Entscheidung beteiligt sind. Es kann hilfreich sein, erst jeden Einzelnen Punkte vergeben zu lassen und dann im Mittel eine gemeinsame Bewertung zu finden. Wichtig ist, dass am Ende alle das Modell nachvollziehen können – denn diese Gewichtungen steuern maßgeblich, welche Agentur vorn liegt.

3.6.3 Die Anforderungsmatrix in der Praxis

Ein Beispiel, wie Sie Ihre Anforderungen in einer Tabelle strukturieren können, finden Sie in Tab. 3.3. Die Anforderung heißt in diesem Beispiel „Analytisches Verständnis", Spalte 1 zeigt unterschiedliche Operationalisierungen, Spalte 2 die Einstufung (Muss/Soll/Kann), Spalte 3 die Gewichtung und Spalte 4 konkrete Verhaltensweisen (Kriterien), die sie später in ihren gewählten Pitch-Verfahren beobachten können. Erstellen Sie nach dem gleichen Muster eine Tabelle für alle Ihre Anforderungen.

ANFORDERUNG: Analytisches Verständnis

Auf diese Weise haben Sie nicht nur eine Liste dazu, was Sie von der Agentur erwarten, sondern auch ganz klare Hinweise, woran Sie die Erfüllung dieser Erwartungen ablesen können.

Tab. 3.3 Anforderungsmatrix

OPERATIONALI-SIERUNG	MUSS/SOLL/KANN	GEWICH-TUNG (1–5)	VERHALTENSBEOBACHTUN-GEN (Kriterien)
1. Datenbasierte Entscheidungs-findung	MUSS	5	– Bereitet komplexe Daten logisch auf und leitet fundierte Handlungsempfehlungen ab – Nutzt Analysetools (z. B. Google Analytics, BI-Systeme) sicher – Identifiziert Schlüsselkennzahlen (KPIs)
2. Umgang mit komplexen Reports	SOLL	4	– Erkennt systematisch Muster in großen Datensätzen – Reduziert Komplexität für verschiedene Zielgruppen – Setzt Reports zielorientiert ein
3. Statistisch fundierte Prognosen erstellen	KANN	3	– Zeigt Erfahrungen mit Predictive-Analytics-Methoden – Berücksichtigt Unsicherheiten (Stichprobengröße, Modellgrenzen) im Forecast – Demonstriert, wie Prognosewerte validiert und ggf. korrigiert werden – Leitet aus Prognosen klare Maßnahmen für die Projektsteuerung ab

3.7   Fazit

Eine gründliche Anforderungsanalyse ist das wirksamste Mittel, um spätere Unklarheiten, Missverständnisse und Fehlentscheidungen zu vermeiden. Wer sich im Vorfeld Zeit nimmt, die eigenen Ziele, Erwartungen und Prioritäten zu klären, legt den entscheidenden Grundstein für einen fairen und effizienten Agenturauswahlprozess. Mit klaren Anforderungen bekommt man passendere Angebote, vermeidet unnötige Pitch-Runden und sorgt für langfristig erfolgreichere Kunden-Agentur-Beziehungen.

3.8   Checkliste: Anforderungskatalog

- Fangen Sie mit dem Warum an: Klären Sie Ihre Geschäfts- und Marketingziele.
- Stakeholder einbinden: Holen Sie rechtzeitig alle Beteiligten (Marketing, Einkauf, Geschäftsführung etc.) an einen Tisch.
- Kernbedürfnisse definieren: Welche Aufgaben und Ergebnisse, welches Verhalten, welche Eigenschaften sind entscheidend?
- Anforderungen konkretisieren: Vage Wünsche in mess- oder beobachtbare Kriterien übersetzen (SMART, Beispiele, Indikatoren).
- Muss/Soll/Kann priorisieren: Legen Sie klar fest, was unverzichtbar und was optional ist.
- Gewichten Sie die Kriterien: Geben Sie ihnen unterschiedliche Stellenwerte.
- Strukturiertes Anforderungsdokument: Erstellen Sie eine Tabelle mit den definierten Anforderungen und den Operationalisierungen als transparente Grundlage für Ihr internes Stakeholder-Management und für das Agenturbriefing.
- Stakeholder-Einverständnis: Lassen Sie sich das finale Anforderungsprofil von allen relevanten Parteien absegnen, um Rückfragen und Einwände später zu vermeiden.

Literatur- und Quellenverzeichnis

Blickle, G. (2014). *Anforderungsanalyse. In Arbeits- und Organisationspsychologie* (Kap. 15, S. 207–221). Springer.

Cagley, J. W., & Roberts, C. R. (1984). Criteria for advertising agency selection: An objective appraisal. *Journal of Advertising Research, 24*(2), 27–31.

Clegg, D., & Barker, R. (1994). *CASE method fast-track: A RAD approach.* Addison-Wesley.

Diagnostik- und Testkuratorium. (Hrsg.). (2018). *Personalauswahl kompetent gestalten: Grundlagen und Praxis der Eignungsdiagnostik nach DIN 33430.* Springer.

Faisal, M. N., & Khan, B. M. (2008). Selecting an advertising agency: A multi-criteria decision making approach. *Vision, 12*(4), 13–22.

Flanagan, J. C. (1954). The critical incident technique. *Psychological Bulletin, 51*(4), 327–358.

Gorilla76. (2021). Why client-agency relationships fail when they fail. https://www.gorilla76.com/. Zugegriffen: 18. Apr. 2025.

GWA/GPRA/BVDW Initiative „Die richtige Agentur". (2025). Auswahlkriterien. https://die-richtige-agentur.de/so-finden-sie-eine-agentur-die-zu-ih-nen-passt/auswahlkriterien. Zugegriffen: 18. Apr. 2025.

Kuhn, J. (2009, 4. November). Decrypting the MoSCoW analysis (Vol. 5, Issue 44). The workable, practical guide to Do IT Yourself (DITY) [Newsletter]. itSM Solutions. http://www.itsmsolutions.com/newsletters/DITYvo-l5iss44.pdf. Zugegriffen: 18. Apr. 2025.

Leading Swiss Agencies. (2025). Checkliste Agenturevaluation (PDF). https://leadingswissagencies.ch/wp-content/uploads/2024/07/. Zugegriffen: 18. Apr. 2025.

Löschke, R. (2014). *Checkliste für die Agentur-Auswahl. Marketingblog Mittelstand.*

Mart, L., Cooper, B., & Jackson, N. (2006). Public relations agencies in the UK travel industry: Does size matter? *PRism, 3*(1), 1–15.

Schuler, H., & Kanning, U. P. (Hrsg.). (2014). *Lehrbuch der Personalpsychologie* (3. Aufl.). Hogrefe.

4

Verfahren zur Messung der Anforderungen

„Pläne sind wenig bedeutend, aber das Planen ist unerlässlich."

(Winston S. Churchill)

Zusammenfassung Im vorigen Kapitel wurde deutlich, wie wichtig eine fundierte Anforderungsanalyse für den Auswahlprozess ist. Doch selbst die klarsten Anforderungen entfalten erst dann ihren vollen Wert, wenn sie im passenden Verfahren gemessen bzw. beobachtet werden. Hier setzt eine theoretisch übergeordnete Systematik an, die zeigt, welche Verfahren zur Überprüfung welcher Art von Anforderungen am besten geeignet sind. Es soll gewährleistet werden, dass jede Anforderung mit einem validen und reliablen Vorgehen verknüpft wird.

J. Erichsen, *Agenturauswahl im Marketing*,
https://doi.org/10.1007/978-3-658-48841-3_4

4.1   Auswahl geeigneter Verfahren

In diesem Kapitel lernen Sie zwei Verfahrenskategorien kennen: kompetenz- und verhaltensbasierte Verfahren. Eine weitere wichtige Verfahrenskategorie sind die kommerziellen Verfahren, denen das folgende Kap. 5 gewidmet ist.

Ein Messverfahren muss zum jeweiligen Eignungsmerkmal passen, um valide Aussagen treffen zu können. Auf die Agenturauswahl übertragen bedeutet dies, dass unterschiedliche Anforderungsbereiche (z. B. fachliche Expertise, soziale Kompetenz, kultureller Fit) jeweils angemessene Erhebungs- oder Beobachtungsformate benötigen (Kristof-Brown et al., 2005).

Ein Chemistry Meeting gibt etwa Einblicke in Werte und Umgangston, aber weniger in die Fähigkeit, komplexe Datenanalysen durchzuführen. Eine Fallstudie testet konkrete Lösungsansätze, sagt jedoch wenig über die tatsächliche Teamchemie aus.

Das grundlegende theoretische Paradigma dahinter lässt sich als Fit-for-purpose-Prinzip zusammenfassen (Barrick & Parks-Leduc, 2019) und basiert auf drei Gütekriterien:

- Validität: Ein Verfahren misst wirklich dasjenige Merkmal, das gemessen werden soll.
- Reliabilität: Die Ergebnisse sind verlässlich und reproduzierbar – also nicht zufällig verzerrt durch Tagesform oder äußere Einflüsse.
- Objektivität: Die Bewertung hängt von klaren Kriterien ab und möglichst wenig von subjektiven Einschätzungen oder persönlichen Vorlieben.

Nur wenn diese methodischen Gütekriterien (Society for Industrial and Organizational Psychology, 2018) weitestgehend erfüllt sind, können Sie sicher sein, dass Ihre Auswahl auf einer soliden Basis steht.

4.2   Anforderungsbereiche

Anforderungen lassen sich klassifizieren. Um das geeignete Verfahren zu identifizieren, ist eine Einordnung der Anforderungen sinnvoll. Im Folgenden finden Sie Beispiele dafür, wie unterschiedliche Anforderungsbereiche durch geeignete Verfahrenskategorien oder Beobachtungsformate geprüft werden können.

Fachliche und methodische Anforderungen (z. B. technisches Knowhow, Branchenwissen, Projektmanagement-Kompetenz):

- Nachweis praktischer Expertise: zum Beispiel durch schriftliche Dokumentationen, Referenzen, Zertifikate oder Methodenbeschreibungen.
- Demonstration fachlicher Kompetenzen: etwa durch Präsentation branchentypischer Lösungsansätze, Beispiele realisierter Projekte oder Prototypen.
- Praxisorientierte Szenarien: komplexe fall- oder szenariobasierte Aufgabenstellungen, in denen die Agentur methodisches Vorgehen oder analytische Fähigkeiten aufzeigt.

Soziale und persönlichkeitsbezogene Anforderungen (z. B. Kommunikationsfähigkeit, Teamkultur, Offenheit für Neues):

- Kennenlern- und Interaktionsrunden: Strukturiertes oder informelles Austauschformat, bei dem der Umgangston, Kommunikationsstil und die Teamchemie beobachtet werden können.
- Beobachtung der Gruppendynamik: In simulierten Settings oder Übungen, um Dialog- und Konfliktfähigkeit zu prüfen.
- Potenzialerhebungen: Nutzung passender Standards oder Modelle (z. B. Kompetenzmodelle), um Persönlichkeits- oder Teamaspekte zu erfassen.

Kultureller Fit (z. B. Wertekongruenz, Arbeitsstil, Kundenorientierung):

- Einblicke in gelebte Kultur: Gemeinsame Gespräche über Leitbilder, Mission und interne Prozesse, um zu erkennen, ob Wertvorstellungen übereinstimmen.
- Analyse der Arbeitsweisen: Austausch zu Arbeitsmethoden, Entscheidungs- und Kommunikationskultur, um abzugleichen, ob die Agentur zu den internen Strukturen passt.
- Beobachtung im Dialog: Gespräche oder moderierte Runden, in denen die Haltung gegenüber Kunden, Projektpartnern oder Veränderungen deutlich wird.

Strategische Anforderungen (z. B. Innovationsfähigkeit, langfristige Vision, Markt- und Wettbewerbsverständnis):

- Strategische Denk- und Handlungsmodelle: Überprüfung, wie die Agentur auf Marktveränderungen oder Zukunftsszenarien reagiert und ob sie langfristige Roadmaps entwickelt.
- Langfristige Planungsfähigkeit: Bewertung der Herangehensweise an Marken- oder Unternehmensentwicklung (z. B. Wachstumsmodelle, Positionierungsstrategien).
- Nachweis strategischer Erfolge: Rücksprache mit früheren Auftraggebern oder Dokumentation von Projektverläufen, bei denen strategische Ziele erfolgreich umgesetzt wurden.

Ökonomische Anforderungen (z. B. Budgettreue, Konditionen, Einkaufsvorteile):

- Offenlegung von Konditionsmodellen: Verständliche Darlegung der Preisgestaltung, Kalkulationslogik oder Rabattsysteme.
- Budget- und Einkaufskompetenz: Nachweise oder Referenzen zu bisherigen Projekten, bei denen Budget- und Kostenziele eingehalten und Vorteile für den Kunden erzielt wurden.
- Erprobung in kleinem Umfang: Möglichkeit einer Testphase oder eines Pilotprojekts, um realistische Kosten und Aufwände empirisch abzuschätzen.

4.3   Verfahren in der Praxis: von RFI bis Referenzgespräch

Prüfen Sie, welche Verfahren im Sinne des Fit-for-Purpose-Ansatzes bestmöglich Ihre Anforderungen messen können. Die Anzahl der verwendeten Verfahren erhöht nicht unbedingt die Aussagekraft Ihrer Ausschreibung. Wählen Sie Verfahren daher mit Bedacht und Sorgfalt aus.

4.3.1 Request for Information (RFI) – Informationsanfragen als erster Filter

Ein Request for Information (RFI) ist ein strukturiertes Verfahren, um von potenziellen Agenturen systematisch Informationen einzuholen. In der Praxis wird ein RFI meist zu Beginn des Auswahlprozesses eingesetzt, um aus einer Liste an möglichen Anbietern (Longlist) eine kürzere Vorauswahl (Shortlist) zu treffen. Was ist ein RFI genau? Es handelt sich um einen Fragebogen oder ein Dokument, das der Auftraggeber an interessierte Agenturen sendet, mit der Bitte um Auskunft zu bestimmten Punkten – etwa Unternehmensgröße, Kernkompetenzen, Branchenerfahrung, grober Ansatz für die gestellte Aufgabe, Referenzkunden, grobe Kostenschätzung etc. Ein RFI dient also als Informationssammel- und Vergleichsinstrument. Er ist eine gängige Methode, um potenzielle Agenturen zu sondieren, deren strategische Ausrichtung zu verstehen und eine Shortlist zu erstellen.

Was lässt sich sinnvoll in einem RFI abfragen?

- Agenturportrait (Credentials), Vision, Mission, Positionierung
- Finanzkennziffern (Umsatz, Mitarbeiteranzahl, Budget pro Medium)
- Referenzen und Fallstudien
- Realisierte Projekte
- Zertifizierungen, Compliance-Dokumente oder Qualitätsberichte
- Konformität mit Normen, Datenschutz und rechtlichen Vorgaben

Ein wesentliches Erfolgskriterium bei der Erhebung von Informationen mittels eines RFI ist – Sie ahnen es schon – die anforderungsorientierte

Strukturierung der Datenabfrage. Die Regeln für die Auswertung müssen dazu vorab festgelegt werden. Damit stellen Sie sicher, dass Sie tatsächlich nur die für Ihre Aufgabe relevanten Aspekte bewerten und sich nicht von Hochglanzpräsentationen oder nicht relevanten Informationen ablenken lassen. Ein Bewertungsschema gibt Ihnen Sicherheit, die zu Ihren Anforderungen passende Agentur zu finden. Definieren Sie im Vorfeld, welche Bewertung (z. B. Punktsumme) die Agentur mindestens erreichen muss, um in die nächste Runde übernommen zu werden. Die strukturierte Auswertung hilft Ihnen, sachlich und unvoreingenommen die Anforderung zu beurteilen.

An dieser Stelle ist noch keine tiefergehende Prüfung der Inhalte notwendig. Sollten Zweifel an bestimmten Antworten bestehen, können diese in weiteren Verfahren aufgegriffen werden.

Nehmen wir an, eine wesentliche Anforderung für Ihre neue Agentur ist eine globale Ausrichtung. Diese haben Sie auf folgende Weise operationalisiert:

- Verständnis für lokale Kulturen und Märkte
- Anpassung von Strategien an regionale Unterschiede
- Nutzung globaler Netzwerke und Ressourcen
- Lokalisierung von Inhalten
- Koordination internationaler Kampagnen

Diese Anforderungen können Sie für den RFI in Fragen übersetzen und ein für Ihre Anforderungen passendes Bewertungsschema aufsetzen.

Sie können so etwa die erste Operationalisierung „Verständnis für lokale Kulturen und Märkte" mit folgenden Fragen messen:

- Beschreiben Sie Ihre Erfahrung in der Arbeit mit Kunden in den gebrieften Märkten.
- Wie stellen Sie sicher, dass Ihre Kampagnen die lokalen Kulturen und Marktbedingungen berücksichtigen?
- Nennen Sie Beispiele, in denen Sie lokale kulturelle Unterschiede erfolgreich in einer Kampagne berücksichtigt haben.
- Welche Methoden oder Werkzeuge verwenden Sie, um kulturelle und marktspezifische Erkenntnisse zu gewinnen?

Wissenschaftlich betrachtet entspricht ein RFI dem Prinzip der standardisierten Vorauswahl (im Recruiting wäre dies vergleichbar mit schriftlichen Bewerbungsunterlagen). Der Nutzen eines RFI ist durch Studien im Beschaffungswesen belegt: Es reduziert frühzeitig Unklarheiten und hilft dem ausschreibenden Unternehmen, den Projektumfang und die Anbieterlandschaft besser zu verstehen. Indem alle Kandidaten die gleichen Fragen beantworten, ist zudem eine gute Vergleichbarkeit gewährleistet (Gigerenzer & Gaissmaier, 2011).

Worauf sollte man bei RFIs achten? Wichtig ist, nur wirklich relevante Fragen aufzunehmen und den Umfang im Rahmen zu halten – ein RFI ist keine vollumfängliche Angebotseinholung, sondern ein grober Filter. Fragen Sie nur nach Aspekten, die für Ihre Entscheidung kritisch sind (z. B. Branchen-Know-how, technologische Infrastruktur, regulatorische Compliance), aber erwarten Sie noch keine konkreten Lösungskonzepte. Die Agenturen sollten den Aufwand für die Beantwortung gering halten können. Auf Auftraggeberseite sollten die Antworten dann mit einer strukturierten Methode ausgewertet werden. So können Sie nachvollziehbar begründen, welche Agenturen es in die nächste Runde schaffen.

4.3.2 Chemistry Meetings – persönliche Chemie und Kulturabgleich

Unter dem Begriff Chemistry-Meetings werden Treffen zum Zweck des Kennenlernens subsumiert. Diese können virtuell oder persönlich stattfinden. Bei der Agenturauswahl im Marketing sind diese ein eher neues Phänomen. Sie sind entstanden, weil viele Unternehmen nach Beendigung eines Pitches im Tagesgeschäft bemerkten, dass die Zusammenarbeit mit der neuen Agentur nicht so gut verläuft, wie erwartet.

Dementsprechend wird häufig als Ziel definiert, die gegenseitige Passung festzustellen. In vielen Chemistry-Meetings wird daher viel Wert auf Sympathie und Bauchgefühl gelegt. Das Ergebnis eines solchen Verfahrens wird oft im Sinne von „Ich kann mir eine Zusammenarbeit vorstellen" oder „Das passt überhaupt nicht" dokumentiert. Für dieses Ergebnis wäre vermutlich ein gemeinsames Mittagessen sinnvoller. Es gibt auch wissenschaftlich keine Hinweise, dass Sympathie zu besserer Zusammenarbeit führt.

Dennoch liegt viel Potenzial in direkten Interviewsituationen. Bei der Auswertung von Meta-Analysen beispielsweise von Schmitt und Hunter (1998) oder Sacket et al. (2022) zeigt sich hier ein klares Bild. Einstellungsgespräche weisen die höchste Validität zur Vorhersage der beruflichen Eignung auf. Allerdings nur, wenn diese strukturiert durchgeführt werden. Ein Chemistry-Meeting mit einer Agentur lässt sich tatsächlich ausgezeichnet mit einem Einstellungsgespräch vergleichen. Es ist persönlich, unmittelbar und dialogorientiert.

Die Strukturierung eines Chemistry Meetings umfasst eine anforderungsorientierte Planung, die Auswertung des Gesprächs, die Nutzung eines Interviewleitfadens, die Verwendung von günstigen Frageformen, die Protokollierung der Antworten sowie eine regelgeleitete Auswertung der gewonnenen Informationen (Levashina et al., 2014).

4.3.2.1 Interviewleitfaden

Operationalisierte Anforderungen bilden die Basis für einen Interviewleitfaden. Der Interviewleitfaden dient dazu, Beobachtungsfehler zu minimieren, im Gespräch die wesentlichen Anforderungen identifizieren zu können und faire Bedingungen für alle teilnehmenden Agenturen herzustellen. Die Gesprächsführung muss beim Auftraggeber liegen und das Gespräch kann wie folgt gegliedert werden:

- Begrüßung und Einleitung
- Hauptteil: kompetenzbasierte Fragen
- Abschluss

4.3.2.2 Begrüßung und Einleitung

Eine professionelle Begrüßung und Einleitung schaffen eine angenehme Gesprächsatmosphäre und tragen zur Reduzierung von Nervosität bei. Dies ist wichtig, um später valide Informationen zu erhalten. Eine typische Vorgehensweise wäre die persönliche Begrüßung aller Teilnehmer, eine Vorstellung der Teilnehmer und eine Erklärung zum Ablauf des Meetings.

4.3.2.3 Hauptteil: Kompetenzbasierte Fragen

Ein wesentlicher Erfolgsfaktor für ein Chemistry Meeting ist es, die richtigen Fragen zu stellen. Kompetenzbasierte Fragen, insbesondere biografiebezogene und situative Fragen, haben eine hohe prognostische Validität und eignen sich daher gut, um die Eignung der Agentur im Hinblick auf die Anforderungen zu erfassen (Kuncel et al., 2013). Sie ermöglichen es, vergangenes Verhalten und potenzielle zukünftige Handlungen zu beurteilen. Für eine umfassende Bewertung empfiehlt es sich, beide Arten von Fragen zu kombinieren (Tab. 4.1).

• Biografiebezogene Fragen geben Aufschluss über die bisherigen Erfahrungen der Agentur in erfolgskritischen Situationen. Es wird davon ausgegangen, dass in der Vergangenheit gezeigtes Verhalten auch eine gute Vorhersage von zukünftigem Verhalten ermöglicht.
• Situative Fragen ermöglichen es, die Problemlösefähigkeiten und das strategische Denken der Agentur zu beurteilen.

Tab. 4.1 Einsatz verschiedener Frageformen

Frageform	Wann einsetzen?
Biografiebezogene Fragen	Wenn die Agentur nachweisbare Erfahrung in einem bestimmten Bereich haben sollte
	Wenn vergangenes Verhalten ein guter Indikator für zukünftiges Handeln ist
	Wenn Soft Skills wie Teamfähigkeit oder Problemlösung anhand echter Beispiele geprüft werden sollen
Situative Fragen	Wenn die Agentur mit neuen Herausforderungen konfrontiert wird, für die es keine Erfahrungswerte gibt
	Wenn Problemlösungsfähigkeit und Denkweise wichtiger sind als reine Erfahrung
	Wenn sich die Branche oder die Anforderungen schnell ändern und Anpassungsfähigkeit gefragt ist

4.3.2.4 Interviewleitfaden

In Tab. 4.2 ist ein Ausschnitt eines Interviewleitfadens dargestellt, mit zwei Fragen zur Anforderung „Innovationsfähigkeit". Diese wurden, wie im vorherigen Kap. 3 (Anforderungen) erläutert, operationalisiert und in beobachtbares Verhalten übersetzt. Sie sehen im Beispiel auch Follow-up-Fragen. Diese können eingesetzt werden, wenn Ihnen die erste Antwort der Agentur nicht ausreicht, um die Anforderung fundiert einzuschätzen. In der dritten Spalte sind sogenannte Verhaltensanker abgebildet. Diese sollen den Beobachtern helfen, die Antworten anforderungsgemäß zu beurteilen.

Die Anzahl der Fragen eines Interviewleitfadens ergibt sich aus der vorgesehenen Zeit für das Chemistry Meeting sowie aus der Anzahl der definierten Anforderungen. Die Anzahl der Fragen pro Operationalisierung erhöht die Anzahl der Beobachtungspunkte und steigert die Aussagekraft. Der Erkenntnisgewinn wird in der Regel ab der dritten Frage pro Anforderung nicht weiter steigen.

Die Strukturierung von Eignungsgesprächen führt ganz wesentlich zu besseren Ergebnissen. Auch wenn die Erstellung eines solchen Interviewleitfadens aufwendig ist, werden Sie für diesen Aufwand belohnt, mit Erkenntnissen, die eindeutig und unverzerrt auf Ihre Anforderungen einzahlen. Sie werden genau das messen, was Ihr Unternehmen tatsächlich benötigt.

Exkurs Rückfragen: Für Rückfragen hat sich die PAR-Methode als ein effektives Kommunikationsmodell im beruflichen Kontext erwiesen. PAR steht für Problem, Aktion und Resultat. Bei einer Rückfrage nach dieser Methode schildert der Gesprächspartner zunächst das Problem (Situation oder Herausforderung), beschreibt anschließend die Aktion (welche Maßnahmen ergriffen wurden) und benennt schließlich das Resultat (Ergebnis oder Wirkung des Handelns). Diese strukturierte Form ermöglicht es, gezielt Informationen zu erfragen und relevante Inhalte effizient zu erfassen (Whitcomb, 2011).

Tab. 4.2 Beispielhafte Fragen eines Interviewleitfadens für Chemistry Meetings

Anforderung: „Innovationsfähigkeit"	Fragen & Follow-up-Fragen	Verhaltensanker	Punktvergabe & Notizen
Operationalisierung: Kreatives Problemlösen Verhaltensbeobachtung: Entwicklung und Umsetzung innovativer Marketingstrategien	Biografische Frage: „Können Sie ein Beispiel nennen, in dem Sie eine innovative Marketingstrategie entwickelt und umgesetzt haben? Was war die Herausforderung, und welche Schritte haben Sie unternommen?" Follow-up-Fragen (PAR-Methode): P (Problem): Vor welchen Herausforderungen standen Sie bei der Entwicklung der Strategie? A (Action): Welche kreativen Methoden oder Ansätze haben Sie genutzt, um eine innovative Lösung zu finden? R (Result): Welche Auswirkungen hatte die Strategie auf den Unternehmenserfolg?	1. Identifiziert kreative Lösungen für komplexe Marketingprobleme 2. Nutzt unkonventionelle Denkansätze zur Ideenfindung 3. Wendet neue oder experimentelle Marketingtechniken erfolgreich an 4. Integriert innovative Technologien oder Trends in Marketingstrategien 5. Demonstriert eine systematische Herangehensweise zur Umsetzung kreativer Ideen	

(Fortsetzung)

Tab. 4.2 (Fortsetzung)

Anforderung: „Innovationsfähigkeit"	Fragen & Follow-up-Fragen	Verhaltensanker	Punktvergabe & Notizen
Operationalisierung: Anpassungsfähigkeit an Marktveränderungen Verhaltensbeobachtung: Schnelle Reaktion auf neue Marketingtrends und Verbraucherbedürfnisse	Situative Frage: „Stellen Sie sich vor, ein plötzlicher Wandel im Verbraucherverhalten erfordert eine Anpassung Ihrer Marketingstrategie. Wie würden Sie darauf reagieren?" Follow-up-Fragen (PAR-Methode): P (Problem): Welche Faktoren würden Sie berücksichtigen, um die bestmögliche Anpassung zu gewährleisten? A (Action): Welche Methoden oder Tools würden Sie nutzen, um Marktveränderungen schnell zu analysieren und eine Strategie anzupassen? R (Result): Wie würden Sie die Effektivität Ihrer Anpassungsstrategie messen?	1. Erkennt frühzeitig relevante Marktveränderungen 2. Entwickelt flexible und anpassungsfähige Marketingstrategien 3. Nutzt datengetriebene Ansätze zur Analyse von Verbrauchertrends 4. Wendet agile Methoden zur schnellen Anpassung von Kampagnen an 5. Demonstriert die Fähigkeit, innovative Lösungen in kurzer Zeit zu implementieren	

4.3.2.5 Durchführung des Chemistry Meetings

In der eigentlichen Interviewsituation des Chemistry Meetings sollten Sie die folgenden Punkte beachten.
Beobachtungsregeln:

- Vermeiden Sie voreilige Schlüsse aufgrund von Vorabinformationen oder ersten Eindrücken.
- Halten Sie sich an das Beobachtungsschema.
- Stellen Sie sicher, dass alle Bewerter die Kriterien einheitlich interpretieren und anwenden.
- Seien Sie aufmerksam gegenüber Selbstdarstellungsstrategien wie Übertreibungen oder Ausweichmanövern.
- Seien Sie sich bewusst, dass persönliche Sympathien oder Antipathien die Beurteilung beeinflussen können. Versuchen Sie, so objektiv wie möglich zu bleiben und sich auf konkrete Verhaltensbeobachtungen zu stützen.

Gesprächsatmosphäre:

- Erklären Sie Methode und Sinn der anforderungsspezifischen Fragestellung.
- Ermutigen Sie die Teilnehmer der Agenturen, frei zu sprechen, ohne Angst vor „richtigen" oder „falschen" Antworten.
- Vermeiden Sie eine zu harte oder strenge Gesprächsführung – ein offenes Gespräch führt zu besseren Einblicken.
- Versuchen Sie, die vorbereiteten Fragen frei und flüssig vorzutragen, was zu einer entspannten Gesprächsatmosphäre beiträgt.

Strukturierte Durchführung:

- Halten Sie sich an den Aufbau: Zuerst die biografische oder situative Frage, dann, falls notwendig, mit den vorbereiteten Follow-up-Fragen nachfragen.
- Lassen Sie die Kandidatin oder den Kandidaten zunächst frei antworten, bevor Sie Nachfragen stellen.

- Stellen Sie sicher, dass jede Frage vollständig beantwortet wird, bevor Sie zur nächsten übergehen.

Gesprächsführung:

- Richten Sie spezifische Fragen an die jeweiligen Experten der Agentur (z. B. Geschäftsführung, Head of Strategy, Einkaufsleiter, Kundenberater).
- Geben Sie vor, wer die Fragen beantworten soll.
- Falls eine andere Person antwortet, achten Sie darauf, ob Person und Antwort die Realität im Tagesgeschäft widerspiegeln. Fragen Sie nach, falls hier Unsicherheit besteht.

Aktives Zuhören und gezielte Nachfragen:

- Achten Sie auf Konsistenz in den Antworten und zwischen verschiedenen Teammitgliedern.
- Bewerten Sie Kandidatinnen und Kandidaten nach den definierten Verhaltensankern und nicht nach persönlichem Eindruck.
- Vermeiden Sie voreilige Urteile (z. B. durch den Halo-Effekt – wenn ein starker erster Eindruck die gesamte Bewertung beeinflusst).

Dokumentation und Vergleichbarkeit:

- Machen Sie sich direkt im Gespräch Notizen, um später eine nachvollziehbare Bewertung zu haben.
- Ergänzen Sie fehlende Notizen direkt nach dem Interview, solange die Eindrücke frisch sind.
- Nutzen Sie die 5-Punkte-Skala erst im Anschluss an das Interview, um jede Antwort systematisch zu bewerten.

4.3.2.6 Abschluss

Ein strukturierter Abschluss ermöglicht beiden Seiten, offene Fragen zu klären und einen positiven letzten Eindruck zu hinterlassen. Fassen Sie die wichtigsten Punkte zusammen. Erlauben Sie der Agentur, Fragen zu stellen. Erklären Sie die nächsten Schritte im Auswahlprozess.

Eine systematische Auswertung nach definierten Kriterien ist entscheidend für die Objektivität und Fairness des Prozesses. Für eine Vergleichbarkeit und auch für eine faire Behandlung aller Agenturen soll der Interviewleitfaden bei allen Agenturen gleich eingesetzt werden.

Nehmen Sie sich mit Ihrem Team Zeit für eine abschließende Bewertung der Ergebnisse. Diskutieren Sie die Eindrücke im Auswahlteam. Erstellen Sie ein schriftliches Gesamturteil, basierend auf den definierten Kriterien.

> **Wichtig**
>
> Achten Sie trotz des hochstrukturierten Prozesses auf die Menschlichkeit im Termin. Ein formales Abarbeiten der Fragen und Beobachtung ist zwar wichtig für gute Ergebnisse, genauso wichtig ist es aber auch, eine Beziehung zur Agentur aufzubauen. Finden Sie eine gute Mischung aus Struktur und Empathie.

4.3.3 Speed-Dating

Sollte die Zeit knapp sein, versuchen manche Unternehmen, Chemistry Meetings als Speed-Dating abzuhalten – z. B. 15-min-Kennenlernrunden mit vielen Agenturen. Davon ist abzuraten, denn in so kurzer Zeit bleiben nur oberflächliche Eindrücke, die vorwiegend auf dem ersten Eindruck basieren.

Es gibt keine belastbare Forschung zur Wirksamkeit von Speed-Dating. Sind die zeitlichen Rahmenbedingungen sehr knapp oder die Marktsituation macht ein solches Verfahren notwendig, dann sollte hier mit maximaler Strukturierung gearbeitet und die zwei bis drei wichtigsten anforderungsspezifischen Fragen sollten herausgearbeitet werden. Diese können dann analog dem Vorgehen bei Chemistry Meetings gestellt und die Antworten strukturiert bewertet werden.

4.3.4 Fallstudien oder Workshops – die Arbeitsprobe im Pitch

Der Klassiker im Pitch-Prozess ist die Vorstellung oder Präsentation einer spezifischen Aufgabe. Die Agenturen erarbeiten auf Basis eines Briefings des Kunden eine Konzept- oder Kreativpräsentation und stellen diese im Wettbewerb vor. Alternativ oder ergänzend dazu setzen manche Unternehmen auf Workshops mit den Agenturen oder einen Probeauftrag. All diese Verfahren dienen dem Zweck, die Arbeitsweise und Qualität der Agentur anhand einer praxisnahen Aufgabenstellung zu beurteilen. Man kann sie als eine Form von Arbeitsprobe verstehen – analog zur Personalauswahl, wo Bewerber oft Fallstudien bearbeiten oder Arbeitsproben vorlegen, um ihre Eignung zu demonstrieren.

Fallstudien, Probeaufträge und Workshops werden in der Forschung als arbeitsprobennahe Formate hervorgehoben und deren oft hohe Vorhersagekraft wird betont. Solche Befunde sind lange bekannt (s. a. die Meta-Analysen in Ryan & Ployhart, 2014 sowie erneut Schmidt & Hunter, 1998). Auch Sackett et al. (2022) bestätigen, dass Arbeitsproben hinsichtlich Validität weit vorn liegen.

Zur Vorbereitung erhält die Agentur ein ausführliches und möglichst realitätsnahes Briefing (mit Informationen zum Unternehmen, zur Marketingaufgabe, Zielen, ggf. Budgetrahmen) und hat mehrere Wochen bis Monate Zeit, eine Lösungsidee zu entwickeln. In der Präsentation (häufig 60–120 min) stellt das Agenturteam seine Strategie, kreative oder inhaltliche Vorschläge und Umsetzungspläne vor, oft mit Medienbeispielen, Moodboards oder ersten Kampagnenideen. Dieses Verfahren ist besonders verbreitet, wenn es um strategische, planerische oder kreative Aufgaben geht, etwa eine neue Werbekampagne. Bei diesem Verfahren sieht der Kunde konkret, was die Agentur leisten kann, und kann die Ideen unmittelbar vergleichen.

Der zeitliche Umfang der Präsentation kann hier neben der Aufgabenstellung ein zusätzlicher Indikator sein. Schon Goethe entschuldigte sich für einen langen Brief mit dem Argument, dass er wenig Zeit hatte. In der Tat ist es eine Kompetenz, umfangreiche Informationen managementgerecht zusammenzufassen. Nutzen Sie zeitliche Vorgaben dahingehend, dass sie zu den Entscheidungsprozessen Ihres Unternehmens passen.

Eine Alternative zur Präsentation einer Fallstudie ist ein Workshop. Dabei lädt der Kunde die Agenturen zu einem moderierten Workshop ein – z. B. einen halben oder ganzen Tag – in dem gemeinsam an einer Aufgabe gearbeitet wird. Der Unterschied zur klassischen Präsentation: Der Lösungsweg entsteht interaktiv vor Ort, und der Fokus liegt darauf, wie die Agentur an Probleme herangeht und wie die Zusammenarbeit funktioniert, und weniger auf einem ausgefeilten Endergebnis. Der Workshop gibt dem Auftraggeber Einblicke in die Denkweise, Teamdynamik und Kreativität der Agentur unter realistischen Bedingungen.

Worauf sollten Sie bei der Aufgabe und Bewertung achten? Ein häufig gemachter Fehler ist, dass im Pitch oder Workshop Aufgaben gestellt werden, die nicht die wirklich entscheidenden Kriterien prüfen. Ein Beispiel: Ein Kunde lässt alle Agenturen ein Werbemotiv für Produkt X ausarbeiten, obwohl der eigentliche Bedarf eine strategische Markenberatung ist. Die Agentur, die das überzeugendste Motiv liefert, ist nicht zwangsläufig die beste strategische Beraterin. Daher der Rat: Formulieren Sie Aufgaben, die ein möglichst gutes Bild über die Qualität der Agentur in den für Sie wichtigen Anforderungen vermitteln. Wenn Ihnen z. B. kanalübergreifende Kreativität und schnelles Prototyping wichtig sind, könnte die Aufgabe sein: „Entwickeln Sie in 7 Tagen eine Kernidee und skizzieren Sie deren Umsetzung auf drei Kanälen." Wenn hingegen strategische Insights im Vordergrund stehen, könnte die Aufgabe mehr Recherche und konzeptionelles Denken erfordern. Es können reale oder fiktive Aufgaben sein.

Bei Workshops sollte im Briefing klar sein, was passieren wird. Die Agenturen müssen wissen, wie der Tag abläuft, welche Rolle sie haben, und welches Ergebnis ungefähr erwartet wird. Der Kunde sollte sicherstellen, dass die Personen teilnehmen, die später auch zusammenarbeiten – auf beiden Seiten. Nichts wäre schlimmer, als wenn beim Workshop das A-Team der Agentur glänzt, man später aber ein unbekanntes B-Team serviert bekommt. Daher sollten Sie darauf bestehen, dass z. B. der vorgesehene Account Director oder Creative Director anwesend sind.

Die Bewertung solcher Leistungen ist anspruchsvoll, da Strategie oder Kreativität subjektiv wirken kann. Das Bewertungsschema mit der Definition der beobachtbaren Verhalten hilft dabei, die gleichen Kriterien zu betrachten (beispielsweise: strategischer Ansatz, Kreativität/Ideenqualität, Umsetzbarkeit, Teamdynamik, Präsentationsstil usw.) und diese abgestimmt zu bewertet.

Noch ein Tipp: Die Ergebnisse eines Pitches oder Workshops sollten nicht isoliert betrachtet werden. Eine brillante Idee aus dem Pitch ist toll – aber prüfen Sie, ob die Agentur diese auch umsetzen kann. Umgekehrt kann eine mittelmäßige Pitch-Idee verziehen werden, wenn die Agentur im Workshop tolle Zusammenarbeit bewiesen hat und exzellente Referenzen vorweist. Nutzen Sie also alle Puzzleteile, bevor Sie das Gesamtbild „Entscheidung" zusammensetzen.

4.3.5 Probeauftrag

Eine weitere Variante der Arbeitsprobe ist der Probeauftrag (oder Pilotprojekt). Hier wird eine Agentur (oder mehrere parallel) beauftragt, gegen Honorar eine (kleinere) echte Aufgabe umzusetzen. Zum Beispiel könnte man einer Agentur zunächst einen regional begrenzten Kampagnenflight oder ein Markenkonzept für ein Nebensortiment anvertrauen, bevor man den großen nationalen Etat vergibt. Vorteil: Man erlebt die Agentur im Realbetrieb – inklusive aller echten Herausforderungen – ohne sich schon voll zu binden. Ein solcher Probeauftrag kann besonders dann sinnvoll sein, wenn man den Kreis der Kandidaten schon stark eingegrenzt hat (z. B. zwei Finalisten) und einen letzten Praxistest wünscht.

4.3.6 Tool-Vorstellungen – technologische Fähigkeiten erlebbar machen

In manchen Fällen ist ein entscheidender Faktor bei der Agenturauswahl der Einsatz bestimmter Tools oder Technologien. Gerade im digitalen Marketing haben viele Agenturen eigene Analyse-Tools, Dashboards, Projektmanagement-Systeme oder Marketing-Automation-Plattformen im Einsatz. Wenn für Ihr Projekt relevant ist, welche technischen Fähigkeiten die Agentur mitbringt, lohnt sich eine Tool-Vorstellung als Verfahren im Pitch.

Was ist damit gemeint? Im Prinzip bitten Sie die Agentur, Ihnen live Einblick in ihre Tools zu geben. Zum Beispiel könnte eine Media-Agentur ihr Kampagnen-Reporting-Dashboard vorstellen, um zu demonstrieren, wie Sie als Kunde später Daten einsehen können. Oder eine Digitalagentur könnte ihre proprietären SEO-Analysetools zeigen. Auch Workflow-Tools (z. B. ein Kunden-Extranet) könnten präsentiert werden, wenn Schnittstellen und Prozesse ein wichtiges Kriterium sind.

Tool-Vorstellungen sollten zielgerichtet eingesetzt werden. Fragen Sie sich: Gibt es ein konkretes Tool, dessen Vorhandensein oder Qualität erfolgskritisch ist? Wenn ja, lohnt eine Demo. Wenn nein, muss nicht jede Agentur ihre gesamte Software-Palette präsentieren – das könnte überfrachten. Auch hier können Sie Kriterien definieren, z. B. Benutzerfreundlichkeit, Funktionalität, Möglichkeiten der Integration in Ihre Systeme. Bewerten Sie die Tools nach diesen Kriterien.

Der wichtigste Aspekt ist der Output aus einem solchen System. Es können etwa Datensätze bereitgestellt werden, die in einer Live-Situation von einem Tool ausgewertet werden. Überlegen Sie auch hier, im Voraus einen Kriterienkatalog zur Bewertung der Ergebnisse anzufertigen.

Manche Auftraggeber nutzen Tool-Demos, um den Innovationswillen der Agentur zu testen. Eine Agentur, die z. B. eine eigene KI-gestützte Analyse anbietet, zeigt damit, dass sie am Puls der Zeit ist – was positiv in die Bewertung einfließen kann, sofern relevant für das Projekt.

4.3.7 Kognitive Fähigkeitstests – Intelligenz als Erfolgsfaktor?

In der Personalauswahl zählen sogenannte GMA-Tests (General Mental Ability) oder auch kognitive Fähigkeitstests (umgangssprachlich Intelligenztests, gemeint sind z. B. Logik-, Sprach- oder numerische Tests) zu den besten Prädiktoren für berufliche Leistung. In Meta-Analysen haben diese die höchste Validität von allen Einzelverfahren und zudem den Vorteil geringer Kosten (Schmidt & Hunter, 1998).

Der Einsatz solcher Tests kann daher hochvalide Ergebnisse über die kognitiven Fähigkeiten eines Agenturteams oder der Schlüsselpersonen eines Teams geben. Bei einem Team mit beispielsweise hohen kognitiven analytischen Fähigkeiten besteht eine höhere Wahrscheinlichkeit, dass es bei analytischen Aufgaben wie Performance-Optimierung oder Datenanalyse zu besseren Ergebnissen kommt.

Manche Unternehmen gehen einen indirekten Weg: Sie schauen sich die individuellen Lebensläufe und Hintergründe der Haupt-Teammitglieder an – Top-Abschlüsse oder anspruchsvolle frühere Projekte können Indikatoren für kognitive Leistungsfähigkeit sein (wenn auch keinesfalls objektive Beweise). Das ist jedoch kein valider Ersatz für echte Tests und kann zudem zu Biases führen (Petty & Cacioppo, 1986).

Kognitive Tests können als Online-Tests mit den Agenturteams durchgeführt werden. Auftraggeber können auch einen kurzen analytischen Test ins Pitch-Setup integrieren, wenn analytische Exzellenz zentral ist. Denkbar: Eine Agentur bekommt im Pitch einen Datensatz und 30 min Zeit, Insights abzuleiten – eine Art kognitiver Leistungstest unter Echtbedingungen.

Allgemeine und spezifische Denkschärfe sind ohne Zweifel wichtig – eine Agentur muss komplexe Briefings verstehen, strategisch denken und Probleme lösen können. Dieses Kriterium sollten Sie unbedingt in irgendeiner Form berücksichtigen. Die Forschung sagt: Wenn Sie es messen können, wird es stark mit dem Erfolg korrelieren (Kuncel et al., 2013).

4.3.8 Persönlichkeits- und Team-Fit-Tests – passen die Soft Skills?

Neben Fachkompetenz und Intelligenz spielt die Persönlichkeit eine große Rolle für den Erfolg einer Zusammenarbeit. Im HR-Kontext werden deshalb Persönlichkeitstests (z. B. Big Five Profile) eingesetzt, um Eigenschaften wie Gewissenhaftigkeit, Offenheit oder Extraversion zu erfassen. In Meta-Analysen hat sich besonders der Faktor Gewissenhaftigkeit als relevanter Prädiktor für Job-Performance erwiesen – mit einer Vorhersagekraft für beruflichen Erfolg von 20–30 % (Schmidt & Hunter, 1998).

Wie kann man das auf Agenturen anwenden? Der einfachste Weg ist, dass alle benannten Teammitglieder der Agentur einen entsprechenden Test durchlaufen. Alternativ bietet sich an:

- Persönlichkeitsprofil der Ansprechpartner: Wenn die Zusammenarbeit hauptsächlich über einen festen Account Manager der Agentur läuft, könnte es Sinn ergeben, zumindest dessen Persönlichkeitsprofil kennenzulernen.
- Selbst- und Fremdeinschätzung im Chemistry Meeting: Man kann im Chemistry Meeting Fragen einbauen, die indirekt Persönlichkeitsthemen ansprechen.
- Kultur-Fit-Fragebogen: Manche Firmen haben definierte Werte und suchen Lieferanten, die diese teilen. Ein kurzer Fragebogen oder Abgleich dieser Werte kann Teil des Auswahlprozesses sein.

Bei all dem muss man aufpassen, dass man Kultur- bzw. Team-Fit nicht mit persönlichen Sympathien oder Klischees verwechselt. Tatsächlich warnen HR-Experten davor, Cultural Fit als Deckmantel für Homogenität zu benutzen (Kristof-Brown et al., 2005). Übertragen auf Agenturen: Nur weil eine Agentur einen anderen Stil hat, sollte man sie nicht vorschnell aussortieren, sofern sie die Leistung bringen kann.

Die Lösung besteht darin, Team- und Kultur-Fit genauso strukturiert zu erfassen wie harte Kriterien (Barrick & Parks-Leduc, 2019). Definieren Sie, was für Sie Kultur ausmacht (z. B. hohe Eigeninitiative, kundenorientierte Kommunikation, Fehlerkultur) und beobachten oder befragen Sie gezielt daraufhin. Nutzen Sie am besten auch hier Scorecards, anstatt am Ende nur auf ein Bauchgefühl zu hören.

Persönlichkeits- und Teamfit-Tests in formaler Weise sind in Ausschreibungen bisher selten, aber die dahinterstehenden Faktoren sind enorm wichtig. Achten Sie deshalb systematisch auf Soft Skills: Wie ist die Kommunikation? Wie ist das Verhalten unter Stress? Stimmen die Werte überein? Nutzen Sie Instrumente – ob formelle Fragebögen oder informelle Beobachtungsschwerpunkte – um diese Aspekte einzufangen. Und ein gut harmonierendes Team ist erfahrungsgemäß die halbe Miete für eine erfolgreiche Partnerschaft.

> **Wichtig**
>
> Eine der größten Herausforderungen für Auftraggeber in Agentur-Ausschreibungen besteht darin, die tatsächliche Qualität und Passung des zukünftigen Projektteams zu beurteilen. Kunden wünschen sich berechtigterweise, bereits in der Ausschreibungsphase das echte Team kennenzulernen, das später für sie arbeiten wird. In der Praxis können Agenturen jedoch selten feste, unbeschäftigte Teams vorhalten – wirtschaftlich wäre das kaum tragfähig. Häufig werden daher Präsentationsteams zusammengestellt, die nicht identisch mit dem später eingesetzten Projektteam sind. Dieses Vorgehen untergräbt Transparenz und Vertrauen. Eine praktikable Lösung liegt in der Anwendung messtheoretisch fundierter Tests, mit denen die kundenspezifischen Anforderungen an Fähigkeiten, Arbeitsweisen und Teamdynamiken valide erfasst werden können. Diese Tests ermöglichen es, das tatsächliche Team objektiv zu prüfen und die somit messbaren Anforderungen an ein Team auch vertraglich zu fixieren.

4.4   Prognosekraft der Verfahren

Neben diesen Anforderungen ist auch die Wirksamkeit einzelner Methoden im Hinblick auf ihre Vorhersagekraft für den späteren Erfolg essenziell. Forschungsergebnisse (Schmidt & Hunter, 1998; Sackett et al., 2022) legen nahe, dass insbesondere arbeitsprobennahe Formate (z. B. Fallstudien, Workshops, Pilotprojekte) und strukturierte Interviews oder QA-Sessions eine relativ hohe Validität aufweisen. Referenzgespräche, unstrukturierte Chemistry Meetings oder Dokumentenanfragen (RFI) liefern hingegen oft nur eingeschränkte Prognosen, wenn sie nicht durch valide Testverfahren ergänzt werden (Tab. 4.3).

Das Ziel ist stets, Biases zu reduzieren und das beste Gesamtbild der Agentur zu gewinnen. Eine Kombination von 2 bis 3 Formaten – z. B. ein Chemistry Meeting für die kulturellen und kommunikativen Aspekte und eine Fallstudie für die strategisch-methodische Seite – ermöglicht eine Triangulation der Ergebnisse. So verringern Sie das Risiko, sich zu sehr auf nur einen Test zu verlassen.

Tab. 4.3 Prognosekraft von Verfahren

Prognosekraft	Verfahren
Hohe Vorhersagekraft	Arbeitsproben (Fallstudien, Workshops), strukturierte Chemistry Meetings, Pilotprojekte
Mittlere Vorhersagekraft	Kognitive Tests, strukturierte QA, Speed-Dating-Format, strukturierte Referenzeinholung
Geringe Vorhersagekraft	RFI, Office Tour, unstrukturierte Chemistry Meetings

Kommerzielle Angebote haben per se keine Vorhersagekraft über die Leistungsfähigkeit einer Agentur. Dennoch sind diese von hoher Relevanz für die spätere Entscheidungsfindung. Hier liegt ein weiterer potenzieller Beobachtungsfehler versteckt. Es ist aus Sicht des Einkaufs verlockend, die tief hängenden Früchte guter Einkaufskonditionen zu ernten. Da vielfach ein Großteil der Wertschöpfung in der späteren Zusammenarbeit entsteht, ist in der Pitch-Konstruktion hierauf Wert zu legen.

4.5 Fazit

Die Anforderungsanalyse bildet das Herzstück jeder Ausschreibung und schafft die Basis dafür, dass Sie exakt wissen, was Sie wie prüfen wollen. Nutzen Sie das Fit-for-purpose-Prinzip, um zu entscheiden, welche Verfahren sich am besten zur Beobachtung Ihrer Anforderungen eignen. Wählen Sie die Verfahren, das am ehesten valide Aufschlüsse über die Eignung der Agentur für Ihre spezifischen Anforderungen gibt. Je nach Bedarf können auch verschiedene Pitch-Formate kombiniert werden. Ein großer internationaler Werbe-Etat erfordert meist einen ausführlicheren Prozess als die Auswahl einer kleinen Social-Media-Agentur für ein lokales Projekt. Wichtig ist, das Verfahren im Voraus gut zu planen und allen Beteiligten klar zu kommunizieren. Die eingeladenen Agenturen sollten verstehen, wie der Pitch abläuft, welche Phasen es gibt und wie sie jeweils bewertet werden. Eine Transparenz schafft Vertrauen und ermöglicht allen Beteiligten, bestmöglich auf die Zielsetzung einzuzahlen.

4.6   Checkliste: Verfahrensauswahl

Jedes Verfahren ist unterschiedlich. Daher hier eine zusammenfassende Übersicht in Tab. 4.4 zu Aufwand, Einsatz und Erkenntnistiefe jedes

Tab. 4.4   Übersicht zu Verfahren zur Beobachtung oder Messung von Anforderungen

Verfahren	Aufwand	Vorbereitungszeit (Wochen)	Erkenntnistiefe	Einsatzzeitpunkt
RFI (Request for Information)	Niedrig	1–2	Mittel	Früh
RFP (Request for Proposal)	Mittel	2–4	Hoch	Mittel
Referenzgespräche	Mittel	1–2	Hoch	Mittel
Chemistry Meeting/Kennenlernen	Niedrig	0–1	Mittel	Mittel
Aufgabenproben/Fallstudien	Hoch	2–4	Hoch	Mittel/Spät
(Kreativ) Workshops/Co-Creation	Hoch	1–2	Hoch	Mittel/Spät
Tool-Vorstellungen	Mittel	1–2	Mittel	Mittel
Messtheoretische Kognitions-Tests	Mittel	1–2	Mittel	Mittel/Spät
Messtheoretische Persönlichkeits-Befragungen	Mittel	1–2	Mittel	Mittel/Spät
QA-Sessions	Niedrig	0–1	Mittel	Mittel
Pilotprojekte oder Testphasen	Hoch	2–8	Sehr hoch	Spät
Vor-Ort-Besuch (Office Tour)	Niedrig	0–1	Mittel	Mittel
Speed-Dating-Format	Mittel	1–2	Niedrig	Früh

Verfahrens.

Nutzen Sie die folgende Checkliste, um passende Verfahren für Ihre Ausschreibung auszuwählen. Orientieren Sie sich an Ihren Anforderungen (fachlich, sozial, kulturell, strategisch, ökonomisch). So stellen Sie sicher, dass jedes Verfahren die für Sie relevanten Eignungsmerkmale zuverlässig prüft.

- Verfahren zur Messung der Anforderungen auswählen:
  - Übersicht der verfügbaren Verfahren (z. B. Chemistry Meeting, Fallstudie, RFI, Workshop) erstellen
  - Pro Anforderung (fachlich, sozial, kulturell, strategisch, ökonomisch) passende Verfahren bestimmen

- Priorisierung der aussagekräftigsten Verfahren:
  - Prüfen, welches Verfahren hohe Aussagekraft für besonders kritische Anforderungen hat
  - Aufwand-Nutzen-Bewertung vornehmen (z. B. Zeit, Kosten, personelle Ressourcen)
  - Drei bis fünf Verfahren auswählen, die unterschiedliche Anforderungsbereiche abdecken

- Beobachtungs- und Bewertungskriterien pro Verfahren erstellen:
  - Für jedes Verfahren konkrete Fragen, Beobachtungsmerkmale oder Bewertungsmaßstäbe festlegen
  - Kriterien klar formulieren, z. B. nach Fachkompetenz, Teamverhalten, Innovationsgrad
  - Bewertungsraster oder Punktesystem anlegen, damit alle Auswerter einheitlich vorgehen

- Timing und Durchführungsplan erstellen:
  - Reihenfolge der Verfahren festlegen (z. B. erst RFI, dann Chemistry Meetings, anschließend Fallstudien)
  - Zeitfenster für Vorbereitung und Durchführung definieren (Termine, Abgabefristen, Auswertungsphasen)

– Verantwortlichkeiten im Team verteilen und Kommunikations-
plan aufsetzen

Literatur

Barrick, M. R., & Parks-Leduc, L. (2019). Selection for fit. *Annual Review of Organizational Psychology and Organizational Behavior, 6,* 171–193.

Gigerenzer, G., & Gaissmaier, W. (2011). Heuristic decision making. *Annual Review of Psychology, 62,* 451–482.

Kristof-Brown, A. L., Zimmerman, R. D., & Johnson, E. C. (2005). Consequences of individuals' fit at work: A meta-analysis of person–job, person–organization, person–group, and person–supervisor fit. *Personnel Psychology, 58*(2), 281–342.

Kuncel, N. R., Klieger, D. M., Connelly, B. S., & Ones, D. S. (2013). Mechanical versus clinical data combination in selection decisions: A meta-analysis. *Journal of Applied Psychology, 98*(6), 1060–1072.

Levashina, J., Hartwell, C. J., Morgeson, F. P., & Campion, M. A. (2014). The structured employment interview: Narrative and quantitative review of the research literature. *Personnel Psychology, 67*(1), 241–293.

Petty, R. E., & Cacioppo, J. T. (1986). *Communication and persuasion: Central and peripheral routes to attitude change.* Springer-Verlag.

Ryan, A. M., & Ployhart, R. E. (2014). A century of selection. *Annual Review of Psychology, 65,* 693–717.

Sackett, P. R., Zhang, C., Berry, C. M., & Lievens, F. (2022). Revisiting meta-analytic estimates of validity in personnel selection: Addressing questions of timing and duality. *Journal of Applied Psychology, 107*(11), 2040–2068.

Schmidt, F. L., & Hunter, J. E. (1998). The validity and utility of selection methods in personnel psychology. *Psychological Bulletin, 124*(2), 262–274.

Society for Industrial and Organizational Psychology. (2018). *Principles for the validation and use of personnel selection procedures* (5. Aufl.). https://www.siop.org/SIOP_Principles_2018. Zugegriffen: 22. März 2025.

Whitcomb, S. A. (2011). *Interviewing by example using the PAR approach.* Career Press.

Weiterführende Literatur

Buchner, A. (2024). *The importance of chemistry meetings in the advertising agency selection process.* https://www.trinityp3.com/pitching-credentials/importance-chemistry-meetings. Zugegriffen: 22. März 2025.

Fam, K. S., & Waller, D. S. (2008). Agency–client relationship factors across life-cycle stages. *Journal of Relationship Marketing, 7*(2), 217–236.

Flanagan, J. C. (1954). The critical incident technique. *Psychological Bulletin, 51*(4), 327–358.

Gorilla76. (2021). *Why client-agency relationships fail when they fail.* https://www.gorilla76.com/. Zugegriffen: 17. März 2025.

Highhouse, S. (2008). Stubborn reliance on intuition and subjectivity in employee selection. *Industrial and Organizational Psychology, 1*(3), 333–342.

Highhouse, S., & Rada, T. B. (2015). Different worldviews explain perceived effectiveness of common selection practices. *International Journal of Selection and Assessment, 23*(2), 109–122.

Horsky, D., Horsky, S., & Zeithammer, R. (2016). The modern advertising agency selection contest: A case for stipends to new participants. *Journal of Marketing Research, 53*(5), 773–789.

Keegan, B. J., Rowley, J., & Tonge, J. (2017). Marketing agency–client relationships: Towards a research agenda. *European Journal of Marketing, 51*(7/8), 1197–1223.

Turnbull, S., & Wheeler, C. (2016). From pitch to ditch: The client/ad agency life cycle. *The Marketing Review, 16*(2), 111–127.

Tversky, A., & Kahneman, D. (1974). Judgment under uncertainty: Heuristics and biases. *Science, 185*(4157), 1124–1131.

5

Kommerzielle Angebotsabfrage (RFP/RFQ)

„Wer billig kauft, kauft zweimal." (Deutsches Sprichwort)

Zusammenfassung Eine kommerzielle Angebotsabfrage stellt im Marketingumfeld ein wesentliches Element für die Agenturauswahl dar. Sie definiert zentrale Eckdaten wie Budgetrahmen und Leistungsumfang. Unterschiedliche Vergütungs- und Abfrageverfahren ermöglichen eine passgenaue Vorgehensweise abhängig vom Projektumfang. Verhandlungs- und Compliance-Aspekte sichern dabei bestmögliche Konditionen sowie eine verlässliche Umsetzung.

5.1 Einleitung

Die Angebotsabfrage, auch RFP (Request for Proposal) oder auch RFQ (Request for Quotation) genannt, ist zweifellos das Herzstück eines jeden Pitch-Prozesses und zugleich dessen komplexestes Element. Auf den ersten Blick mag der Zweck klar sein: eine strukturierte und transparente Preisabfrage zu schaffen, die sowohl Honorar- als auch Einkaufsleistungen (etwa Media, Produktion und Tools) der Agentur um-

J. Erichsen, *Agenturauswahl im Marketing*,
https://doi.org/10.1007/978-3-658-48841-3_5

fasst. Doch sobald man die einzelnen Schritte näher betrachtet, wird schnell klar, weshalb Unternehmen und Agenturen diese Partie oft mit Argusaugen verfolgen: Agenturen suchen jedes noch so kleine Schlupf-loch in der Preisabfrage, während Unternehmen versuchen, den RFP möglichst wasserdicht zu gestalten.

Dabei kann es vorkommen, dass eine Agentur einzelne Positionen auffallend niedrig anbietet und später in anderen Bereichen Quersub-ventionen anstrebt. Für das ausschreibende Unternehmen ist es daher essenziell, vorab zu wissen, welche Mechanismen auf Anbieterseite wir-ken und wie man durch ein klares Briefing den eigenen Vorteil wahren kann.

Die entscheidenden Fragen lauten letztlich: Wie viel Präzision benö-tigt eine Angebotsaufforderung, um nachhaltige und belastbare Kosten-schätzungen zu erhalten, und wie kann Flexibilität für mögliche Verän-derung von Strategie, Wettbewerb, Markt oder Medien berücksichtigt werden?

Je nach Agenturtyp überwiegen die Kosten für Einkaufskonditionen oder für Honorare. Beide Kostenarten unterscheiden sich in der Preis-abfrage und werden im Folgenden gesondert behandelt.

5.2 Briefing und Strukturierung der Preisabfrage

Die Qualität der Ergebnisse ist untrennbar mit der Qualität der Aus-gangsdaten verknüpft. Ähnlich wie bei der Anforderungsdefinition für die Verfahren gilt auch hier, dass eine gute Vorbereitung zu besten Er-gebnissen führt. Tatsächlich ist der Einkauf in vielen Bereichen so kom-plex, dass viele Unternehmen sich von Pitch-Beratern unterstützen las-sen. Wenn Sie den Eindruck haben, den Markt nicht vollständig zu ver-stehen, sollten Sie die Beauftragung eines Beraters in Erwägung ziehen (siehe dazu auch Kap. 9). Jeder Fehler, den Sie in der Strukturierung der Preisabfrage machen, kann hohe Kosten für Ihr Unternehmen zur Folge haben. Damit möchte ich nicht für externe Dienstleister werben, son-dern die Komplexität und Bedeutsamkeit dieser Aufgabe hervorheben.

5.2.1 Vorbereitung

Gründliche Vorarbeit ist das A und O. Zunächst sollte der Einkauf zusammen mit der Fachabteilung eine Marktanalyse und ein Benchmarking durchführen. Wie liegen übliche Preise im Vergleich zu früheren Projekten oder bekannten Marktpreisen? Auf Basis dessen definiert man eine Zielvorstellung – etwa einen Zielpreis oder bestimmte Vertragskonditionen, die man erreichen möchte (z. B. Zahlungsziel 60 Tage, jährliche Kostendegression etc.).

Zentral ist auch die Ermittlung der BATNA (Best Alternative To a Negotiated Agreement), also der besten Alternative, falls die Verhandlung scheitert. Die BATNA könnte z. B. sein, auf den Zweitplatzierten auszuweichen, den Auftrag intern zu vergeben oder das Projekt zu verschieben. Wenn man seine BATNA kennt, geht man wesentlich entspannter und selbstbewusster in die Verhandlung – man weiß, bis zu welchem Punkt man notfalls Nein sagen kann. Das Harvard-Konzept der Verhandlungsführung empfiehlt explizit, das eigene Minimalziel und die Ausstiegsalternative vorab festzulegen. (Fisher & Ury, 1984)

Weiterhin sollten Daten und Argumente gesammelt werden: Wo hat der bevorzugte Bieter eventuell Spielraum (z. B. hohe Personalaufwände, wo ein Junior statt Senior genügen würde, oder Synergien mit anderen Projekten)? Gibt es objektive Kriterien zur Bewertung des Honorars – etwa branchenübliche Sätze, Auditergebnisse, ROI-Berechnungen? Diese Fakten dienen dazu, in der Verhandlung sachlich argumentieren zu können.

Ebenso gehört zur Vorbereitung, das Verhandlungsteam festzulegen und Rollen zu verteilen: Wer führt das Wort, wer protokolliert, wer beobachtet? Insbesondere bei größeren Pitches ist oft ein cross-funktionales Team beteiligt (Einkauf, Fachbereich, Recht, ggf. Controlling). Alle sollten intern auf einer Linie sein, was Ziele und Konzessionen angeht. Nicht zuletzt: falls man mit mehreren Anbietern in Verhandlung geht, sollte man parallel oder eng gestaffelt sprechen. Planen Sie ausreichend Puffer für die Verhandlungszeit ein. Oft dauert es länger als geplant, um zu einem Ergebnis zu kommen.

5.2.2 Kostentreiber im Marketing

Im Idealfall könnten Sie bereits im Vorfeld exakt festlegen, welche Leistungen die Agentur erbringen soll. Doch in der Realität ist das selten der Fall – zu viele schwer planbare Faktoren beeinflussen den Prozess. Die Hauptkostentreiber für ein Werbemittel lassen sich beispielsweise in Konzept, Kreation, Produktion und Adaptionen unterteilen. Diese unterscheiden sich in Abhängigkeit des Mediums und der gewünschten Produktionsqualität. Die Produktionskosten wiederum unterscheiden sich durch Kamera- und Lichttechnik, Spezialeffekte, Postproduktion (Schnitt, Animationen, Sounddesign), Anzahl und Reputation der Schauspieler und des Regisseurs sowie ggf. der Lizenzkosten für Musik. Adaptionen für verschiedene Formate, Sprachen und Zielgruppen erfordern zusätzliche Bearbeitung. Schaltkosten für Medien wie TV, Social Media oder Out-of-Home-Werbung variieren ebenfalls sehr stark, während plattformspezifische Anpassungen und gezieltes Targeting weitere Kosten verursachen. Zusätzlich können enge Deadlines oder Korrekturschleifen eine Rolle spielen, da sie oft Mehrkosten durch Personalaufwand oder Express-Dienstleistungen nach sich ziehen.

Eine grundsätzliche Unterscheidung der Kostenarten wird durch die Trennung von „Non-Working Media Costs", also allen Kosten für die Entwicklung von Werbemitteln, z. B. Agenturhonorare, Konzeptkosten, Fotoshootings etc., im Gegensatz zu „Working Media", den tatsächlichen Mediakosten (TV-Spots, Anzeigenplatzierungen usw.) getroffen.

Ein gutes Verhältnis zwischen Working Media Costs (Schaltung) und Non-Working Media Costs (Kreation, Produktion etc.) hängt stark von Branche, Kampagnentyp und Zielsetzung ab. Tab. 5.1 zeigt grobe Richtwerte, die in der Praxis häufig als Orientierung dienen.

5.2.3 Übersicht wichtiger Briefingbestandteile

Das Wesen von Preisabfragen im Marketing ist in der Regel, dass keine vollständige Informationslage vorliegt. Viele Variablen bleiben offen, was zu Herausforderungen bei der Bewertung führt. Meistens werden Sie den Weg zum Ziel (Kosten) ausschreiben, weil das eigentliche Ziel,

Tab. 5.1 Zielabhängige Verhältnisse von Working und Non-Working Media Kosten (BME, 2018)

Verhältnis Working zu Non-Working Media Costs	Kampagnenart
70:30	Idealwert für viele klassische Kampagnen (z. B. FMCG, Automotive): 70 % des Budgets für Media-Schaltung, 30 % für Kreation/Produktion
80:20	Effizienzgetriebene Kampagnen mit Fokus auf Reichweite/Performance
60:40/50:50	Bei Imagekampagnen, aufwendigen Content-Produktionen oder neuen Marken mit hohem Kreativaufwand
90:10	Sehr performanceorientierte Maßnahmen, z. B. im digitalen Bereich (Programmatic, Social Ads)

nämlich die Wirkung (Absatz, Image, Bekanntheit) der Agenturmaßnahmen im Ausschreibungsprozess nur bedingt zu bewerten ist.

Ziel jedes Briefings ist es, vergleichbare Angebote zu erhalten. Planen sie ihr Briefing vom Ergebnis rückwärts, um ihr Ziel zu erreichen. In der Tab. 5.2 sind die wesentlichen Bestandteile eines Einkaufsbriefings aufgeführt.

5.2.4 Transparenzgebot

Transparenz ermöglicht Vergleichbarkeit der Angebote und erleichtert die Verhandlungsgestaltung. Achten Sie daher von Beginn an auf eine offene Kostenstruktur (Open Book). Legen Sie bereits im RFP-Prozess fest, welche Angaben zur Kalkulation (Stundensätze, angenommene Aufwandsstunden, Subunternehmer-Kosten, Gemeinkostenzuschläge und Gewinnmarge) die Agentur liefern muss.

Definieren Sie außerdem klar, wie Leistungen später dokumentiert werden: Bei aufwandsbasierter Vergütung geben Zeiterfassungen Auskunft über den tatsächlichen Aufwand, während bei Festpreisprojekten Meilenstein-Berichte den Projektfortschritt absichern. Ein regelmäßiges Kostenreporting – idealerweise in monatlichen oder quartalsweisen Abständen – verhindert unangenehme Überraschungen, indem es früh-

Tab. 5.2 Bestandteile eines Einkaufsbriefings

Briefingbestandteil	Erläuterung
Ziele	Definition konkreter Projektziele (z. B. Markenbekanntheit, Leads, Umsatz). Schärft den Fokus und ermöglicht messbare Erfolgsbewertung
Budget	Entweder ein fester Betrag oder ein Budgetkorridor. Schafft Planungssicherheit und verhindert Unrealistisches bei Strategie und Maßnahmen
Leistungsbeschreibung	Klare Abgrenzung der zu erbringenden Aufgaben (z. B. Kampagnenidee, Medienproduktion, Media). Vermeidet spätere Unklarheiten
Bewertungskriterien	Festlegung, wie Angebote verglichen werden (z. B. Konzeptqualität, Preis, Umsetzungsexpertise). Struktur und Objektivität bei der Auswahl
Honorar-/Konditionsmodelle	Angabe, ob stundenbasierte Vergütung, Retainer, erfolgsabhängige Komponenten oder Kombinationen erwünscht sind
Regelleistungen und Sonderleistungen	Unterscheidung zwischen Kernaufgaben und optionalen Add-ons. Verhindert Missverständnisse und erleichtert Vergleichbarkeit
Geschätzte Volumina und Frequenzen	Anzahl von Werbemitteln, Adaptionen oder Social Posts. Erhöht die Genauigkeit der Kalkulation
Formatvorgaben und Preistabellen	Vorgegebene Tabellen, in die die Agentur Kosten für jede Leistung einträgt. Sichert Transparenz und fördert den direkten Vergleich
Transparente Kalkulationsgrundlagen	Hinweise zu verwendeten Stundensätzen, Produktionskosten, Margen. Bietet Nachvollziehbarkeit und erleichtert Optimierung

zeitig auf Budgetabweichungen hinweist. So behalten Sie stets die volle Kontrolle über Ihre Ausgaben und können das Projekt bei Bedarf rechtzeitig anpassen.

5.2.5 Kauf auf eigene Rechnung oder auf Kundenrechnung (Principal oder Agent)

Gerade beim Fremdeinkauf (z. B. Druckkosten, Media, Lizenzen) ist im Vorfeld zu klären, ob die Agentur

- als Principal (Eigenhändler) auf eigene Rechnung einkauft und die Kosten anschließend an den Kunden weiterberechnet. Die Agentur übernimmt als Eigenhändler das volle Bestell- und Zahlungsrisiko und kann dabei aufgrund von gebündelten Einkaufsvolumen oder Rahmenverträgen günstige Konditionen erzielen. Oder:
- als Agent (Kauf auf Kundenrechnung) lediglich vermittelt und der Kunde direkt beim Lieferanten Vertragspartner wird. Die Agentur agiert als Vermittler, der Kunde wird selbst Vertragspartner der Lieferanten (z. B. Druckerei, Media-Vermarkter). Der Kunde sieht direkt, was Lieferanten berechnen, bekommt aber potenziell weniger Preisvorteile, da die Agentur nicht auf eigenes Risiko einkauft und häufig nicht dieselben Rabattkonditionen verhandeln kann.

Unternehmen sollten bei der Briefing-Erstellung und in späteren Verhandlungen festhalten, welches Modell gewünscht ist. Auch wenn alle Modelle gängig sind, wird häufig das Principal-Modell gewählt, mit der Agentur als Händler. Kunden können hier von der gebündelten Einkaufsstärke von Agenturen profitieren. Es erfordert von der Kundenseite eine sehr detaillierte Evaluation der Geschäftsmodelle, um versteckte Margen zu minimieren. Gängige Vorgehensweisen sind hier:

- Forderung nach fairem Anteil (pro rata) an den Einkaufsvorteilen der Agentur.
- Forderung nach Partizipation an Rückvergütungen (Kick-backs) von Produktionsgesellschaften, Medien oder anderen Dienstleistern.
- Offenlegung sämtlicher Einkaufs- und Verkaufspreise (Cost Transparency).
- Verbot von Interessenkonflikten, z. B. durch den Einsatz verbundener Unternehmen.
- Möglichkeit zur Einsicht in Rahmenverträge oder Sammelverträge der Agentur durch etwa neutrale Wirtschaftsprüfer.

Aufgrund der insbesondere im Mediaeinkauf herrschenden Komplexität empfiehlt Martinek (2008) eine regelmäßige Kontrolle: Laufende Audits und Kontrollen (ggf. unter Einbindung externer Auditoren) stellen sicher, dass die vereinbarten Konditionen eingehalten werden und die Rabatte ordnungsgemäß fließen.

5.2.6 Die teuersten Fehler bei der Briefingerstellung

Bei einem guten Einkaufsbriefing geht es nicht darum, möglichst viele Informationen zusammenzutragen, sondern sich auf die relevanten Aspekte zu fokussieren. Der französische Schriftsteller Antoine de Saint-Exupéry bringt diese Idee in seinem wunderbaren Buch „Wind, Sand und Sterne") auf den Punkt:

> *„Perfektion ist nicht dann erreicht, wenn man nichts mehr hinzufügen kann, sondern wenn man nichts mehr weglassen kann. "*

Gerade im Einkaufsumfeld gilt: Ein fokussiertes, durchdachtes Briefing schafft Orientierung, reduziert Interpretationsspielraum und hilft, spätere Missverständnisse oder unnötige Kosten zu vermeiden. Dennoch können Fehler entstehen, wie die folgenden Beispiele zeigen:

- Leistungsrahmen zu eng definiert: Wenn Zusatzleistungen im Briefing nicht vorgesehen sind, entsteht bei Bedarf einer neuen Komponente (z. B. Schaltung auf einer neuen Social-Media-Plattform) ein kostspieliges Nachverhandlungsrisiko. Ohne vorherige Bepreisung muss der Einkauf entweder teure Einzelleistungen akzeptieren oder sich mühsam eine zusätzliche Kalkulationsrunde auferlegen.
- Fehlende Transparenz in der Kalkulation: Wird keine Offenlegung der Kostenfaktoren und Margen vereinbart, kann eine Agentur theoretisch hohe Aufschläge auf Fremdleistungen (z. B. Media, Produktion) realisieren. Das Risiko versteckter Provisionen ist groß, wenn es keine vertragliche Regelung für Rabattrückflüsse, Handling-Fees oder Kick-backs gibt.
- Unklare Mengengerüste: Wer kein realistisches Szenario für steigende oder sinkende Budgets vorgibt, riskiert, dass die Agentur jede Abweichung mit neuen Vergütungssätzen belegt. Das kann zu dauernden

Diskussionen und ständigen Neuverhandlungen während der Projektlaufzeit führen.

- Nur Preisfokus ohne qualitative Bewertung: Eine rein preisorientierte Ausschreibung vernachlässigt oft Kreativität und strategische Kompetenz. Ein günstiges Angebot kann später zu Defiziten bei der Konzeption, Kampagnenidee und Zielerreichung führen – was letztlich mehr Kosten verursacht als eine etwas höhere Anfangsinvestition.
- Unzureichende Definition von KPIs und Erfolgskriterien: Wer nicht klar festlegt, wie Erfolg gemessen wird (z. B. Leads, Reichweiten, Conversion Rates), kann weder Bonus-/Malus-Systeme implementieren noch die Agenturleistungen objektiv evaluieren. Dies führt zu Unzufriedenheit, da das erreichte Ergebnis nicht den Erwartungen entspricht.
- Vages oder mangelhaftes Briefing: Ein Briefing mit lückenhaften oder widersprüchlichen Angaben führt dazu, dass Agenturen in ihren Angeboten Annahmen treffen müssen. Diese Annahmen können sich als unrealistisch herausstellen und später hohe Anpassungskosten nach sich ziehen.
- Verzicht auf rechtliche Prüfung: Unklare oder unvollständige Vertragsklauseln (z. B. zu Gewährleistung, Haftung, Nutzungsrechten) bergen ein großes Streitpotenzial. Mangels rechtssicherer Formulierungen kann eine spätere Auseinandersetzung über Patentrechte, Bildlizenzen oder Erfüllungsmängel hohe Kosten verursachen.
- Keine vertragliche Regelung für Projektveränderungen: Marketingprojekte können sich während der Laufzeit ändern. Wer dafür keinen Change-Request-Prozess oder fixe Kalkulationsregeln definiert, stellt bei jeder Anpassung wieder neue Forderungen auf den Prüfstand. Dies führt zu Unsicherheit auf beiden Seiten und erhöht oft die Gesamtkosten.
- Zu enge Bindung ohne Exit-Strategie: Einem langen Exklusivvertrag zuzustimmen, ohne klare Kündigungsklauseln oder Evaluierungsintervalle zu regeln, kann kostspielig enden. Wenn die Leistungen nicht passen, ist ein Wechsel dann nur mit hohen Ausstiegs- oder Abfindungskosten möglich.

5.3   Abfrageverfahren

Kommerzielle Angebote im Pitch können auf verschiedene Arten einge-holt werden, wobei jedes Verfahren spezifische Stärken und Schwächen besitzt. Die Wahl hängt hauptsächlich von Projektumfang, Zielsetzung und Marktumfeld ab. Im Folgenden werden sowohl klassische als auch spezialisierte Verfahren erläutert, gefolgt von einer tabellarischen Über-sicht, in der die wichtigsten Merkmale und Unterschiede zusammenge-fasst sind.

5.3.1   Ausschreibungsarten und Verfahren

5.3.1.1   Offene vs. geschlossene Ausschreibungen

Offene Ausschreibungen gewähren einem breiten Bieterkreis Einblick in sämtliche Angebote. Das kann zu intensivem Wettbewerb führen, da alle Teilnehmenden die Gebote der Konkurrenz sehen und in Echtzeit reagieren können. Allerdings erhöht sich damit auch das Risiko strategi-scher Gebote und potenzieller Preiskämpfe, die nicht immer zu qualita-tiven Lösungen führen.

Geschlossene Ausschreibungen bieten nur Einblick in das eigene Gebot; Bietende kennen die Konkurrenzangebote nicht. Das mindert den Anreiz zu aggressiven Unterbietungen und verringert gleichzeitig die Gefahr eines sogenannten *Winner's Curse* (Übernahme eines später un-wirtschaftlichen Auftrags). In der Regel führen geschlossene Verfahren zu realistischeren, langfristig tragfähigen Angeboten. (Bajari et al., 2009)

5.3.1.2   Einstufige vs. mehrstufige Verfahren

Bei einstufigen Verfahren werden Angebote in einem Schritt eingeholt und bewertet. Dies ist ressourcenschonend, birgt aber das Risiko, wich-tige Kriterien oder potenzielle Anbieter zu übersehen. (Heijboer & Tel-gen, 2002)

Bei mehrstufigen Verfahren ist das Preis-Verfahren nur eines von mehreren Verfahren. Diese aufwendigere Struktur sorgt für eine qualitativ hochwertige Endauswahl, da ungeeignete Bewerber früh aussortiert und die verbleibenden Bietenden intensiver geprüft werden können. Ob zuerst der Preis oder die Eignung abgefragt wird, kann in Abhängigkeit des Aufwands entschieden werden.

5.3.1.3 Reverse Auctions (Rückwärtsauktionen)

Elektronische Reverse Auctions (ERA) zeichnen sich durch eine Live-Bieterplattform aus, auf der sich die Anbieter in kurzen Abständen unterbieten können. Dieses Verfahren wird häufig in stark standardisierten Bereichen genutzt (z. B. Druckprodukte, Commodity-Güter). Studien legen nahe, dass ERA besonders effizient ist, wenn eine große Anzahl von Bietern beteiligt ist, die Leistungsbeschreibung eindeutig definiert wurde und die Transaktionskosten niedrig sind (z. B. durch automatisierte Online-Tools). (Hanák et al., 2020)

Der Wettbewerb führt oft zu deutlich reduzierten Preisen. Allerdings können bei komplexen oder fachlichen Leistungen Qualitätseinbußen oder strategische Fehlgebote auftreten.

5.3.1.4 Verhandlungsverfahren

Bei einem Verhandlungsverfahren kontaktiert das ausschreibende Unternehmen einen oder wenige ausgewählte Dienstleister direkt und verhandelt individuell über Preise, Leistungen und Bedingungen. Dieser Ansatz kann zügig und kostengünstig sein, eignet sich aber nur bei hoher Kenntnis des Marktes und einem klar umgrenzten Leistungsumfang. Da kaum Wettbewerb stattfindet, ist das Risiko suboptimaler Preise und mangelnder Qualität höher. (Röwekamp et al., 2021)

5.3.2 Verfahren im Überblick

Die Wahl des passenden Abfrage- und Vergabeverfahrens (sh. Tab. 5.3) hängt maßgeblich von Projektzielen, Komplexität und Risikobereitschaft ab. Offene und geschlossene Ausschreibungen spielen mit unterschiedlichen Transparenzniveaus, während Reverse Auctions sich vorrangig für klar standardisierte Leistungen eignen. Verhandlungsverfahren ermöglichen schnelle Einigungen, können aber bei unzureichender Marktkenntnis teurer ausfallen. Mehrstufige Prozesse bieten gründliche Evaluierungen auf Kosten eines höheren Ressourcenaufwands. Letztlich sollten Unternehmen das Verfahren auswählen, das zu ihrem Projektumfang passt und einen gesunden Mittelweg zwischen Kosten-, Zeit- und Qualitätsaspekten ermöglicht.

5.3.3 Taktische Preisabgabe von Agenturen

Für Agenturen kann es eine legitime und häufig genutzte Praxis sein, die Preisabgabe für Honorar- und Konditionsposten taktisch zu gestalten. Das bedeutet, dass eine Agentur je nach Bewertungskriterien in einem der beiden Bereiche ein besonders niedriges Angebot einreichen und eventuelle Verluste in einem anderen Bereich kompensieren kann. Gerade bei Media-Leistungen lassen sich manchmal Honorarsätze beobachten, die objektiv betrachtet nicht profitabel sein können. Daraus lässt sich schließen, dass die Agentur-Margen an anderer Stelle hereingeholt werden.

Für Ihr Unternehmen ist es daher entscheidend, diese Preisstrukturen zu verstehen und mögliche Mischkalkulationen zu hinterfragen. Nur wenn Sie die Gesamtwirtschaftlichkeit berücksichtigen – also sowohl Honorare als auch Konditionen gemeinsam bewerten – vermeiden Sie ein scheinbar attraktives, aber im Gesamtbild womöglich teureres Angebot.

Tab. 5.3 Verfahren zur Einholung von Angeboten im Überblick

Verfahren	Vorteile	Nachteile	Aufwand	Erkenntnis-gewinn
Offenes Verfahren	Großer Wettbewerb und viele Ideen Einblick in Konkurrentenangebote durch Transparenz der Gebote Eignung für Standardleistungen	Hoher administrativer Aufwand Risiken strategischer Unterbietung Gefahr von aggressivem Preiskampf	Hoch	Hoch
Geschlossenes Verfahren	Realistischere Preise, da Bietende nicht permanent unterbieten Reduziertes Risiko eines *Winner's Curse* *Weniger Verzerrung durch Konkurrenzstrategien*	Geringere Anzahl von Angeboten Möglicherweise weniger Wettbewerb (höhere Preise) Aufwendige Vorauswahl der Teilnehmenden	Mittel	Mittel bis hoch
Verhandlungsverfahren	Schnell und effizient Geringere Transaktionskosten Eignung für gezielte oder spezielle Projekte	Wenig bis kein Wettbewerb Potenzielle Intransparenz bei Preisbildung Höheres Risiko einer einseitigen Preisgestaltung	Niedrig bis mittel	Gering
Mehrstufiges Verfahren	Gründliche Prüfung von Konzept und Anbieter Hohe Passgenauigkeit der Leistungen Möglichkeit für Workshops/Pitches	Zeit- und ressourcenintensiv Langwieriger Prozess auch für die Anbieter Komplexe Organisation und Dokumentation	Hoch	Sehr hoch

(Fortsetzung)

Tab. 5.3 (Fortsetzung)

Verfahren	Vorteile	Nachteile	Aufwand	Erkenntnis-gewinn
Reverse Auction (ERA)	Starker Preis-druck, oft signi-fikante Kosten-einsparungen Live-Unterbie-tung sorgt für rasche Preisfin-dung Effizient bei standardisier-ten Gütern	Nicht geeignet für kreative bzw. be-ratungsintensive Leistungen Gefahr von Fehl-kalkulation durch Wettbie-ten Fokus auf Preis, weniger auf Qualität	Mittel	Mittel

---

Praxistipp

- Führen Sie eine Benchmark-Analyse durch, um marktübliche Stunden-sätze und Media-Preise zu vergleichen.
- Achten Sie bei der Angebotsbewertung auf gemeinsame Gewichtun-gen für Honorare und Umsetzungsleistungen.
- Prüfen Sie, ob die angebotenen Mediakosten transparent ausgewiesen sind (z. B. Nettopreise, Rabatte, Handling-Fees).
- Fragen Sie im Zweifel genau nach, wenn bestimmte Posten auffällig niedrig oder hoch kalkuliert erscheinen.

So lassen sich potenzielle taktische Preisstrategien erkennen und in die Gesamtkalkulation angemessen einbeziehen.

5.3.4 Besondere Aspekte bei öffentlichen Ausschreibungen

Bei öffentlichen Ausschreibungen gelten oft strengere Vorgaben hinsichtlich Transparenz, Gleichbehandlung und Dokumentationspflicht. Im Marketingbereich wird hier häufig das Prinzip der Wirtschaftlichkeit („Most Economically Advantageous Tender" – MEAT) angewendet. Es soll sicherstellen, dass nicht nur der niedrigste Preis gewinnt, sondern die beste Kombination aus Preis und Qualität (Cruz et al., 2024).

Öffentliche Ausschreibungen haben umfangreiche eigene Regelwerke, Vergabeportale, Deadlines und Nachweispflichten. Für detaillierte Informationen zu den rechtlichen Grundlagen, den verschiedenen Verfahrensarten (Offenes, Nichtoffenes, Verhandlungsverfahren etc.) sowie zu landesspezifischen Bestimmungen (z. B. EU-Vergaberichtlinien) sei auf die Ausführungen zu öffentlichen Ausschreibungen in Kap. 8 verwiesen, in dem die einzelnen Stufen ausführlicher behandelt werden.

5.4 Honorarabfrage

Die Honorarabfrage konzentriert sich auf die finanziellen Aspekte, die zur Abdeckung kreativer, konzeptioneller oder beratender Tätigkeiten dienen. Im Marketing- und Agenturumfeld haben sich hierfür verschiedene Vergütungsmodelle etabliert: Stunden- oder Tagessätze, Retainer, Pauschalen, aber auch erfolgsbasierte Komponenten. Der Kern liegt immer darin, dass man als ausschreibendes Unternehmen versucht, vergleichbare Honorarsätze einzuholen, um sie anschließend nach Qualität und Kosten abwägen zu können (Ingram, 2025). Typische Abfrage-Modelle und ihre Vor- und Nachteile werden im Folgenden erläutert.

5.4.1 Stundensatz- oder tagessatzbasierte Vergütung

Hier wird für jeden geleisteten Arbeitsblock (Strategie, Kreation, Projektmanagement) ein fester Stundensatz oder Tagessatz zugrunde gelegt. Das Unternehmen bezahlt also für den tatsächlichen Aufwand.
Vorteile:

- Hohe Transparenz, da klar ersichtlich, wie viele Stunden in welcher Rolle abgerechnet wurden.
- Flexibilität bei Projektänderungen, da man nicht sofort ein neues Festpreisangebot aufsetzen muss.

Nachteile:

- Potenzial für Budgetüberschreitungen, wenn nicht eng kontrolliert wird.
- Die Agentur hat mitunter weniger Anreize, effizient zu arbeiten, da mehr Stunden auch mehr Erlöse bedeuten.

5.4.2 Pauschalen oder Retainer

Oftmals wird ein monatlicher Festbetrag (Retainer) vereinbart, der ein gewisses Leistungsvolumen abdeckt. Bei größeren Projekten kann das eine Pauschale für Beratungsleistungen, Projektmanagement oder Kampagnen-Management sein.
Vorteile:

- Planbarkeit: Das Unternehmen weiß monatlich genau, welche Kosten anfallen.
- Vereinfachte Abrechnung, da keine detaillierte Zeiterfassung nötig ist.

Nachteile:

- Schwierige Erfassung von Mehr- oder Minderleistungen.
- Bei stark schwankendem Bedarf könnte entweder die Agentur zu viel Arbeitsaufwand ohne Mehrvergütung haben oder das Unternehmen bezahlt für nicht genutzte Ressourcen (Lee & Chen, 2024).

5.4.3 Leistungsbasierte oder erfolgsabhängige Honorare

Hier ist das Honorar (teilweise) an das Erreichen definierter KPIs oder Kampagnenziele geknüpft. Denkbar ist etwa ein Bonus, wenn die Umsatzsteigerung über einem bestimmten Wert liegt (Musanzikwa, 2024). Manche Unternehmen definieren auch einen Malus, der sich beispielsweise an der jährlichen Honorarsumme orientiert (Beispiel in Tab. 5.4).

Tab. 5.4 Beispiel einer Bonus-/Malusregelung für Marketingagenturen

Kategorie	Kriterium	Messgröße/ Beschreibung	Zielwert	Bonus	Malus
Kundenzu-friedenheit	Fehlerquote	Anteil fehlerhafter Lieferungen/ Korrekturschleifen	<5 %	+1 % Honorar bei <2 % Fehlerquote	−1 % Honorar bei >5 % Fehlerquote
	Erreichbarkeit	Reaktionszeit auf Anfragen (innerhalb SLA)	≤24 h werktags	+0,5 % bei Ø Reaktionszeit <12 h	−0,5 % bei regelmäßiger Überschreitung
	Kundenzu-friedenheit	Durchschnittlich (z. B. Skala 1–10)	≥8,0	+2 % bei Ø≥9,0	−2 % bei Ø <7,0
	Proaktivität	Anzahl/ Qualität proaktiver Vorschläge	≥1 pro Quartal	+0,5 % bei nachweislich relevanten Impulsen	−0,5 % bei keinerlei Impulsen
Unterneh-menserfolg	Umsatz-wachstum	Beitrag der Maßnahmen zum messbaren Umsatzwachstum	+X % ggü. Vorjahr	+2 % bei signifikanter Steigerung (>110 %)	−2 % bei Zielverfehlung <90 %
	Neukun-dengewinnung	Anzahl neu generierter Kunden oder qualifizierter Leads	gemäß Zielvorgabe	+1 % bei > 110 % Zielerreichung	−1 % bei < 90 % Zielerreichung
Kommer-zielle Ergebnisse	Werbebe-kanntheit	Veränderung gestützter/ ungestützter Bekanntheit durch Kampagnen	+X % im Kampagnenzeitraum	+2 % bei überdurchschnittlicher Steigerung	−1 % bei Rückgang trotz Kampagnen

(Fortsetzung)

Tab. 5.4 (Fortsetzung)

Kategorie	Kriterium	Messgröße/ Beschrei- bung	Zielwert	Bonus	Malus
	Cost per X (CpX)	z. B. CPL, CPA, CPC im Ver- gleich zur Benchmark	≤Bench- mark	+1 % bei Unterbie- tung um >10 %	−1–2 % bei Über- schrei- tung um >10–15 %
	Engage- ment Rate	Interakti- onen auf digitalen Kanälen (Likes, Sha- res, Klicks etc.)	≥Branchen- bench- mark	+1 % bei >120 % Bench- mark	−1 % bei <80 % Bench- mark

Vorteile:

• Agentur und Unternehmen ziehen an einem Strang, da beide den Erfolg der Maßnahmen maximieren wollen.
• Klarer Leistungsanreiz für die Agentur.

Nachteile:

• Erfolgs- und Misserfolgsfaktoren lassen sich nicht immer eindeutig der Agenturleistung zurechnen (etwa wenn Marktumstände sich ändern).
• Hoher Abstimmungsaufwand, welcher KPI wie gemessen wird (Eriksson & Mattisson, 2014).

5.4.4 Gängige Preismodelle

Neben den bereits aufgeführten Varianten (z. B. Pauschale, Stundenbasis, Hybrid) gibt es weitere Modell-Ansätze, die zwar in der Praxis teils ähnlich funktionieren, aber unterschiedliche Schwerpunkte setzen:

- Cost-Plus-Modell: Kalkulation anhand der entstehenden Projekt-kosten (Personalkosten, Materialien, Fremdleistungen) plus einer Gewinnmarge. Dieses Modell bietet sich an, wenn der genaue Leistungsumfang im Voraus schwer abzuschätzen ist oder sich während des Projekts stark ändert. Da die Agentur über die Kostenbasis hinaus eine feste Marge berechnet, hat der Kunde zwar eine gewisse Preistransparenz, jedoch auch das Risiko, dass ein ineffizienter Arbeitsablauf die Gesamtkosten steigen lässt.
- Value-Based Pricing: Hier orientiert sich der geforderte Preis am wahrgenommenen Mehrwert für den Kunden. Agenturen, die sich mit einer spezialisierten Expertise oder einer starken Erfolgsbilanz profilieren können, setzen oft auf dieses Modell. Gerade bei strategischen Leistungen mit hohem Impact (z. B. große Markenrelaunches, hochkreative Kampagnen) argumentieren Agenturen, dass der Gegenwert für den Kunden deutlich über den bloßen Produktionskosten liegt.
- Pauschal- oder Festpreise: Definierte Einzelleistungen haben einen Festpreis und lassen sich dadurch gut budgetieren. Allerdings setzt dieses Modell genaue Leistungsbeschreibungen voraus. Sobald sich am Projektumfang etwas ändert oder die Eckdaten nicht mehr stimmen, können Nachverhandlungen aufwendig werden.
- Time-and-Material: In der Praxis entspricht dies meist einer input-basierten Vergütung (Stundensätze). Das Modell ist für komplexe Projekte mit unsicherem Umfang geeignet, weil es maximale Flexibilität bietet. Allerdings sind auch hier Budgetüberschreitungen möglich, wenn nicht konsequent kontrolliert wird.

5.4.5 Vergleich der Vergütungsmodelle

In Tab. 5.5 ist ein ausführlicher Vergleich der Modelle zu finden.

Anmerkung: In der Praxis werden häufig Mischmodelle angewandt – z. B. ein Pauschalhonorar für definierte Basisleistungen und alle zusätzlichen Projekte nach Aufwand (Time & Material). Ebenso können Erfolgsklauseln als Bonus auf ein ansonsten fixes Honorar aufgesetzt

Tab. 5.5 Vergleich von Agentur-Vergütungsmodellen

Vergütungs-modell	Beschreibung	Vorteile	Nachteile	Beispiel/Ein-satz
Input-basiert (Aufwands-vergütung)	Bezahlung nach tatsächlichem Aufwand (Stunden, Tage, Materialien). In der Regel via definierte Stundensätze je Qualifikationsstufe; Abrechnung nach geleisteten Stunden. Varianten: Time & Material, Retainer auf Stundenbasis	Flexibilität; Kunde zahlt nur, was anfällt; Transparenz; geringes Preisrisiko für Anbieter (weniger Risikoaufschläge); Kunde sieht detailliert, wofür bezahlt wird (Stundennachweise)	Kostenunsicherheit für Kunden; Endpreis unklar; geringer Effizienzanreiz beim Anbieter; Verwaltungsaufwand (Erfassung und Prüfung von Stunden)	Agentur-Retainer für laufende Beratung; Entwicklungsprojekte mit schwer abschätzbarem Aufwand (agile IT-Projekte, Forschungsaufgaben)
Output-basiert (Festpreis/Pauschale)	Pauschalvergütung für ein definiertes Ergebnis oder Werk. Unabhängig vom tatsächlichen Aufwand erhält der Dienstleister einen vorher festgelegten Betrag	Budgetsicherheit; Kunde weiß genau, was finanziell auf ihn zukommt; Effizienz wird belohnt: Anbieter kann durch cleveres Vorgehen Aufwand sparen; weniger administrativer Aufwand bei Abrechnung	Risiko beim Anbieter: Unvorhergesehener Mehraufwand muss getragen werden; Change-Order-Schlachten bei unklarem Scope; Puffer im Preis (Risikozuschlag)	Kampagnenentwicklung mit klarem Lastenheft; Wartungsverträge mit definierten Serviceleistungen pro Jahr

(Fortsetzung)

Tab. 5.5 (Fortsetzung)

Vergütungs-modell	Beschreibung	Vorteile	Nachteile	Beispiel/Ein-satz
Erfolgsabhängig (Bonus/Malus)	Variable Vergütung abhängig vom Erreichen bestimmter Ziele oder Kennzahlen. Häufig als Kombination mit einer Basisvergütung	Zielausrichtung: Agentur und Kunde teilen dasselbe Ziel; Kunde zahlt weniger Fixkosten, Agentur kann überproportional verdienen bei Erfolg; hohe Motivation und Fokus auf Ergebnisse	Schwierige KPI-Definition (muss beeinflussbar und fair sein); externe Faktoren wirken ggf. nachteilig; höherer Abstimmungsaufwand (Bonus-Berechnung)	Performance-Marketing-Verträge (Bezahlung pro Lead/Conversion); Media-Agentur: Bonus bei Unterschreiten des TKP; vertriebsnahe Dienstleistungen mit Prämie pro Lead
Hybridmodell (Basis + Variabel)	Kombination aus fixen und variablen Komponenten. Z. B. Grundhonorar deckt Basisaufwände, zusätzlicher Teil erfolgsabhängig oder nach Aufwand	Risikoteilung; flexibles Modell; Basis gibt Planungssicherheit, variabler Teil Anreiz zu hoher Performance; Balance zwischen Effizienz und Sicherheit	Verhandlungsaufwand höher; Komplexität; klare Abgrenzung zwischen fixen und variablen Leistungen nötig; administrativer Aufwand (Kontrolle Fest- und Variabelteil)	IT-Implementierung mit Fixpreis + Bonus für Termineinhaltung; Marketing-Jahresetat: Grundfee + Bonus bei Kundenzufriedenheit und Umsatzplus

(Fortsetzung)

Tab. 5.5 (Fortsetzung)

Vergütungs-modell	Beschreibung	Vorteile	Nachteile	Beispiel/Einsatz
Provisionen (Agenturkommission)	Klassisches Modell in Werbung/Media: Agentur erhält Prozentsatz vom Volumen als Vergütung (z. B. 15 % vom Media-Spend)	Einfache Berechnung; Honorar steigt/fällt automatisch mit Budgethöhe; historisch gewachsen in der Werbebranche; teilweise Interessenangleichung (Agentur profitiert von höherem Budget)	Fehlanreiz: Höhere Ausgaben bedeuten mehr Verdienst für die Agentur; potenzielle Intransparenz (Rückvergütungen?); kein Bezug zum tatsächlichen Aufwand	Media-Einkauf (klassisch 15 % Agenturprovision); Influencer-Agenturen: Prozentsatz vom Kundenbudget; früher üblich, heute oft durch Fee-Modelle ersetzt
Cost-Plus-Modell	Rechnet sämtliche Projektkosten (Personalkosten, Fremdleistungen, Materialien) zuzüglich einer festen Gewinnmarge ab	Planbare Grundkosten für die Agentur; weniger Preisrisiko für unvorhergesehene Mehraufwände; relativ transparente Aufschlüsselung von Kosten (wenn vereinbart)	Kaum Effizienzanreiz für die Agentur, da höhere Kosten automatisch zu höherer Vergütung führen; ohne Kontrolle drohen Projektkosten zu explodieren	Bei unsicherem Leistungsumfang, z. B. Forschung/Entwicklung, oder wenn während der Projektlaufzeit erhebliche Änderungen erwartet werden

(Fortsetzung)

Tab. 5.5   (Fortsetzung)

Vergütungs-modell	Beschreibung	Vorteile	Nachteile	Beispiel/Ein-satz
Value-Based Pricing	Kalkulation anhand des vom Kunden wahrge-nommenen Mehrwerts. Agenturen mit Allein-stellungs-merkmal (z. B. ausge-prägte Krea-tiv-Expertise) setzen Preise höher an als ihre Kosten-basis	Starker Leis-tungs- und Ergebnisfo-kus; kann sich für Agenturen mit hoher Innovations-kraft lohnen; Kunde pro-fitiert von bestmögli-chem Qua-litäts- und Kreativan-satz	Subjektive Einschätzung des „Werts"; hohes Kon-fliktpoten-zial bei ab-weichender Wahrneh-mung; Nach-weise zum Mehrwert müssen plau-sibel sein	Strategische Markenent-wicklung, große Produkt-Re-brandings, hochkarä-tige Kreativ-kampagnen, bei denen der Kun-dennutzen weit über die Produk-tionskosten hinausgeht
Time-and-Material	Wie input-basiert, aber häufig expli-zit bei kom-plexen oder agilen Pro-jekten (z. B. Software) genannt. Abrechnung nach tatsäch-lich geleiste-ten Stunden und Materi-alien	Höchste Fle-xibilität für Kunden; Auftrag kann sich dynamisch weiterentwi-ckeln; man zahlt nur tatsächlich angefallenen Aufwand	Budgetunsi-cherheit, da der Aufwand schwer kal-kulierbar ist; ständiger Controlling-Aufwand; wenig Anreiz für Effizienz auf Anbie-terseite	Agile IT-Projekte, bei denen Re-quirements unklar sind; Pilotprojekte mit konti-nuierlichem Umfangs-wachstum

werden. Entscheidend ist, die richtige Balance zwischen Anreiz und Risiko zu finden und die Mechanismen klar zu regeln.

5.5   Konditionenabfrage

Die Konditionenabfrage dient primär der Beschaffung und dem Vergleich von Preisen für klar definierte Einzelleistungen oder Module. Typische Einsatzfelder sind eindeutig abgrenzbare Arbeitspakete, Produktionsschritte oder Mediabuchungen (Droppe, 2024). Beispiele umfassen Festpreise für einzelne Werbemittel, konkrete Media-Schaltkosten oder klar umrissene Aufgaben wie Social-Media-Postings und Printmaterialien.

Ein wesentlicher Baustein der Konditionenabfrage liegt in der Modularisierung: Unternehmen können kleinere Leistungen wie einzelne Werbebanner getrennt von umfangreichen Projekten (etwa vollständigen Kampagnen) ausschreiben. Dies verbessert die Vergleichbarkeit der Anbieter, erlaubt eine flexible Vergabe und erleichtert spätere Anpassungen. Vor allem im Mediaeinkauf erfolgt häufig eine detaillierte Preisspezifikation, beispielsweise über TKP-Angaben (Tausenderkontaktpreis).

Anders als bei Honorarabfragen, die primär auf kreative oder beratende Leistungen zielen, konzentriert sich die Konditionenabfrage auf konkrete, messbare Outputs wie Broschüren, Social Ads oder Videoproduktionen. Sie liefert schnelle Indikatoren für Kosteneffizienz und macht transparent, welche Anbieter beispielsweise im Einkauf oder in der Postproduktion besonders günstige Konditionen bieten.

Allerdings sollten rein preisliche Aspekte nie isoliert betrachtet werden, da der niedrigste Preis nicht automatisch die beste Qualität oder Expertise garantiert. Vielmehr sollten Kosten stets im Kontext qualitativer Faktoren wie Erfahrung, Kreativität oder Referenzen bewertet werden.

Zudem ist es entscheidend, dass Unternehmen klare Richtgrößen vorgeben, um vage Angebote zu vermeiden. Bei komplexeren Projekten empfiehlt sich die Angabe von Stückzahlen, Formaten und Deadlines mit definierten Spielräumen. Unternehmen sollten ferner festlegen, wie Konditionen und mögliche Rückvergütungen (wie Handling-Fees oder

Kick-backs) vertraglich geregelt und ob Kalkulationsgrundlagen offengelegt werden müssen, um Transparenz zu gewährleisten und Konflikte zu vermeiden.

5.5.1 Typische Leistungen und Abfragemodule

Grundsätzlich kann alles abgefragt werden, was sich standardisieren oder zumindest genau beschreiben lässt. Häufig erfolgt dies in tabellarischer Form, wobei unterschiedliche Stückzahlen, Formate oder Laufzeiten als Abfragespalten definiert sind. Beispiele dazu sind:

- Produktion eines 30-s-Onlinevideos
- Schaltung von Werbespots (Dauer, Sender, Monat, Uhrzeit)
- Schaltung von x Online-Bannern (CPM)
- Druck von y Plakaten inkl. Versand
- Rate pro Social-Media-Posting (Text, Bild, Animation)

Einige Unternehmen unterscheiden in der Anfrage bereits zwischen Regelleistungen (zum Beispiel laufendes Content-Management) und Sonderleistungen (Event, Messe, aufwendige Special Effects in Videos).

5.5.2 Aufbau einer Konditionenliste

Um eine Konditionenabfrage strukturiert durchzuführen, sollte das Unternehmen im Vorfeld folgende Punkte klären:

1. Welche Leistungen treten erfahrungsgemäß regelmäßig auf?
2. Welche Mengen oder Laufzeiten sind realistisch (etwa 10.000 Flyer, 20 Postings im Monat)?
3. Wie sollen die Angebote gegliedert werden (etwa nach Print, Online, Events)?

Eine möglichst detaillierte Aufstellung der gewünschten Leistungen erleichtert Agenturen die Kalkulation und erlaubt es dem ausschreibenden Unternehmen, Preise und Leistungsumfang zügig zu vergleichen.

In Abhängigkeit der gesuchten Gewerke ist eine hohe Granularität der Abfrage hilfreich. Die wichtigsten Positionen einer solchen Liste sind:

- Höhe und Zuordnung der Agenturprovision
- Skontoregelungen
- Rabatte und Rabattarten (Preislistenrabatte, Mengenrabatte, Cash-Rabatte, Naturalrabatte)
- Rabattanpassung für unterschiedliche Budget- oder Mengengerüste
- Inflationsausgleich bei mehrjährigen Verträgen
- Medienspezifische Leistungswerte (z. B. Reichweitenziele, Zielgruppenerreichung, Targeting-Qualität)
- Optimierungsleistungen der Agentur (z. B. Placement Efficiency im TV)

Tatsächlich gibt es viele weitere Positionen, die sich durch die rasante Marktentwicklung permanent ändern. Wesentlich ist hier, alle im Zusammenhang mit der zu bepreisenden Leistung zu identifizieren und abzufragen.

5.5.3 Intransparenz im Media-Bereich

Besondere Vorsicht ist beim Media-Einkauf geboten. Manche Agenturen erhalten von Medienpartnern Rabatte, Boni oder Kick-backs, die nicht immer an den Kunden weitergegeben werden. Eine Konditionenabfrage sollte daher klären, ob und wie die Agentur:

- Rabatte oder Rückvergütungen an das Unternehmen weitergibt
- Handling-Fees oder Aufschläge berechnet
- Transaktions- bzw. Dienstleistungspauschalen für die Mediabuchung verlangt

Werden diese Punkte nicht eindeutig benannt, kann ein Angebot zunächst günstig wirken, sich jedoch später durch versteckte Margen als teurer erweisen.

5.6   Verhandlungsstrategien

Nach der Auswertung der Angebote beginnt meist die eigentliche Preis-
und Vertragsverhandlung mit einer oder mehreren favorisierten Agenturen.

5.6.1 Verhandlungsführung

In der Verhandlung selbst hat sich ein partnerschaftlicher, win–win-
orientierter Ansatz als erfolgreich erwiesen – insbesondere bei Agenturbeziehungen, die ja langfristig auf Vertrauen basieren sollen. Das
Harvard-Konzept empfiehlt (Tab. 5.6), hart in der Sache und weich zu
den Menschen zu sein (Fisher & Ury, 1984). Konkret heißt das: sachbezogen argumentieren (nicht persönlich oder vorwurfsvoll) und gemeinsam nach Lösungen suchen, die beiden Seiten Nutzen bringen. Es kann
etwa zielführender sein, nicht „Ihr Preis ist zu hoch, das ist absurd!" und
stattdessen lieber „Unser Budget liegt bei X, wie können wir den Leistungsumfang priorisieren oder effizienter gestalten, um näher an X zu
kommen?" zu erwidern.

Win–Win bedeutet, kreative Optionen zu entwickeln, bei denen
beide Seiten gewinnen (Fisher & Ury, 1984). Vielleicht kann die Agentur einen Teil des Honorars erfolgsabhängig machen – für den Kunden
weniger Fixkosten, für die Agentur Chance auf Bonus bei Erfolg. Oder
man einigt sich auf eine längere Vertragslaufzeit, wofür der Preis pro
Jahr sinkt (Agentur hat Planungssicherheit, Kunde geringere jährliche
Kosten).

Wichtig ist, Interessen statt Positionen in den Vordergrund zu stellen.
Die Position mag sein, dass die Agentur ein Honorar von 100 wünscht,
Sie aber nur 80 bereit sind zu zahlen. Die Interessen dahinter könnten
sein: Die Agentur muss ihre Personalkosten decken und Gewinn erzielen; Sie haben Budgetrestriktion und müssen intern Einsparungen
nachweisen. Kennt man diese, findet man u. U. Lösungen wie: Umfang
reduzieren, anderes Abrechnungsmodell, Kostensenkungen an anderer
Stelle.

Tab. 5.6 Das Harvard-Konzept des sachbezogenen Verhandelns

Schritt	Schwerpunkt	Inhalte	Ergebnis
1	Gründliche Vorarbeit	Marktanalyse und Benchmarking Angebote/Preise prüfen Große Abweichungen erkennen	Solide Basis für realistische Ziele und Argumente
2	Zieldefinition	Zielpreis, Vertragskonditionen (z. B. Zahlungsziel 60 Tage) Klare Erfolgsindikatoren (KPIs) Rahmen festlegen	Präzise Vorstellungen vom Verhandlungserfolg
3	BATNA Best Alternative To a Negotiated Agreement	Alternativen identifizieren (Zweitbieter, interne Umsetzung) Minimalziel/Ausstiegsgrenze festlegen	Verhandlungssicherheit dank klarer „Notfall-Option"
4	Sachliche Argumentation	Fakten sammeln (Personalaufwand, Synergien, Audit, ROI) Objektive Kriterien (Marktpreise, Branchenstandards)	Konstruktive, faktenbasierte Gesprächsführung
5	Verhandlungsführung	Entspannt und selbstbewusst dank BATNA Sachebene und Beziehungsebene trennen Fokus auf Win–win-Lösungen	Effektive, faire Einigung auf sachlicher Grundlage

Professionelle Kommunikation heißt auch: aktives Zuhören, offene Fragen stellen, den Standpunkt des Gegenübers verstehen. Vielleicht rechtfertigt die Agentur den höheren Preis mit Mehrwert X – dann kann man bewerten, ob einem dieser Mehrwert den Aufpreis wert ist oder ob er verzichtbar ist. Objektive Kriterien können in der Argumentation helfen, Emotionen herauszunehmen (Fisher & Ury, 1984). Kreativität ist nicht nur in der Agenturarbeit gefragt, sondern auch in der Verhandlung: Man kann über Boni, längere Zahlungsziele, Staffelpreise, erweiterte Leistungsumfänge usw. reden, um ein Paket zu schnüren, das beide Seiten zufriedenstellt.

> **Wichtig**
>
> Verhandeln Sie professionell, aber fair. Drohungen (außer man wäre wirklich bereit, sie umzusetzen) vergiften die Atmosphäre. Halten Sie Zusagen und bleiben Sie integer – wenn man beispielsweise versprochen hat, bestimmte Volumina zu liefern, sollte man das auch tun, sonst wird die nächste Verhandlung schwierig oder kann im schlimmsten Fall unmittelbar rechtliche Konsequenzen nach sich ziehen.

5.6.2 Verhandlungsstrategien von Agenturen

Agenturen nutzen unterschiedliche Strategien, um in einer RFQ-Situation einen Zuschlag zu gewinnen, ohne dabei ihre Marge zu opfern (Thornton & Lowe, 2024):

- Einführungsangebote: Neue Marktteilnehmer kalkulieren anfänglich niedrige Preise, um sich zu etablieren („Penetration Pricing").
- Up-Selling: Basisangebot zum attraktiven Preis, zusätzliche Leistungen werden optional angeboten („Add-ons").
- Referenzprojekte betonen: Agenturen mit großer Erfahrung können höhere Preise begründen, indem sie ihren Mehrwert anhand von Erfolgsbeispielen belegen.
- „Good, Better, Best"-Modelle: Staffelung der Leistungsumfänge. So können Kunden ihr Budget flexibel anpassen.

Angebote im Marketingbereich konstitutionieren sich meistens aus vielen Variablen. Fokussieren Sie sich daher nicht nur auf den einen Preis, sondern versuchen Sie entlang der Wertschöpfungskette einer Agentur verschiedene Komponenten zu berücksichtigen. In der Tab. 5.7. sind einige Verhandlungsvariablen aufgezeigt. Nutzen Sie dabei auch die Verhandlungsstrategien von Agenturen zu Ihrem Vorteil.

Tab. 5.7 Verhandlungsvariablen, die Hebel für die Einkaufsoptimierung darstellen können

Verhandlungsvariable	Beschreibung	Vorteile	Nachteile
Zahlungsziele	Zeitraum, innerhalb dessen eine Rechnung beglichen werden muss (z. B. 30 Tage, 60 Tage)	Bessere Liquiditätsplanung für den Käufer Möglichkeit, den Lieferanten über längere Zahlung zu Zugeständnissen im Preis zu bewegen	Für den Lieferanten entsteht ein höherer Finanzierungsaufwand Gefahr von Zinsverlusten für den Verkäufer
Staffelpreise	Preisnachlässe in Abhängigkeit von Abnahmemengen (z. B. ab 100 Stück 5 %, Rabatt, ab 200 Stück 10 % Rabatt)	Anreiz für größere Bestellungen Einsparungen durch Mengenrabatte	Käufer muss höhere Stückzahlen kaufen als benötigt (Risiko von Überbeständen) Lieferant setzt ggf. Puffer ein, falls Käufer weniger abnimmt
Erweiterte Leistungsumfänge	Zusätzliche Services oder Deliverables, die in das Paket aufgenommen werden (z. B. mehr Support, zusätzliche Module)	Mehr Wert für den Käufer, ohne unbedingt rein am Preis zu verhandeln Kann strategisch genutzt werden, um Differenzierung zu schaffen	Möglicher Fokusverlust auf Kernleistungen Kann zu höheren Komplexitäten bei Implementierung oder Abnahme führen
Erfolgsbasierte Vergütung	Teil des Honorars oder der Vergütung wird an das Erreichen bestimmter KPIs geknüpft (z. B. Umsatzsteigerung, Qualität)	Gemeinsamer Anreiz, die definierten Ziele zu erreichen Potenzial für überdurchschnittliche Rendite bei hohem Erfolg	Schwierige KPI-Definition und Messung (hoher Abstimmungsaufwand) Externe Faktoren können Erfolg beeinflussen, was zu Streit führen kann

(Fortsetzung)

Tab. 5.7   (Fortsetzung)

Verhandlungsva- riable	Beschreibung	Vorteile	Nachteile
Rabatte oder Boni	Zeitlich oder mengenabhängige Preisnachlässe, einmalige Gutschriften bei Vertragsabschluss, Bonuszahlungen bei Erfolgsüberschreitung	Ermöglichen kurzfristige Preisnachlässe und attraktives Angebot Können als Belohnung für Loyalität oder besondere Leistung fungieren	Risiko, dass der Mehrwert nur kurzfristig wirkt Bei dauerhaften Rabatten eventuell Wertverlust der Hauptleistung
Zahlungsmodalitäten	Abweichung von standardisierten Zahlungsformen, z. B. Ratenzahlungen, Teilzahlungen bei Meilensteinen, Vorkasse oder Abschlagszahlungen	Mehr Flexibilität für Käufer (etwa Ratenzahlung) Lieferant erhält rascher Sicherheit (z. B. Anzahlung), was Liquidität verbessern kann	Höherer Koordinationsaufwand bei Zahlplänen Risiko für den Verkäufer bei Zahlungsausfällen, wenn Raten gestreckt sind
Laufzeit des Vertrags	Verlängerung oder Verkürzung der Vertragsdauer (z. B. mehrjährige Zusammenarbeit statt Einmalauftrag)	Planungs- und Investitionssicherheit für beide Seiten Möglichkeit, Preise oder Konditionen über längere Zeit festzuschreiben	Abhängigkeit und geringere Flexibilität, wenn sich Bedürfnisse ändern Eventuelle Bindung an ungünstige Konditionen über längere Zeit
Service Level Agreements (SLAs)	Definierte Qualitäts- und Servicekriterien (z. B. Reaktionszeit, Verfügbarkeit, Servicezeiten)	Klare Qualitätsstandards und Verbindlichkeit Ermöglicht Bonus/Malus-Regelung	Höherer Kontroll- und Dokumentationsaufwand Erfüllung kann zu Mehrkosten auf Anbieterseite führen, was sich im Preis niederschlägt

(Fortsetzung)

Tab. 5.7 (Fortsetzung)

Verhandlungsva-riable	Beschreibung	Vorteile	Nachteile
Garantien und Gewährleistung	Verlängerung von Garantiezeiten, zusätzliche Mängelhaftung, erweiterter Support	Höhere Sicherheit für den Käufer Wettbewerbsvorteil für den Anbieter, der gute Garantien bietet	Kostet den Anbieter oft mehr Ressourcen bei Schadensfällen Käufer muss garantierte Leistung auch überwachen können
Liefer- und Logistikoptionen	Optimierte Liefermodalitäten (z. B. Express-Lieferung, bestimmte Versandmethoden, Just-in-Time)	Kürzere Lieferzeiten, potenziell höhere Kundenzufriedenheit Einsparungen bei Lagerhaltung oder Transport	Höhere Versandkosten oder Aufwand für den Anbieter Abstimmungsbedarf, damit Timing und Mengen verlässlich sind

5.6.3 Abschluss und Absicherung

Haben beide Seiten eine Einigung erzielt, geht es darum, diese vertraglich abzusichern und die Weichen für die Zusammenarbeit zu stellen. Zunächst sollte das Verhandelte in klare Vertragsklauseln gegossen werden: Leistungen, Preise, Zahlungspläne, Service Level Agreements (SLAs), geistiges Eigentum, Kündigungsfristen etc. Hier kommt oft die Rechtsabteilung ins Spiel, um juristisch einwandfreie Dokumente zu erstellen (siehe dazu auch Kap. 7). Dabei ist darauf zu achten, dass keine Missverständnisse bleiben – was mündlich besprochen wurde, muss schriftlich fixiert sein (z. B. Verständigung über bestimmte Qualitätskriterien oder Vorgehensweisen bei Änderungen). Tab. 5.8 listet die wesentlichen Positionen auf, die mit der Beendigung der Einkaufsverhandlung fixiert sein sollten (Tab. 5.8).

Ein oft empfohlener Punkt ist die Vereinbarung eines Eskalationsverfahrens: Falls es im Projektverlauf zu Konflikten kommt, soll zunächst auf definierter Management-Ebene versucht werden, eine Lösung zu finden, bevor rechtliche Schritte ergriffen werden. Zum Beispiel: Erst

Tab. 5.8 Wesentliche Bausteine für die Fixierung eines Angebots

Position	Kurze Erläuterung
Leistungen	Konkrete Beschreibung der vom Anbieter zu erbringenden Arbeiten oder Services. Dazu gehören Umfang, Inhalte, Meilensteine und Zeitpläne. Ziel ist, Missverständnisse zu vermeiden und klare Erwartungen zu schaffen
Preise	Vereinbarte Vergütung für die zu erbringenden Leistungen, etwa in Form von Pauschalen, Stundensätzen oder Festpreisen. Hier können auch Rabatte, Aufschläge und Staffelpreise geregelt sein
Zahlungsziele	Festlegung, wann und in welcher Form Zahlungen erfolgen (z. B. Anzahlung, Raten, Meilenstein-basiert). Dient der Liquiditätssteuerung für beide Seiten und vermeidet Unklarheiten über Fälligkeit und Höhe der einzelnen Zahlungen
Service Level Agreements (SLAs)	Definierte Qualitäts- und Servicekriterien, z. B. Reaktionszeiten, Verfügbarkeiten oder Eskalationsstufen. Sichern eine bestimmte Leistungsgüte und helfen, im Falle von Abweichungen konkrete Maßnahmen oder Entschädigungen zu regeln
NDA (Non-Disclosure Agreements/Geheimhaltungsvereinbarung)	Regelung, welche vertraulichen Informationen nicht an Dritte weitergegeben werden dürfen, wie lange diese Geheimhaltung gilt und welche Sanktionen bei Verstößen greifen. Schützt sensible Geschäfts- und Projektdaten während und nach der Zusammenarbeit
Policies zu Kinderarbeit	Verpflichtung, keine Kinderarbeit zu dulden oder zu fördern, oft Bestandteil von Code of Conduct oder CSR-Vorgaben. Unternehmen fordern damit die Einhaltung ethischer Standards und Nachweise entsprechender Lieferketten

(Fortsetzung)

Tab. 5.8 (Fortsetzung)

Position	Kurze Erläuterung
Nachhaltigkeit	Vereinbarung über nachhaltiges Wirtschaften, z. B. Ressourcenschonung, CO_2 -Reduktion oder Recyclingquoten. Kann Teil einer umfassenderen CSR-Richtlinie sein, die der Lieferant oder Dienstleister einzuhalten hat
Geistiges Eigentum	Bestimmung, wem die Rechte an entstandenen Werken (z. B. Designs, Texte, Code) zustehen. Regelt Nutzungsrechte, Weiterverwendung, Copyright und mögliche Lizenzmodelle, um späteren Rechtsstreitigkeiten vorzubeugen
Kündigungsfristen	Konditionen für eine ordentliche oder außerordentliche Vertragsbeendigung, etwa 30 Tage zum Monatsende oder sofortige Kündigung bei Pflichtverletzungen. Klare Fristen gewährleisten Planungssicherheit und regeln mögliche Ausstiegsszenarien
Regelung nach Beendigung der Zusammenarbeit	Festlegung, was mit Restleistungen, Daten und Dokumenten passiert, sobald die Zusammenarbeit endet (z. B. Datenrückgabe, Löschungspflichten). Stellt sicher, dass beide Parteien ihre Nachfolgepflichten erfüllen und keine Unklarheiten verbleiben

Projektleiter beider Seiten, dann Geschäftsleitung beider Seiten, dann ggf. Mediation – und erst dann Gericht. Ein solcher Eskalationsweg verhindert, dass kleinere Probleme gleich zum Vertragsabbruch oder Rechtsstreit führen, und schafft Klarheit, wie man miteinander umgeht, wenn es mal hakt.

Bei langfristigen Agenturverträgen ist es zudem sinnvoll, regelmäßige Performance-Reviews einzuplanen – etwa jährliche Meetings, in denen der Kunde Feedback gibt, die Agentur ihre Leistungen darlegt (ggf. anhand eines Scorecards) und beide besprechen, ob Anpassungen nötig sind. Diese Reviews können an Bonuszahlungen gekoppelt sein, dienen aber vor allem der stetigen Verbesserung der Zusammenarbeit und dem frühzeitigen Auflösen von Spannungen. Aus Kundensicht sind solche Evaluierungen auch ein Druckmittel: Die Agentur weiß, dass ihre Vergütung und Fortführung des Vertrags von guter Performance abhängen. Aus Agentursicht bieten sie die Chance, Bedürfnisse des Kunden besser zu verstehen und zusätzliche Leistungen zu platzieren. Hat man all dies beachtet, steht der Vertragsunterzeichnung und einem erfolgreichen Projekt nichts mehr im Weg.

5.7 Regulatorische Aspekte und Compliance

Im Kontext von Ausschreibungen spielt auch die Einhaltung bindender Bestimmungen im Unternehmen (Compliance) eine bedeutende Rolle. Sie müssen sicherstellen, dass der Pitch-Prozess nicht nur ökonomisch, sondern auch regelkonform abläuft.

5.7.1 Compliance-Anforderungen

Compliance bedeutet die Einhaltung von Regeln und ethischen Grundsätzen. Ein wichtiger Aspekt ist die Vermeidung von Interessenkonflikten und Korruption. Mitarbeiter, die am Auswahlprozess beteiligt sind, müssen unabhängige Entscheidungen treffen – viele Firmen haben daher interne Regeln, dass z. B. kein Angehöriger eines Mitarbeiters bei einem teilnehmenden Anbieter arbeiten darf, oder Einkäufer Geschenke/Bewirtungen von Bietern ablehnen müssen.

Gerade im Marketingumfeld, wo Einladungen zu Events oder Essen nicht unüblich sind, ist Sensibilität notwendig. Einige Unternehmen rotieren auch die Mitglieder von Pitch-Jurys, um allzu persönliche Beziehungen zu vermeiden.

Vertraulichkeit ist ein weiterer Punkt: Die Informationen, die im RFP und in den Angeboten ausgetauscht werden, sind schützenswert. Deshalb werden standardmäßig Non-Disclosure Agreements (NDAs) mit allen Teilnehmern geschlossen, um sicherzustellen, dass etwa Marketingstrategien oder Budgetdaten nicht nach außen dringen. Umgekehrt erwarten aber auch die Agenturen, dass ihre Konzepte – wenn sie nicht gewinnen – nicht unerlaubt vom Kunden weiterverwendet werden. Hier greifen teils Urheberrechte oder diese Fälle werden im NDA geregelt.

Dokumentation und Nachvollziehbarkeit sind aus Compliance-Sicht ebenso relevant: Der Prozess sollte so dokumentiert sein, dass im Nachhinein gezeigt werden kann, dass alles mit rechten Dingen zuging. Compliance heißt auch, interne Freigaben einzuholen – z. B. Genehmigungen, bevor man einen größeren Pitch startet (Kosten für Pitch-Honorare etc.) oder am Ende die Vergabe durch ein Gremium bestätigen lassen (Vier-Augen-Prinzip bei Entscheidungen). Social Compliance: Manche Unternehmen achten darauf, dass Dienstleister bestimmte Standards erfüllen (z. B. Diversity, keine Diskriminierung, Sustainability). Diese Kriterien fließen gelegentlich als Muss-Kriterium in RFPs ein (z. B. Forderung nach einem Code of Conduct des Dienstleisters, ISO-Zertifikate, Nachhaltigkeitsnachweise). Insgesamt gilt: Ein Pitch sollte so geführt werden, dass er jederzeit einer Überprüfung standhält – rechtlich und ethisch.

5.7.2 Internationale Unterschiede in der RFP-Praxis

Der Pitch-Prozess unterscheidet sich international deutlich: In Europa dominieren formale Ausschreibungen, während in den USA informelle Gespräche und Chemistry Meetings im Vordergrund stehen. In Asien zählt oft das Beziehungsnetzwerk (Guanxi), wobei globale Unternehmen zunehmend transparente Prozesse einfordern.

Rechtliche Rahmenbedingungen variieren stark – etwa durch lokale Beteiligungspflichten, Sprachvorgaben oder arbeitsrechtliche Regelungen. Die EU strebt Vereinheitlichung an, während die USA mit FAR ein sehr detailliertes System nutzen. Unternehmen sollten daher lokale Expertise einbinden und internationale RFPs ggf. aufteilen.

Weltweit gilt: Compliance ist entscheidend. Einheitliche Verhaltenskodizes helfen, Standards zu wahren und Risiken zu minimieren. Der RFP-Prozess muss daher professionell und regelkonform, aber zugleich effizient und agil gestaltet sein.

5.8   Fazit

Eine getrennte Betrachtung von Honorar- und Konditionenabfrage hat sich in der Praxis bewährt. Während die Honorarabfrage Aufschluss über strategische und kreative Leistungen gibt, beleuchtet die Konditionenabfrage standardisierbare Kosten, wie Mediapläne, Produktionsaufwände oder Fremdleistungen. Beide Perspektiven sind nötig, um den Markt umfassend zu sondieren und zu verstehen, welche Kalkulationsansätze hinter einem Angebot stehen.

Zukünftig ist mit einer noch stärkeren Digitalisierung und Automatisierung zu rechnen. Tools und KI-gestützte Plattformen werden Ausschreibende dabei unterstützen, Angebote noch schneller zu strukturieren, zu bewerten und zu vergleichen. Gleichzeitig gewinnt das Thema Nachhaltigkeit weiter an Bedeutung: Viele Unternehmen verlangen inzwischen Nachweise zu CSR und ökologischen Standards (Cruz et al., 2024).

Einkauf ist in der Regel ein Hase-und-Igel-Spiel. Sie werden versuchen, die bestmöglichen Einkaufskonditionen für Ihr Unternehmen zu erzielen. Agenturen werden ebenso versuchen, jede Lücke im Angebotsprozess bestmöglich für sich zu nutzen. Das ist legitim, schließlich geht es für alle Beteiligten um viel. Gute Vorbereitung und Strukturierung des Prozesses sind daher wesentlich für die erfolgreiche Angebotseinholung.

5.9   Checkliste: Angebotsabfrage

- Anforderungen präzise definieren: Investieren Sie Zeit in ein gründliches Briefing und eine klare Leistungsbeschreibung. Ein detaillierter Arbeitsumfang (scope of work) ermöglicht vergleichbare Angebote und vermeidet Missverständnisse. Kommunizieren Sie auch Erwartungen an Qualität, Timing und Reporting eindeutig im RFP.
- Standardisierte Angebotsstruktur vorgeben: Nutzen Sie Templates (Preisblatt, Antwortformular), damit alle Anbieter ihre Kosten nach dem gleichen Schema aufschlüsseln. Fordern Sie qualitative Informa-

tionen in strukturierter Form an (Teamprofil, Referenzen, Methodik) – so können Sie Angebote Seite für Seite vergleichen.

- Budgetrahmen und Bewertungskriterien offenlegen: Geben Sie – sofern möglich – einen Budgetkorridor oder Zielpreis an. Das setzt einen realistischen Anker und filtert Anbieter, für die das nicht passt. Legen Sie die Vergabekriterien fest und teilen Sie sie den Bietern im Vorfeld mit.
- Passendes Vergütungsmodell wählen: Entscheiden Sie vorab, welches Honorarmodell zur Aufgabe passt. Festpreis bei klaren Deliverables? Time & Material bei explorativer Entwicklung? Hybrid mit Bonus, um Qualität zu belohnen? Stimmen Sie das Modell auf Ihr Risikoprofil ab.
- Wettbewerb nutzen, aber in Maßen: Sichern Sie sich ausreichend viele Angebote für echten Wettbewerb, aber überfrachten Sie den Pitch nicht mit Bietern. Eine Longlist von 4–8 und eine Shortlist von 2–4 hat sich bewährt.
- Kommunikation und Q&A managen: Stellen Sie während der RFQ-Phase sicher, dass alle Anbieter denselben Informationsstand haben. Beantworten Sie Fragen zeitnah und gesammelt für alle. Pflegen Sie einen professionellen, respektvollen Ton.
- Objektive Bewertung durchführen: Nutzen Sie ein Bewertungsraster oder Scoring-Modell, um Angebote nach einheitlichen Maßstäben zu beurteilen. Holen Sie mehrere Sichtweisen ein (fachlich, kaufmännisch) und dokumentieren Sie die Bewertungen.
- Verhandlung vorbereitet angehen: Entwickeln Sie eine Verhandlungsstrategie, bevor Sie mit dem Favoriten sprechen. Definieren Sie Zielpreis und Must-haves. Ermitteln Sie Ihre BATNA und sammeln Sie Daten als sachliche Argumente.
- Win–Win statt Konfrontation: Führen Sie die Verhandlung partnerschaftlich und sachbezogen. Machen Sie klar, dass Sie eine langfristige Partnerschaft anstreben. Hören Sie die Agenturperspektive und nutzen Sie objektive Kriterien zur Lösungssuche.
- Sauber abschließen und nachhalten: Halten Sie die Ergebnisse schriftlich fest. Vereinbaren Sie ein Kick-off-Meeting nach Zuschlag. Richten Sie kontinuierliches Reporting und Feedback ein, um sicherzustellen, dass das Vereinbarte geliefert wird.

Literatur- und Quellenverzeichnis

Bajari, P., McMillan, R., & Tadelis, S. (2009). Auctions versus negotiations in procurement: An empirical analysis. *Journal of Law, Economics, & Organization, 25*(2), 372–399.

BME-Fachgruppe Marketingeinkauf. (2018). *Leitfaden: Einkauf von Marketingleistungen.* https://www.koinno-bmwk.de/fileadmin/user_upload/publikationen/BME_Leitfaden_Marketing.pdf. Zugegriffen: 17. Apr. 2025.

Cruz, J. M., López-Rodríguez, J., & González-López, Ó. (2024). Public procurement efficiency and evaluation criteria in the bid process: A literature review. *SAGE Open, 14*(4).

Droppe. (2024). *Marketing procurement: What it is and why it matters.* https://droppe.com/blog/article/marketing-procurement/. Zugegriffen: 21. Apr. 2025.

Eriksson, K., & Mattisson, T. (2014). The strategic process and its impact on the outcome of a tender. *Public Organization Review, 14*(4), 489–504.

Fisher, R., & Ury, W. (1984). *Das Harvard-Konzept. Sachgerecht verhandeln- erfolgreich verhandeln.* Campus.

Hanák, T., Marović, I., & Jajac, N. (2020). Challenges of electronic reverse auctions in construction industry – A review. *Economies, 8*(1), 13.

Heijboer, G., & Telgen, J. (2002). Choosing the open or restricted procedure: A big deal or a big deal? *Journal of Public Procurement, 2*(2), 187–215.

Ingram, A. (2025). *Marketing agency profit margins: The complete guide.* https://www.hellobonsai.com/blog/marketing-agency-profit-margins. Zugegriffen: 21. Apr. 2025.

Lee, C.-C., & Chen, Y.-R. (2024). Pricing strategy for best value tender. *Journal of Construction Engineering and Management, 150*(1), 04023121.

Martinek, M. (2008). *Mediaagenturen und Medienrabatte – Medienrabatte zwischen Weiterleitungspflicht und Kommerzialisierbarkeit im Strukturwandel der Mediaagenturen zu Media-Handelsunternehmen.* Beck.

Musanzikwa, M. (2024). Influence of transactional cost and competitive tendering on procurement performance in zimbabwean state-owned enterprises. *African Journal of Procurement and Supply Chain Management, 8*(1), 1–14.

Röwekamp, J., Voppel, G., & Grube, T. (2021). *Vergaberecht: Kommentar zu VgV, GWB-Vergaberecht, SektVO, VSVgV und KonzVgV* (5. Aufl.). Beck.

Thornton and Lowe. (2024). *The right pricing strategy.* https://thornton-andlowe.com/the-right-pricing-strategy/.

Weiterführende Literatur

Art of Procurement. (2019). *Analyzing the global state of services procurement.* https://artofprocurement.com/blog/analyzing-the-global-state-of-services-procurement. Zugegriffen: 21. Apr. 2025.

Bandiera, O., Prat, A., & Valletti, T. M. (2009). *The tradeoffs between rules and discretion in public procurement (w15524).* National Bureau of Economic Research.

Belch, G. E., & Belch, M. A. (2018). *Advertising and promotion: An integrated marketing communications perspective.* McGraw-Hill.

Biedron, R. (2024). *Marketing procurement: Challenges and best practices.* Planergy. https://planergy.com/blog/marketing-procurement/. Zugegriffen: 21. Apr. 2025.

Bullinger, H.-J., Warschat, J., & Westkämper, E. (1998). Tender systems for increased marketing productivity. *International Journal of Production Economics, 56–57,* 101–110.

Cagno, E., Caron, F., & Rovera, D. (2014). A methodology for tendering process design in public–private partnerships. *Public Works Management & Policy, 19*(1), 51–71.

Coloma, G., & Trujillo, J. (2024). The impact of the number of bidders and the procedure on public procurement prices. *Applied Economics, 56*(50), 5849–5863.

Creative Tenders. (2024). *Marketing tenders: A guide to finding and winning contracts.* https://www.creativetenders.co.uk/marketing-tenders-a-guide-to-finding-and-winning-contracts/. Zugegriffen: 21. Apr. 2025.

Gabor, E. (2024). *Top 5 bid industry trends to watch in 2024. Navigating the future of procurement.* https://www.rfpverse.com/blogs/top-5-bid-industry-trends-to-watch-in-2024-navigating-the-future-of-procurement. Zugegriffen: 21. Apr. 2025.

Hayes, A. (2024, September 25). *Tender.* Investopedia. https://www.investopedia.com/terms/t/tender.asp. Zugegriffen: 21. Apr. 2025.

Kumar, S. & Purang, P. (2013). Marketing value in tendering situations. *Vision: The Journal of Business Perspective, 17*(4), 317–326.

Mission Forward. (2022). *7 Trends impacting government contractors in 2023.* GovExec. https://about.govexec.com/mission-fwd/7-trends/. Zugegriffen: 21. Apr. 2025.

Peccia, G. (2024). *Unlocking the power of tender data to drive Post-LOE pricing strategy.* Eversana. https://www.eversana.com/insights/unlocking-the-powerof-tender-data-to-drive-post-loe-pricing-strategy/. Zugegriffen: 21. Apr. 2025.

Petty, R. E., & Cacioppo, J. T. (1986). *Communication and persuasion: Central and peripheral routes to attitude change.* Springer-Verlag.

Public Sector Experts. (2023). *Profit margins in government contracts: Analyzing trends and implications.* https://www.publicsectorexperts.com/blog/public-sector-news-insights-and-analysis-1/profit-margins-in-government-con-tracts-analyzing-trends-and-implications-425. Zugegriffen: 21. Apr. 2025.

RFPVerse. (2024). *How can market analysis benefit tender preparation?* https://www.rfpverse.com/faqs/how-can-market-analysis-benefit-tender-prepara-tion. Zugegriffen: 21. Apr. 2025.

Thornton and Lowe. (2024). *Competitor analysis guidance.* https://thornton-andlowe.com/competitor-analysis-guidance/. Zugegriffen: 21. Apr. 2025.

University of Wisconsin–Milwaukee. (2024). *Procurement practice for adver-tising & marcomm agencies.* https://uwm.edu/marcomm/services-resources/marcomm-procurement-practice/procurement-practice-for-advertising-mar-comm-agencies/. Zugegriffen: 21. Apr. 2025.

Vassallo, N. (2024). *Pricing strategies to win tenders.* https://www.tendersdirect.co.uk/knowledge-hub/news/pricing-strategies-to-win-tenders/. Zugegriffen: 21. Apr. 2025.

Zanesco, A. (2024). *Agency selection criteria – Seven things to consider when choosing an advertising agency.* https://www.trinityp3.com/should-we-pitch/things-to-consider-ad-agency/. Zugegriffen: 21. Apr. 2025.

6

Nachverhandlung und Entscheidung

„Messen ist kein Selbstzweck – aber ohne Messung fehlt die Grundlage für gute Entscheidungen." (Managementprinzip, anonym überliefert)

Zusammenfassung In diesem Kapitel erfahren Sie, wie Sie aus all den bisher gewonnenen Informationen und Einschätzungen eine fundierte, transparente und faire Entscheidung ableiten. Dabei stehen Methoden zur Gewichtungsfindung, die Nutzung von Entscheidungsmatrizen (etwa in Form von Nutzwert- oder Scoring-Modellen) sowie die Einbindung relevanter Stakeholder im Mittelpunkt. Zudem wird aufgezeigt, wie eine klare Risikobetrachtung und mögliche Nachverhandlungen Teil eines strukturierten Auswahlprozesses sein können.

Zu Beginn des Prozesses haben Sie viel Arbeit investiert, Anforderung zu definieren und die Bewertungskriterien auszuarbeiten. Nun ist es an der Zeit, davon zu profitieren. Während des Prozesses haben sie die Ergebnisse aller durchgeführten Verfahren ausgewertet, dokumentiert und bewertet. Da ergibt sich die finale Entscheidung fast von selbst.

© Der/die Autor(en), exklusiv lizenziert an Springer Fachmedien Wiesbaden GmbH, ein Teil von Springer Nature 2025
J. Erichsen, *Agenturauswahl im Marketing,*
https://doi.org/10.1007/978-3-658-48841-3_6

6.1   Die finale Bewertung

Die vorliegenden Bewertungen aus den von Ihnen angewendeten Verfahren gilt es jetzt systematisch auszuwerten. Damit stellen Sie sicher, dass nicht nur die Agentur gewinnt, die Ihre Anforderungen am besten erfüllt, sondern dass der Auswahlprozess für alle Beteiligten – interne Stakeholder genauso wie die teilnehmenden Agenturen – professionell und nachvollziehbar bleibt (Kühnapfel, 2021). So profitieren Sie von:

- Nachvollziehbarkeit: Der Einsatz klarer Kriterien und Methoden macht das Ergebnis für alle Beteiligten plausibel, weil alle Schritte und Bewertungen dokumentiert sind (Arrowsmith, 2010).
- Fairness: Die Agenturen werden unter gleichen Bedingungen verglichen; ihr Engagement wird mit gleicher Messlatte beurteilt (Trent & Monczka, 1994).
- Effizienz: Durch eine transparente Vorgehensweise reduzieren Sie Konflikte und rechtfertigen Ihre Entscheidung anhand klarer, dokumentierter Fakten. Die systematische Vorgehensweise lässt sich damit auch gegenüber der Geschäftsführung oder Auditoren verteidigen (Triantaphyllou & Sánchez, 1997).

Die finale Bewertung ist die Grundlage für die Entscheidung. Dennoch ist es üblich und aus kommerziellen Gesichtspunkten auch sinnvoll, vor der Entscheidung mit den infrage kommenden Agenturen in finale Verhandlungen zu treten (Arrowsmith, 2010). Diese können je nach Umfang der Ausschreibung auch aus mehreren strukturierten Verhandlungsrunden bestehen. Das Ziel des ersten Teils dieses Kapitels ist es, zu einer Bewertung zu kommen, die idealerweise zwei potenzielle Kandidaten hervorbringt. Aus diesen kann in einer Nachverhandlung dann der Gewinner identifiziert werden.

6.1.1   Methoden zur Gewichtung

Bei der Gewichtung legen Sie fest, wie wichtig einzelne Anforderungen (z. B. Preis, Kreativität, strategische Kompetenz) und die Ergebnisse aus den angewendeten Verfahren (z. B. Chemistry Meeting, Tool-Vorstellung, kognitive Tests, Fallstudie) relativ zueinander stehen. Sie erinnern sich, dass es bei der Bewertung zu verschiedenen Beobachtungsfehlern und Verzerrungen kommen kann. Daher haben Sie die Gewichtung bereits bei der Definition der Anforderungen vorgenommen, um eine sachliche und unvoreingenommene Entscheidung treffen zu können. Für die finale Entscheidung können die Gewichtungskriterien nun angewendet werden.

Eine bewährte Vorgehensweise ist je nach Umfang der Ausschreibung, zunächst in einem internen Workshop mit allen Stakeholdern die Ergebnisse der Rangfolge oder Punkteverteilung zu diskutieren. Alternativ können mathematische Verfahren wie der Analytic Hierarchy Process (AHP) oder der Analytic Network Process (ANP) herangezogen werden, die Kriterien paarweise vergleichen (Saaty, 2004). Diese analytischen Methoden liefern konsistente Gewichte, sind jedoch aufwendiger und erfordern Erfahrung (Dotoli et al., 2020). In der Praxis genügt oft ein moderierter Workshop, sofern alle Beteiligten dem Prozess vertrauen und die Verteilung nachvollziehen können (Kühnapfel, 2021).

Bei Entscheidungsunsicherheit bietet es sich an, zusätzlich eine Sensitivitätsanalyse durchzuführen: Dabei prüfen Sie, wie stark das Endergebnis auf kleine Veränderungen bei den Gewichten oder den Einzelbewertungen reagiert (Triantaphyllou & Sánchez, 1997). Bei sehr wichtigen Projekten kann das helfen, Unsicherheiten bei der Gewichtung abzuschwächen.

6.1.2 Erstellung und Anwendung einer Entscheidungsmatrix

Die Dokumentation der Gewichtung kann mithilfe einer Entscheidungsmatrix systematisch aufgezeigt werden (Kühnapfel, 2021). Ein gängiges Format ist die Nutzwertanalyse oder ein Scoring-Modell.

Ein Beispiel für eine Entscheidungsmatrix ist in Tab. 6.1 abgebildet. Angenommen, drei Agenturen (A, B, C) haben in einem Pitch ihre Konzepte präsentiert. Es wurden folgende Anforderungen und Gewichte festgelegt: Strategische Konzeptqualität (40 %), Kreative Idee

Tab. 6.1 Beispiel einer Entscheidungsmatrix

Kriterium	Gewicht	Agentur A (Score)	A (gewichtet)	Agentur B (Score)	B (gewichtet)	Agentur C (Score)	C (gewichtet)
Strategische Konzeptqualität	0,40	4,5	1,80	4,0	1,60	3,5	1,40
Kreative Idee	0,30	4,0	1,20	3,5	1,05	5,0	1,50
Chemie/Team-Fit	0,15	3,5	0,525	4,5	0,675	3,0	0,450
Preis	0,15	3,0	0,45	4,0	0,60	4,0	0,60
Gesamtpunktzahl	1,00		4,00		3,93		3,95

(30 %), Chemie/Team-Fit (15 %), Preis (15 %). Alle Jury-Mitglieder (Marketing Director, Brand Manager, Procurement Manager) haben unabhängig voneinander jede Agentur auf einer Skala von 1 (schwach) bis 5 (sehr gut) bewertet. Die Mittelwerte der Bewertungen wurden in die Matrix eingetragen (Beispiel s. Tab. 6.1).

In diesem fiktiven Beispiel liegt Agentur A mit 4,0 Punkten knapp vor B (3,93) und C (3,95). Man sieht aber auch, dass Agentur C bei kreativer Idee am besten war (starke kreative Kampagnenvorschläge), jedoch bei Strategie und Chemie schwächer abschnitt. Agentur B war insgesamt sehr solide und günstig, hatte aber eine etwas schwächere kreative Idee. Agentur A zeigte die ausgewogenste Leistung (stark in Strategie und Kreativität, akzeptabel in Chemie und Preis) und erhält so insgesamt die höchste Nutzwertsumme. Die Entscheidungsträger können diese Ergebnisse nun gemeinsam besprechen: Die Matrix macht transparent, warum Agentur A führt – in diesem Fall wegen der hohen strategischen Bewertung, die mit 40 % Gewicht stark ins Gewicht fällt. Sollte es Meinungsverschiedenheiten geben, kann man gezielt auf die Teilbewertungen schauen. Beispielsweise könnte jemand anmerken, dass Agentur Cs kreative Idee zwar bestechend war (5 Punkte), aber das beste Kreativkonzept nützt wenig ohne solide Strategie dahinter (wo C nur 3,5 Punkte hat). Somit untermauert die Entscheidungsmatrix rationale Argumente und minimiert die Gefahr, dass einzelne, vielleicht emotional favorisierte Aspekte überbewertet werden (Triantaphyllou & Sánchez, 1997).

Diese abschließende Nutzwertanalyse dient als zentraler Beweis für Ihre Entscheidungsfindung. Da Sie sämtliche Dokumentationen, Referenzen, Tests und Präsentationen während des gesamten Auswahlprozesses festgehalten haben, fließen jetzt alle relevanten Informationen in die Bewertung ein.

6.1.3 Umgang mit knappen Ergebnissen und Konfliktlösung

Bei sehr geringen Punktdifferenzen kann es zu Unsicherheiten oder Meinungsverschiedenheiten kommen. Stehen zwei Agenturen fast gleichauf, können weitere Aspekte (z. B. zeitliche Verfügbarkeit, Referenzen, Nachhaltigkeitskonzept) den Ausschlag geben. Alternativ ist ein Re-Briefing möglich, in dem offene Fragen geklärt werden (Hallikas et al., 2004).

Manchmal sieht der Prozess vor, dass ein übergeordneter Entscheider das finale Veto- oder Vetorecht hat. Transparenz bei dieser Regelung ist entscheidend, damit keine Willkür unterstellt wird (Smith, Erwin & Diaferio, 2005).

Zur Konfliktprävention empfehlen sich insbesondere folgende Punkte zu berücksichtigen:

- Frühzeitige Abstimmung: Stellen Sie sicher, dass alle Beteiligten den Bewertungsprozess bereits vor der Scoring-Phase kennen und akzeptieren (Trent & Monczka, 1994).
- Reflexion der Gewichtungen: Wenn Unzufriedenheit mit dem Ergebnis auftritt, kann es helfen, die Gewichtungen noch einmal in der Gruppe zu diskutieren. Berücksichtigen Sie hierbei Verzerrungen und Selbstdarstellungsstrategien von Agenturen. Die Änderung der

Gewichtung sollte sachlich und faktisch zu begründen sein (Saaty, 1980).

- Protokollierung: Dokumentieren Sie jede Entscheidungsetappe, um später belegen zu können, dass Sie methodisch korrekt vorgegangen sind (Arrowsmith, 2010).

6.2   Einbindung von Stakeholdern in die Entscheidung

Die Auswahl einer Marketing-Agentur betrifft oft mehrere Bereiche im Unternehmen – typischerweise die Fachabteilung (Marketing/Kommunikation) und den Einkauf, häufig aber auch andere Stakeholder wie Fachabteilungen, die von der Zusammenarbeit mit der Agentur betroffen sind (Produktmanagement, Vertrieb) oder die Finanzabteilung. Eine cross-funktionale Entscheidungsfindung stellt sicher, dass alle Perspektiven berücksichtigt werden und die Entscheidung unternehmensweit akzeptiert ist (Trent & Monczka, 1994). Tatsächlich ist es ein Vorteil der oben beschriebenen Nutzwertanalyse, dass mehrere Personen an der Entscheidung beteiligt werden können (Kühnapfel, 2021). Wer sollte beteiligt sein?

- Marketing-Entscheider (Fachbereich): z. B. Marketing Director, Brand Manager – sie achten besonders auf inhaltliche Kriterien wie Kreativität, strategischer Fit, Markenverständnis.
- Einkauf: Zuständige Einkäufer achten auf kommerzielle Bedingungen, Transparenz des Prozesses, Vertragsrisiken und stellen sicher, dass das Verfahren den internen Compliance-Vorgaben entspricht.
- Fachliche Partner: Je nach Projekt können das z. B. der Vertrieb (für Vertriebsunterstützung durch Werbematerialien), die Produktentwicklung (für technische Anforderungen in digitalen Kampagnen) oder IT (bei Web-/Tech-Projekten) sein. Deren Sicht stellt sicher, dass die Agentur auch praktisch alle Anforderungen erfüllen kann.
- Finanzen/Controlling: Bei größeren Budgets oder langfristigen Verträgen kann jemand aus der Finanzabteilung sinnvoll sein, um die Fi-

nanzstabilität der Agentur und Budgettreue sicherzustellen (Hallikas et al., 2004).

- Endnutzer/Interne Kunden: In manchen Fällen werden z. B. Vertreter der Geschäftsleitung oder Regionsleiter einbezogen, die später mit den Ergebnissen der Agenturarbeit leben müssen (z. B. Country Manager, die die globale Kampagne lokal umsetzen sollen).

Die Rollen dieser Stakeholder sollten klar definiert sein. Ein bewährtes Konzept ist die RACI-Matrix (Responsible, Accountable, Consulted, Informed): Beispielsweise könnte der Marketing Director Accountable (letztverantwortlich) für die Entscheidung sein, Einkauf und Fachabteilungen Responsible (treibend beteiligt an Analyse und Auswahl) und die Geschäftsleitung nur Informed (erhält das Ergebnis zur Kenntnis) (Smith et al., 2005). Wichtig ist, dass vor dem Pitch-Prozess vereinbart wird, wer das finale Entscheidungsrecht hat und wessen Votum beratend ist (Arrowsmith, 2010). So wird verhindert, dass im Nachhinein einzelne Stakeholder den Prozess unterlaufen oder anfechten.

Einbindung während des Prozesses: Stakeholder sollten idealerweise bereits bei der Festlegung der Kriterien und Gewichtungen einbezogen werden, wie oben beschrieben. So fließen ihre Prioritäten in das Bewertungsmodell ein.

Während der Pitch-Präsentationen selbst sollten alle internen Entscheidungsträger anwesend sein, um einen gleichberechtigten Eindruck von jeder Agentur zu erhalten. Die Praxis zeigt, dass es Probleme geben kann, wenn wichtige Personen eine Präsentation verpassen und später dennoch mitentscheiden – unterschiedliche Informationsstände führen dann zu Verzerrungen oder zu geringerer Akzeptanz der Entscheidung. Daher sollten Termine für die Pitch-Verfahren so gelegt werden, dass die gesamte Auswahl-Jury vollständig teilnehmen kann oder notfalls durch virtuelle Zuschaltung anwesend sein kann.

Ein häufiger Stolperstein ist mangelnde Abstimmung mit höheren Hierarchieebenen oder anderen wichtigen Interessengruppen. Ein Praxisbeispiel zeigt, wie es nicht laufen sollte: In einem internationalen Konzern wurde ein Pitch lokal durchgeführt. Die lokale Marketingabteilung legte Kriterien und Bewertungsverfahren fest. Am Ende lag eine Agentur vorn, die zwar etwas teurer, aber qualitativ überlegen war. Als das Ergebnis an das regionale Management gemeldet wurde, intervenierte dieses und verlangte, die günstigste Agentur zu nehmen, da für sie primär die Kosten zählten. Dieser späte Eingriff untergrub das sorgfältige Bewertungsverfahren. Lehre: Bereits im Vorfeld muss mit allen relevanten Stakeholdern (hier der Regionalleitung) geklärt sein, welche Kriterien gelten und worauf Wert gelegt wird (Hallikas et al., 2004). Hätten die lokalen Entscheider gewusst, dass die Region jeden anderen Faktor dem Preis unterordnet, hätten sie die Gewichtung oder Vorauswahl entsprechend anpassen können – oder idealerweise das höhere Management direkt in den Prozess eingebunden. Daher sollte die Devise lauten: Keine Entscheidung ohne Einbindung aller, die ein Vetorecht haben könnten. Lieber früh die Anforderungen und Erwartungen transparent machen, als am Ende ein böses Erwachen zu erleben.

Zusammenfassend fördert die Stakeholder-Einbindung einerseits die Qualität der Entscheidung – weil vielfältige Expertise einfließt – und andererseits die Akzeptanz der Entscheidung im Unternehmen. Wenn Marketing und Einkauf gemeinsam anhand eines abgestimmten Kriterienkatalogs entscheiden, sind beide Parteien eher bereit, das Ergebnis zu tragen. Das schließt auch ein, dass man intern geschlossen hinter der Entscheidung steht und sie begründen kann. Ein transparenter, mit allen abgestimmter Prozess wirkt auch nach außen professionell: Die beteiligten Agenturen merken, dass objektiv bewertet wurde, was das Image des Unternehmens als fairer Partner stärkt (Smith et al., 2005).

6.3   Risikomanagement bei der Agenturauswahl

Auch wenn alle oben genannten Analysen sorgfältig durchgeführt wurden, bleibt jede Entscheidung mit Unsicherheit behaftet. Im Falle der Agenturwahl besteht das Risiko, dass sich die gewählte Agentur im Nachhinein doch als nicht optimal erweist – sei es durch Leistungsprobleme, unvorhergesehene Umstände oder veränderte Anforderungen. Daher sollte ein strukturiertes Risikomanagement integraler Bestandteil des finalen Entscheidungsprozesses sein (Hallikas et al., 2004).

Zunächst gilt es, mögliche Risiken im Zusammenhang mit jeder Agentur zu erkennen. Einige typische Risiken bei der Auswahl von Dienstleistern (analog zu Lieferantenrisiken) sind:

- Leistungsrisiko: Die Gefahr, dass die Agentur nicht die versprochene Leistung erbringt. Z. B. Kreativkonzepte bleiben in der Umsetzung hinter den Erwartungen zurück, Timings werden nicht eingehalten oder das vorgeschlagene Team steht nicht in der vereinbarten Form zur Verfügung.
- Kapazitätsrisiko: Kann die Agentur das Volumen und den Umfang des geplanten Projekts stemmen? Eine kleine Agentur könnte an ihre Grenzen kommen, wenn kurzfristig viele Materialien benötigt werden. Eine große Agentur kann ggf. nicht auf detaillierte Anfragen eines kleinen Unternehmens eingehen.
- Finanzielles Risiko: Ist die Agentur finanziell stabil? Insolvenz oder erhebliche finanzielle Schwierigkeiten des Partners wären kritisch (Projektabbruch, Qualitätsverlust aus Sparzwang etc.). Ebenso: Hat die Agentur ein diversifiziertes Kundenportfolio, oder hängt sie möglicherweise von 1 bis 2 Großkunden ab? Wenn ja, was passiert, wenn diese wegfallen?
- Kontinuitätsrisiko: Wie hoch ist die Fluktuation im Team der Agentur? Wenn das Kernteam, das den Pitch bestritten hat, in einem Jahr nicht mehr dort ist, verliert man Know-how.
- Strategisches Risiko: Passt die Agentur kulturell und strategisch wirklich zum Unternehmen? Wenn grundlegende Werte oder Arbeitsweisen auseinandergehen, kann die Zusammenarbeit scheitern (Kühnapfel, 2021).
- Dumping Risiko: Wenn eine Agentur das kommerzielle Angebot extrem niedrig ansetzt, um den Zuschlag zu erhalten, können spätere Schwierigkeiten entstehen, die sich in Personalmangel oder unzureichend qualifiziertem Personal manifestieren.

Für jede infrage kommende Agentur sollte das Team überlegen: „Was könnte im schlimmsten Fall schiefgehen, wenn wir mit dieser Agentur arbeiten?" – eine Art Pre-Mortem-Analyse. Man stellt sich vor, es ist ein Jahr vergangen und die Zusammenarbeit war ein Fehlschlag – welche

Gründe könnten dafür verantwortlich sein? Diese Übung bringt oft implizite Bedenken ans Licht (Hallikas et al., 2004).

Nicht jedes Risiko hat die gleiche Eintrittswahrscheinlichkeit oder Auswirkung. Daher bewertet man Risiken typischerweise nach Eintrittswahrscheinlichkeit und Schadenspotenzial. Man kann z. B. eine einfache Skala nutzen (hoch/mittel/niedrig) oder Scores 1–5 vergeben. Eine Agentur mag ein hohes Kapazitätsrisiko haben (kleines Team, vielversprechende, aber neue Firma), aber vielleicht ist das Schadenspotenzial begrenzt, weil das Projekt im Notfall auch extern vergeben werden könnte. Eine andere Agentur hat ein niedriges Leistungsrisiko (bewährtes Team), aber ein hohes finanzielles Risiko (sichtbarer Umsatzrückgang, könnte in Problemen stecken). Solche Bewertungen kann man tabellarisch pro Agentur festhalten.

Einbeziehung in die Entscheidungsfindung: Wie fließen diese Risiken nun in die finale Auswahl ein? Es gibt mehrere Möglichkeiten:

- Explizites Kriterium: Man kann „Risikoprofil der Agentur" als eigenes Bewertungskriterium in die Matrix aufnehmen, ggf. mit einem gewissen Gewicht. Damit würde eine Agentur mit höherem Risiko einen Punktabzug erhalten. Allerdings ist Risiko oft schwer, in eine einzige Punktzahl zu gießen.
- Qualitative Diskussion: Alternativ kann man die Risikoanalyse parallel zur quantitativen Bewertung führen und in der Entscheidungsrunde am Ende die Erkenntnisse einfließen lassen. Beispielsweise könnten die Entscheider feststellen: Agentur A hat zwar die höchste Punktzahl, aber es besteht Unsicherheit, weil ihr Hauptkreativer das Unternehmen bald verlässt. Agentur B hat etwas weniger Punkte, aber ein stabileres Team. In so einer Situation könnte man bewusst den knappen Punkterückstand von B geringer gewichten.
- Anforderungen und Verträge: Einige Risiken lassen sich mit Auflagen entschärfen. Das kann in die Entscheidungsfindung einbezogen werden: „Agentur A ist nur akzeptabel, wenn sie zusichert, dass Person X das Projekt für mindestens ein Jahr betreut." Man könnte den Favoriten also unter Bedingungen auswählen und diese im Vertrag festschreiben.

- Risikominderung und -vorsorge: Hat man sich für eine Agentur entschieden, sollten die identifizierten Risiken nicht einfach abgehakt werden. Jetzt geht es darum, Vorsorge zu treffen. Beispiele:

  - Wenn finanzielles Risiko erkannt wurde: Regelmäßige Bonitätsprüfungen während der Laufzeit, Abstufung der Vertragslaufzeit (z. B. zunächst nur 1 Jahr statt 3, mit Verlängerungsoption bei guter Leistung).
  - Wenn Kapazitätsrisiko: Ggf. mit der Agentur planen, wie im Peak Unterstützung organisiert werden kann (Partnernetzwerk?).
  - Know-how-Risiko: Verlangen, dass die Agentur Dokumentation erstellt und das Wissen nicht nur in den Köpfen einzelner hält.
  - Strategische/kulturelle Risiken: Hier hilft oft ein Workshop nach Zuschlag, um eventuelle Diskrepanzen früh auszuräumen.

Ferner sollte man immer einen Plan B im Hinterkopf haben. Auch wenn man natürlich hofft, die gewählte Agentur erweist sich als Volltreffer, schadet es nicht, den zweitplatzierten Anbieter freundlich zu verabschieden und die Beziehung nicht abzubrechen. Man teilt den nicht gewählten Agenturen professionell die Absage mit und bedankt sich für deren Aufwand. Im Idealfall gibt man kurz Feedback, warum es nicht gereicht hat. Ein Sprichwort aus der Agenturbranche lautet: „Man trifft sich immer zweimal im Leben." Dieses bezieht sich darauf, dass fair behandelte Agenturen eher bereit sind, in Zukunft erneut teilzunehmen oder im Notfall schnell auszuhelfen.

Zum Risikomanagement gehört ebenfalls, den Erfolg der Entscheidung zu überwachen. Setzen Sie im Vertrag Meilensteine und Evaluationspunkte (Kühnapfel, 2021). So können Sie frühzeitig erkennen, ob sich ein Risiko manifestiert und gegensteuern. Dieses kontinuierliche Monitoring ist Teil des sogenannten Supplier Relationship Managements und stellt sicher, dass Risiken nicht erst bemerkt werden, wenn es zu spät ist. Eine regelmäßige Bewertung der Agenturleistung – etwa quartalsweise – hilft, Konflikte frühzeitig anzusprechen. Sollte sich zeigen, dass die gewählte Agentur doch nicht passt, haben Sie zumindest die Fakten parat, um intern eine Korrektur zu argumentieren.

Kein Auswahlverfahren – so wissenschaftlich und sorgfältig es auch ist – kann absolute Gewissheit bieten. Aber durch proaktive Risikoanalyse und -management stellt man sicher, dass man wissentlich kein unkalkulierbares Risiko eingeht und für identifizierte Risiken Vorkehrungen trifft. Letztlich erhöht dies die Robustheit der Entscheidung: Man wählt nicht blind den „Sieger", sondern den „Sieger mit Bedacht". Im Idealfall fließt Risikomanagement in jede Bewertungsentscheidung mit ein, indem die Entscheidungsträger sich fragen: „Würden wir diese Entscheidung genauso treffen, wenn wir annehmen, dass etwas schiefgehen könnte? Und was dann?"

6.4   Nachverhandlungen

Die Bewertungs- und Entscheidungstabellen geben nicht nur Auskunft über den potenziellen Gewinner der Ausschreibung. Sie geben auch konkrete Hinweise auf Stärken und Schwächen der Agentur. Auch die Risikoanalyse gibt Hinweise, die eine produktive Zusammenarbeit gefährden können. Vor diesem Hintergrund ist es üblich, vor dem Zuschlag mit dem potenziellen Gewinner oder bei größeren Projekten mit den TOP2-Agenturen in Verhandlungen zu treten.

6.4.1   Rechtlicher Rahmen

6.4.1.1   Privatrechtlicher Kontext

Im privaten Sektor bestehen grundsätzlich größere Spielräume für Nachverhandlungen. Trotzdem sind hier oft in Ausschreibungssituationen bereits Eckdaten festgelegt, die nachträglich nicht komplett umgeworfen werden können oder sollten (Smith et al., 2005).

6.4.1.2 Öffentliche Vergaben

Geregelt durch GWB, VgV, UVgO bzw. SektVO und je nach Verfahrensart (z. B. Verhandlungsverfahren) ist eine begrenzte Nachverhandlung zulässig (Arrowsmith, 2010). Im offenen Verfahren dagegen entfällt eine gesonderte Verhandlungsphase – nach Angebotsabgabe und Prüfung folgt in der Regel der Zuschlag, ohne dass wesentliche Vertragspunkte verändert werden dürfen.

Bei öffentlichen Ausschreibungen gilt der Gleichbehandlungsgrundsatz: Wesentliche Änderungen an den Vergabeunterlagen oder am Angebotsinhalt nach Zuschlag sind zu vermeiden, um den fairen Wettbewerb nicht zu gefährden (Arrowsmith, 2010). Bei öffentlichen Vergaben können unzulässige Nachverhandlungen dazu führen, dass das gesamte Verfahren angefochten wird.

6.4.2 Umfang und Anzahl der Verhandlungsrunden

Planen Sie von Anfang an, wie viele Verhandlungsrunden Sie maximal erlauben können und möchten. Ein transparenter Ablauf (z. B. „Zwei Verhandlungsrunden und dann Finale") hilft, unnötige Verzögerungen zu vermeiden.

- Eine Runde: Bei eher einfachen Projekten oder wenn bereits im Ausschreibungsverfahren viele Details geklärt wurden, reicht eine finale Verhandlungsrunde.
- Zwei bis drei Runden: Typisch für komplexere Projekte, etwa bei größeren Marketing- oder IT-Projekten. Jede Runde nimmt Feinjustierungen an Budget, Projektplan oder Haftungsregelungen vor (Kühnapfel, 2021).
- Mehr als drei Runden: sind eher selten und meist nur bei sehr umfangreichen Vorhaben mit vielen Stakeholdern.

6.4.3 Erfolgsfaktoren für effektive Nachverhandlungen

Eine fundierte und möglichst konkrete Ausgangslage bildet die Basis für erfolgreiche Nachverhandlungen. Bereits in der Ausschreibung sollten daher Leistungsbeschreibung, Preisvorstellungen und Zeitrahmen so präzise wie möglich festgelegt werden, um spätere Auseinandersetzungen zu vermeiden (Smith et al., 2005). Auf dieser Grundlage empfiehlt es sich, jede Verhandlungsrunde anhand einer vorab definierten, klaren Agenda zu strukturieren. Diese sollte die wichtigen Punkte – insbesondere Budget, Leistungsumfang, Haftung und Termine – in einer sinnvollen Reihenfolge festhalten. Gleichzeitig ist es wichtig, alle relevanten Unterlagen, etwa Angebotsdokumente und Kalkulationen, griffbereit zu haben, um jederzeit auf konkrete Fakten Bezug nehmen zu können.

Ebenso entscheidend ist die Festlegung, welche Aspekte verhandelt werden können – etwa Lizenzen oder Abrechnungsmodalitäten – und welche nicht zur Diskussion stehen, wie wesentliche Leistungsziele oder Deadlines. Um den Überblick über den gesamten Prozess zu wahren, sollte jeder Verhandlungsschritt sorgfältig dokumentiert werden: Wer nimmt an den Verhandlungen teil, welche Beschlüsse werden gefasst und welche Punkte bleiben offen? Eine lückenlose Protokollierung hilft dabei, Missverständnisse zu vermeiden und bei Bedarf jederzeit nachvollziehen zu können, was zuvor vereinbart wurde (Trent & Monczka, 1994).

Überdies erfordert ein effizientes Zeit- und Ressourcenmanagement realistische Deadlines sowie ein gezieltes Vorgehen, damit alle Beteiligten möglichst rasch zu einer Einigung gelangen. Da jeder Verhandlungsschritt Zeit und Personal bindet, ist es wichtig, von Anfang an Eskalationsregeln zu definieren. So kann geklärt werden, wer die Entscheidungsbefugnis hat, falls sich innerhalb einer Runde keine Lösung finden lässt.

Eine strukturierte Vorgehensweise ist der Schlüssel zu erfolgreichen Nachverhandlungen. Eine gute Vorbereitung sowie eine klar definierte Agenda gewährleisten, dass sich alle Parteien auf die wesentlichen Punkte fokussieren und zügig zu greifbaren Ergebnissen gelangen. In der Regel sollten Sie ein bis zwei Verhandlungsrunden einplanen, um

offene Fragen zu klären und den Vertragsabschluss sauber vorzuberei-
ten (Kühnapfel, 2021). Bei kommerziell anspruchsvollen Projekten sind
auch mehrere Runden zu beobachten. Der zeitliche Rahmen ist dabei
der limitierende Faktor.

6.5 Fazit

Eine Gewichtung von Bewertungskriterien, die methodische Anwendung von Verfahren wie einer Nutzwertanalyse und die frühzeitige Einbindung aller relevanten Stakeholder bilden das Fundament einer ver-
lässlichen Entscheidungsfindung. Ergänzend sichert ein strukturiertes
Risikomanagement ab, dass mögliche Unsicherheiten frühzeitig identifiziert und durch gezielte Maßnahmen minimiert werden können. Nachverhandlungen, die innerhalb eines klaren rechtlichen und organisatori-
schen Rahmens stattfinden, ermöglichen zudem letzte Optimierungen,
ohne die Grundsätze von Fairness und Transparenz zu verletzen. So entsteht ein Auswahlprozess, der den Entscheidern nicht nur inhaltlich Sicherheit verschafft, sondern zugleich von allen Beteiligten mitgetragen
werden kann.

6.6 Checklisten

6.6.1 Checkliste: Risikomanagement in der Auswahlphase

* Risikoidentifikation pro Anbieter: Für jede in Frage kommende
  Agentur überlegen: Welche Risiken bestehen bei Zusammenarbeit
  mit genau diesem Anbieter? (Leistungs-, Kapazitäts-, Finanz-, Konti-
  nuitäts-, kulturelle Risiken etc.)
* Risikobewertung: Einschätzen von Wahrscheinlichkeit und Auswir-
  kung (z. B. Hoch/Mittel/Niedrig). Markieren Sie „rote Flaggen".
* Vergleich der Risikoprofile: Legen Sie die Risikobetrachtungen der
  Alternativen nebeneinander. Welche Agentur hat kritischere Risiken?

- Mitigation prüfen: Wie kann man jedes Hauptrisiko mindern? (Personaleinsatz, Vertragsklauseln, SLA etc.)
- Risiko gegen Score abwägen: Lohnt sich ein gewisses Risiko, wenn der Scorevorsprung groß ist? Oder ist der zweitplatzierte Anbieter verlässlicher?
- Entscheidung dokumentieren: Festhalten, warum Risiken vertretbar sind oder warum man aus Risikogründen eine Option verwirft.
- Vertragsabsicherung: Mit Einkauf/Rechtsabteilung prüfen, ob wesentliche Risiken mit entsprechenden Klauseln geregelt werden können.
- Backup-Plan: Den zweitplatzierten Anbieter nicht verprellen, falls ein Wechsel später notwendig wird.
- Monitoring etablieren: Nach Zuschlag regelmäßig prüfen, ob Risiken sich verändern.

6.6.2 Checkliste: Nachverhandlungen

- Ausgangspunkt festlegen: Alle Angebotsdetails prüfen, Ziele und Grenzen der Nachverhandlung definieren.
- Rechtliche Rahmenbedingungen berücksichtigen: Bei öffentlichen Vergaben prüfen, ob und in welchem Umfang Nachverhandlungen erlaubt sind.
- Struktur und Ablauf bestimmen: Anzahl der Runden, zentrale Verhandlungspunkte (Budget, Leistungsumfang, Termine) und Eskalationsregeln festlegen.
- Zuständigkeiten klären: Alle relevanten Stakeholder einbinden und deren Rollen (z. B. Einkauf, Fachabteilung, Entscheidungsträger) definieren.
- Vorbereitungen sicherstellen: Vergleichsangebote, Marktdaten und Dokumentation (Bewertungen, Referenzen) bereithalten.
- Verhandlungsstrategie entwickeln: Prioritäten (z. B. Preis, Qualität) festlegen und mögliche Kompromisslinien abstimmen.
- Durchführung dokumentieren: Ergebnisse jeder Verhandlungsrunde festhalten, offene Punkte ansprechen und lösungsorientiert behandeln.

- Abschluss und Freigabe regeln: Eine finale Angebotsversion einholen und Änderungen schriftlich im Vertrag festhalten.
- Entscheidung dokumentieren: Festhalten, warum ein Verhandlungsergebnis akzeptiert wird oder warum man eine Option verwirft.

Literatur- und Quellenverzeichnis

Arrowsmith, S. (2010). Public procurement: Basic concepts and the coverage of procurement rules. In S. Arrowsmith (Hrsg.), *Public procurement regulation: An introduction* (EU Asia Inter University Network, Juli 2010).

Dotoli, M., Epicoco, N., & Falagario, M. (2020). Multi-criteria decision making techniques for the management of public procurement tenders: A case study. *Applied Soft Computing, 88*, Article 106064.

Hallikas, J., Karvonen, I., Pulkkinen, U., Virolainen, V.-M., & Tuominen, M. (2004). Risk management processes in supplier networks. *International Journal of Production Economics, 90*(1), 47–58.

Kühnapfel, J. B. (2021). *Scoring und Nutzwertanalysen: Ein Leitfaden für die Praxis*. Springer Gabler.

Saaty, T. L. (1980). *The analytic hierarchy process: Planning, priority setting, resource allocation*. McGraw-Hill.

Saaty, T. L. (2004). Fundamentals of the analytic network process—Dependence and feedback in decision-making. *Journal of Systems Science and Systems Engineering, 13*(1), 1–35.

Smith, M. L., Erwin, J., & Diaferio, S. (2005). Role and Responsibility Charting (RACI). *PM Forum, Dubai (Technischer Bericht)*.

Trent, R. J., & Monczka, R. M. (1994). Effective cross-functional sourcing teams: Critical success factors. *International Journal of Purchasing and Materials Management, 30*(3), 2–11.

Triantaphyllou, E., & Sánchez, A. (1997). A sensitivity analysis approach for some deterministic multi-criteria decision-making methods. *Decision Sciences, 28*(1), 151–194.

Weiterführende Literatur

Chakraborty, S., Majumder, G., Saha, S., & Banerjee, R. (2008). Selecting an advertising agency: A multi-criteria decision making approach. *Vision, 12*(4), 13–22.

Edyoucated. (2022). *Bewertungsmatrix: Vorlage, Gewichtung & Entscheidungs-optimierung.* https://edyoucated.org/glossar/bewertungsmatrix. Zugegriffen: 22. Apr. 2025.

Petty, R. E., & Cacioppo, J. T. (1986). *Communication and persuasion: Central and peripheral routes to attitude change.* Springer-Verlag.

7

Vertragsgestaltung

„Ein mündlicher Vertrag ist nicht das Papier wert, auf dem er geschrieben steht."
(zugeschrieben Samuel Goldwyn)

Zusammenfassung Ein durchdachter und schriftlich fixierter Vertrag bildet die unverzichtbare Grundlage für eine reibungslose Zusammenarbeit zwischen Auftraggeber und Marketing-Agentur. Fehlende oder unklare Regelungen zum Leistungsumfang, zur Vergütung und zu Haftungsfragen bergen ein erhebliches Konfliktpotenzial. Professionelle Vertragsgestaltung und systematisches Onboarding helfen, diese Risiken zu minimieren und den Projekterfolg zu sichern. Auf diese Weise schaffen beide Seiten eine transparente und verlässliche Basis für langfristige Partnerschaften.

Die in diesem Kapitel besprochenen vertragsrelevanten Themen dienen der allgemeinen Orientierung und ersetzen keine individuelle Rechtsberatung. Da sich rechtliche Rahmenbedingungen ändern können, empfiehlt es sich, bei konkreten Fragen eine juristische Fachperson oder eine geeignete Beratung hinzuzuziehen.

© Der/die Autor(en), exklusiv lizenziert an Springer Fachmedien Wiesbaden GmbH, **141**
ein Teil von Springer Nature 2025
J. Erichsen, *Agenturauswahl im Marketing*,
https://doi.org/10.1007/978-3-658-48841-3_7

7.1   Vertragskonstruktion

Verträge zwischen werbetreibenden Unternehmen und Marketing-Agenturen schaffen eine verbindliche Grundlage, die Rollen, Verantwortlichkeiten und Leistungsziele eindeutig regelt. Gerade in einem zunehmend komplexen Marktumfeld ist es entscheidend, schon im Vorfeld klare Parameter wie Leistungsumfang, Kostenstruktur, Zeitpläne und Reporting-Verpflichtungen festzulegen. Durch präzise formulierte Klauseln lassen sich potenzielle Unstimmigkeiten hinsichtlich Zielerreichung oder Projektumfang minimieren.

Ferner dient ein gut ausgearbeiteter Vertrag als wichtiges Instrument zur Risikominimierung und Absicherung. Marketingkampagnen bedeuten oftmals hohe Investitionen. Indem Aspekte wie Gewährleistungen, Haftungsregelungen oder Geheimhaltungspflichten vertraglich fixiert werden, lässt sich der Schutz der Marke und sensibler Daten sicherstellen.

Sollte es trotzdem zu Differenzen kommen, bietet der Vertrag einen klaren Leitfaden, um etwaige Probleme strukturiert anzugehen oder im Extremfall rechtliche Schritte einzuleiten. Auf diese Weise gewährleistet eine solide vertragliche Basis nicht nur Professionalität in der Zusammenarbeit, sondern trägt auch maßgeblich dazu bei, die definierten Marketingziele erfolgreich zu erreichen.

7.1.1 Musterverträge

In Deutschland gibt es mehrere Branchenverbände, die Mustervorlagen oder Leitfäden für Verträge zwischen werbetreibenden Unternehmen und Marketing-Agenturen bereitstellen oder zumindest Hilfestellungen dazu anbieten. Einige der wichtigsten sind:

• Gesamtverband Kommunikationsagenturen (GWA): Der GWA vertritt die Interessen von Kommunikations- und Werbeagenturen und veröffentlicht regelmäßig Musterverträge und Richtlinien für die Zusammenarbeit mit Kunden. (GWA, 2019)

- Organisation Werbungtreibende im Markenverband (OWM): Die OWM ist der Verband werbungtreibender Unternehmen und kann ebenfalls hilfreiche Informationen, Beratung und Musterverträge bereitstellen, die speziell aus der Sicht von Werbetreibenden konzipiert sind. Der Schwerpunkt dieser Muster ist die Ausgestaltung von Vereinbarungen mit Media-Agenturen – inklusive Regeln zu Geldflüssen und Transparenzpflichten. (OWM, 2008)
- Darüber hinaus sind auch die Industrie- und Handelskammern (IHK, 2022) und verschiedene Fachverlage oftmals eine gute Anlaufstelle für Mustervorlagen oder Vertragsratgeber. Die IHKs bieten häufig Checklisten und Musterverträge zu unterschiedlichen Geschäftskonstellationen an, die zwar nicht immer branchenspezifisch sind, jedoch eine solide Grundlage für Individualisierungen liefern können.

Solche Musterverträge können gerade für unerfahrene Marktpartner hilfreich sein. Sie sollten jedoch nicht unreflektiert verwendet werden. Jede Zusammenarbeit ist individuell – daher sollten Musterverträge als Checkliste genutzt und auf die individuelle Situation angepasst werden, um den speziellen Projektanforderungen gerecht zu werden (BME-Fachgruppe Marketingeinkauf, 2018).

7.1.2 Vertragsbestandteile

Gerade im Marketingbereich gibt es eine Vielzahl unterschiedlicher Vertragsbestandteile, die allesamt eine zentrale Rolle für den Erfolg von Kampagnen und Projekten spielen. So müssen insbesondere Leistungsumfang, Vergütungsmodelle, Terminpläne und Nutzungsrechte klar definiert sein, um späteren Missverständnissen oder rechtlichen Auseinandersetzungen vorzubeugen. In der Praxis zeigt sich: Je präziser alle relevanten Punkte in einem Vertrag festgehalten werden, desto reibungsloser gestaltet sich die Zusammenarbeit – und desto höher sind die Chancen, die anvisierten Marketingziele erfolgreich zu erreichen. Zu den wichtigsten gehören:

- NDA (Geheimhaltungsvereinbarung bzw. Non-Disclosure Agreement): Eine Vertraulichkeitsklausel oder ein separater NDA-Vertrag stellen sicher, dass sensible Informationen – z. B. Marketingpläne, Produktneuentwicklungen oder Budgets – vertraulich behandelt werden. Beide Seiten verpflichten sich gegenseitig, Geschäftsgeheimnisse zu schützen und nicht unbefugt an Dritte weiterzugeben (Absatzwirtschaft, 2013). Ein NDA wird in der Regel bereits mit der Einladung zum Pitch-Prozess unterzeichnet, damit offene Gespräche möglich sind (BME-Fachgruppe Marketingeinkauf, 2018).
- Transparenzklauseln: Insbesondere bei Media-Agenturen sind Transparenz und Vertrauen essenziell (Koch, 2017). Vertragliche Transparenzklauseln verpflichten die Agentur, alle Geldflüsse offenzulegen – etwa erhaltene Rabatte, Kick-backs oder Bonusleistungen von Medienanbietern. Solche Klauseln erhöhen die Hürden für Missbrauch und stellen sicher, dass ersparte Mediakosten dem werbungtreibenden Unternehmen zugutekommen.
- Wettbewerbsklauseln (Exklusivität): Oft möchten Auftraggeber sicherstellen, dass die Agentur nicht parallel für direkte Wettbewerber arbeitet. Eine Wettbewerbs- bzw. Exklusivitätsklausel im Vertrag untersagt der Agentur, während der Vertragslaufzeit für definierte Konkurrenzunternehmen des Kunden tätig zu werden. Das schützt vertrauliche Strategien und vermeidet Interessenkonflikte (Weiß & Partner, 2020). Umgekehrt verpflichten sich manche Kunden, keine weitere Agentur für den gleichen Aufgabenbereich zu beauftragen. Was stets gewährleistet sein muss, ist die Vertraulichkeit aller projektrelevanten Informationen – um sensible Daten, Markenstrategien oder Wettbewerbsvorteile effektiv zu schützen. Wettbewerbsklauseln müssen präzise formuliert werden (Definition des relevanten Marktes, der konkurrierenden Produkte und die Dauer eines etwaigen nachvertraglichen Wettbewerbsverbots), damit sie rechtlich wirksam sind (BME-Fachgruppe Marketingeinkauf, 2018).
- Service Level Agreements (SLAs): Ein SLA legt fest, welche Servicequalität die Agentur liefern muss. Darin werden konkrete Leistungskennzahlen und Reaktionszeiten definiert. Beispielsweise kann vereinbart werden, dass die Agentur Anfragen des Kunden innerhalb von 24 h beantwortet oder monatliche Reportings bis zum 5.

Werktag liefert. Im SLA-Dokument werden messbare Ziele (z. B. Verfügbarkeit, Reaktionszeit) definiert, bei deren Einhaltung der Service als vertragsgemäß gilt. Ebenso werden Verantwortlichkeiten festgelegt (wer überwacht die Einhaltung, wer ist Ansprechpartner) und Konsequenzen bei Abweichungen beschrieben. Ein sauber ausgearbeitetes SLA schafft klare Erwartungen und bietet einen Rahmen, um die Leistung der Agentur objektiv zu bewerten. Es empfiehlt sich, SLAs regelmäßig – etwa jährlich – gemeinsam zu überprüfen und bei Bedarf anzupassen, um realistische und aktuelle Zielwerte zu gewährleisten (BME-Fachgruppe Marketingeinkauf, 2018).

- Dokumentation von Vergütung und Konditionen: Eine detaillierte Dokumentation der kommerziellen Ergebnisse ist aus juristischer Sicht essenziell, da sie den Parteien Rechtssicherheit und Nachvollziehbarkeit verschafft (Weiß & Partner, 2020). Nur wenn klar festgehalten wird, wofür welche Leistungen abgerechnet werden und welche Zahlungsmodalitäten gelten, lassen sich spätere Unstimmigkeiten oder Rechtsstreitigkeiten vermeiden (Absatzwirtschaft, 2013). Oft ergeben sich Problemfelder, wenn mündlich getroffene Absprachen nicht schriftlich fixiert werden oder wenn der Vertrag lediglich grobe Rahmensätze enthält, die im Einzelfall unpräzise bleiben. Dies kann zu unterschiedlichen Interpretationen oder zur nachträglichen Geltendmachung zusätzlicher Honorare führen, insbesondere wenn der Leistungsumfang nicht eindeutig definiert oder die Abrechnungsgrundlage unklar ist. Ferner beeinflusst eine sorgfältige Dokumentation von Stunden- oder Projektreports sowohl die Beweisbarkeit erbrachter Leistungen als auch die Durchsetzbarkeit eventueller Ansprüche. Dementsprechend empfiehlt es sich, jeden Vergütungsaspekt schriftlich zu regeln und sämtliche Nebenabreden ebenfalls in die Vertragsdokumente aufzunehmen, um mögliche Konflikte frühzeitig zu entschärfen und einen transparenten Umgang mit der Kostenstruktur zu gewährleisten (BME-Fachgruppe Marketingeinkauf, 2018).
- Erfolgsmetriken und KPIs: Unabhängig vom Vergütungsmodell sollte im Vertrag oder zumindest begleitend definiert werden, woran der Erfolg der Agenturleistung gemessen wird. Klar vereinbarte Key Performance Indicators (KPIs) schaffen Transparenz über die

Zielerreichung. Je nach Art der Marketingmaßnahme können das z. B. sein: Lead-Anzahl, Conversion-Rate, Umsatzsteigerung, Markenbekanntheit, Website-Traffic oder Kampagnen-ROI. Auftraggeber und Agentur sollten gemeinsam realistische Zielwerte festlegen und dokumentieren (BME-Fachgruppe Marketingeinkauf, 2018). Wichtig: KPIs dienen nicht nur der Leistungskontrolle, sondern auch der Steuerung – regelmäßige Reports zu diesen Kennzahlen erlauben es beiden Seiten, bei Bedarf frühzeitig nachzusteuern. Im Vertrag kann festgelegt werden, in welchen Abständen die KPI-Reports erfolgen (monatlich, quartalsweise) und ob bestimmte KPIs mit Bonuszahlungen oder Vertragsverlängerungen verknüpft sind. So herrscht von Anfang an Einigkeit darüber, was „Erfolg" bedeutet (Weiß & Partner, 2020).

- Risikomanagement und Eskalationsprozesse: Trotz sorgfältiger Planung werden in den meisten Partnerschaften Probleme auftreten – sei es das Nicht-Erreichen von Zielen, Qualitätsmängel oder Meinungsverschiedenheiten. Ein guter Vertrag enthält daher Regelungen, wie mit Risiken und Konflikten umgegangen wird. Dazu gehört zunächst die Haftungsverteilung: Wer trägt welches Risiko? Beispielsweise sollte geklärt sein, dass die Agentur für von ihr zu vertretende Rechtsverstöße (z. B. in Werbeaussagen oder bei Urheberrechten) haftet und den Kunden im Ernstfall schadlos hält – und umgekehrt der Kunde die Agentur schützt, falls bereitgestellte Materialien (z. B. Produktbilder oder Daten) Rechte Dritter verletzen (Weiß & Partner, 2020). Solche Entschädigungs- bzw. Freistellungsklauseln (auch Indemnification genannt) sind wichtig, um Risiken zu verteilen. Weiterhin sollte ein Eskalationsprozess definiert werden: Zum Beispiel könnte vereinbart werden, dass bei Unstimmigkeiten zunächst die operativen Projektleiter versuchen, eine Lösung zu finden. Gelingt dies nicht innerhalb einer bestimmten Frist, werden die Themen an die nächsthöhere Management-Ebene eskaliert. An letzter Stelle können eine Mediation oder im Vertrag benannte Schieds- bzw. Gerichtsverfahren stehen.
- Kündigungsregeln: Bei den vertraglichen Kündigungsregeln wird festgelegt, unter welchen Voraussetzungen die Vertragsparteien ordentlich oder außerordentlich kündigen können und welche Kündi-

gungsfristen gelten. Dabei ist es wichtig, sowohl den beiderseitigen Interessen gerecht zu werden als auch den möglichen Projektphasen und -laufzeiten Rechnung zu tragen. Häufig bieten sich gestaffelte Fristen oder spezifische Kündigungstermine an, um Planungssicherheit und einen reibungslosen Übergang sicherzustellen. Überdies empfiehlt es sich, klare Regelungen zu finanziellen Ansprüchen nach der Kündigung (etwa einer anteiligen Vergütung für bereits erbrachte Leistungen) sowie Umgang mit vertraulichen Informationen oder schon erstellten Arbeitsergebnissen zu treffen. Viele Streitigkeiten bei Vertragsbeendigung drehen sich um die in der Partnerschaft aufgelaufenen Daten und Rechte. Wem gehören Bildrechte, Reportingdaten, Buchungsdaten, Kampagnen-Leistungsdaten oder Buchungen für das Folgejahr? Denken Sie also schon vor Vertragsabschluss daran, wie dieser in Ihrem Sinne bestmöglich beendet werden kann.

7.1.3 Typische Stolpersteine und wie man sie vermeidet

Bei Verträgen liegt der Teufel bekanntlich im Detail. In einem hoch kompetitiven Markt, der aktuell durch sinkende Margen auf Agenturseite geprägt ist, werden einige Agenturen versuchen, sich durch unklare Vertragsbestandteile Vorteile zu verschaffen. Um hier vorzubeugen, sind im Folgenden häufige Problemfelder erläutert – und Ansatzpunkte, um diese zu umgehen:

- Unklare Leistungsbeschreibung: Einer der häufigsten Fehler ist es, den Scope of Work nicht konkret genug festzulegen. Unschärfen führen später zu unterschiedlichen Auffassungen und Streit. Erstellen Sie am besten gemeinsam mit der Agentur eine klare Leistungsbeschreibung als Vertragsanhang. Was genau wird geliefert? Wie viele Konzepte, wie viele Korrekturschleifen sind inklusive, welche Kanäle werden betreut? Je detaillierter, desto weniger Konfliktpotenzial (BME-Fachgruppe Marketingeinkauf, 2018).
- Fehlende Erfolgsdefinition: Ohne festgelegte KPI oder Ziele hängt der Erfolg der Zusammenarbeit in der Luft. Der Kunde kann unzufrieden sein, obwohl die Agentur viel geleistet hat – oder umgekehrt.

Definieren Sie spätestens zum Vertragsstart messbare Ziele. Beide Seiten sollten ein gemeinsames Verständnis haben, woran der Erfolg gemessen wird. So kann später objektiv beurteilt werden, ob die Erwartungen erfüllt wurden (Weiß & Partner, 2020).

- Einsatz von Standardverträgen ohne Anpassung: Viele Unternehmen greifen auf bestehende Muster (z. B. GWA-Verträge) oder alte Agenturverträge zurück und ändern kaum etwas. Das spart Zeit, birgt aber große Risiken (Absatzwirtschaft, 2013). Nutzen Sie Musterverträge nur als Grundlage oder Checkliste. Prüfen Sie jede Klausel, ob sie zum aktuellen Projekt passt. Streichen, ergänzen und konkretisieren Sie, wo nötig. Insbesondere leistungsrelevante Punkte sollten immer individuell ausgehandelt sein – so stellen Sie sicher, dass der Vertrag interessengerecht ist und nicht wichtige Punkte übersehen werden (BME-Fachgruppe Marketingeinkauf, 2018).
- Kein NDA bzw. keine Vertraulichkeitsklausel: Ohne vertragliche Geheimhaltungspflicht besteht das Risiko, dass vertrauliche Informationen nach außen dringen – sei es absichtlich oder versehentlich. Schon vor dem Pitch sollte eine NDA unterzeichnet werden. Im Hauptvertrag sollte ebenfalls eine robuste Vertraulichkeitsklausel stehen, die auch nach Vertragsende gilt. So haben Sie Rechtsmittel, falls doch etwas durchsickert (Weiß & Partner, 2020).
- Interessenkonflikte durch fehlende Wettbewerbsklausel: Wenn die Agentur parallel (oder kurz nach Ende der Zusammenarbeit) für einen Mitbewerber tätig wird, kann Know-how abfließen und das Vertrauen beeinträchtigt werden. Vereinbaren Sie im Vertrag eine für beide Seiten faire Wettbewerbsklausel. Diese sollte genau definieren, für welche Wettbewerber (Branchen, Marken) die Agentur nicht arbeiten darf und wie lange ein nachvertragliches Wettbewerbsverbot gelten soll – und ob der Kunde im Gegenzug auf andere Agenturen verzichtet. Klarheit in diesem Punkt verhindert spätere böse Überraschungen (Weiß & Partner, 2020).
- Unklare Regelung der Nutzungsrechte: Ein häufiger Stolperstein in Marketing-Verträgen sind die Urheber- und Nutzungsrechte an erstellten Inhalten (Kampagnenmotto, Grafiken, Videos etc.). Wird nicht festgelegt, wem die Rechte gehören und in welchem Umfang sie übertragen werden, kann es teuer werden – etwa wenn der Kunde

eine Kampagne länger oder in anderen Ländern nutzen will und nachlizenzieren muss. Nehmen Sie eine Klausel auf, die genau regelt, welche Nutzungsrechte der Kunde an den Arbeitsergebnissen erhält (z. B. zeitlich, räumlich, inhaltlich unbeschränkt für alle Medien). Falls hierfür ein zusätzliches Honorar vereinbart wird, sollte auch das im Vertrag stehen. So wissen beide Seiten, woran sie sind: Die Agentur kalkuliert entsprechend, und der Kunde kann die Ergebnisse wie geplant einsetzen (BME-Fachgruppe Marketingeinkauf, 2018).

- Fehlende Absprachen zur Kommunikation und Reporting: Ein unterschätzter Faktor sind Arbeitsprozesse – wenn nicht festgehalten ist, wie Agentur und Kunde zusammenarbeiten, entsteht leicht Frust (z. B. fühlt sich der Kunde schlecht informiert, die Agentur wartet auf Zuarbeiten). Legen Sie in einer Anlage oder im SLA fest, wie oft und in welcher Form kommuniziert wird (Jour Fixe, Berichtsformate), wer Freigaben erteilt und wie Änderungswünsche gehandhabt werden. Solche Prozessabsprachen im Onboarding verhindern Missverständnisse und garantieren Transparenz im Projektverlauf (BME-Fachgruppe Marketingeinkauf, 2018).

- Keine Exit-Strategie: Verträge werden in guten Zeiten geschlossen – aber man sollte regeln, was im Falle einer Trennung passiert. Oft fehlen Bestimmungen, was mit laufenden Kampagnen, Zugängen oder Daten passiert. Bauen Sie Klauseln für Vertragsbeendigung ein: Kündigungsfristen (und ggf. Entschädigungen bei vorzeitiger Kündigung), Verpflichtung zur Mitwirkung bei einer geordneten Übergabe an einen neuen Dienstleister, Herausgabe aller im Auftrag entstandenen Daten und Materialien etc. Ein geordneter Exit-Prozess (inklusive Wissenstransfer) schützt das Unternehmen vor Unterbrechungen und die Agentur vor ungerechtfertigten Forderungen. Im GWA-Mustervertrag ist z. B. festgehalten, dass bei Vertragsende die Agentur bestimmte Buchungen an den Kunden übertragen muss, sofern dieser die Kosten übernimmt – ein guter Ansatz, um Kontinuität sicherzustellen (Koch, 2017).

Durch Achtsamkeit bei diesen Punkten und proaktives Ansprechen während der Vertragsverhandlung lassen sich viele Probleme von vornherein ausschließen. Prämisse: Lieber einmal mehr nachfragen und klar regeln, als später wegen stillschweigender Annahmen in Konflikte zu geraten (Weiß & Partner, 2020).

7.2   Checkliste: Vertragsstrukturen

Zum Schluss lohnt sich ein Blick auf die Gesamtstruktur eines typischen Agenturvertrags. Je nach Umfang können Verträge sehr unterschiedlich aussehen, doch bestimmte Kernbestandteile finden sich fast immer wieder (Weiß & Partner, 2020). Eine beispielhafte Gliederung eines Marketing-Agenturvertrags (als Orientierung) könnte folgendermaßen aussehen:

- Präambel – Einleitung, Ziel der Zusammenarbeit, Beschreibung der Parteien und des Projekts.
- Leistungsbeschreibung (Scope of Work) – detaillierte Auflistung der Aufgaben der Agentur. Welche Leistungen werden erbracht? Welche Medien/Kanäle werden bearbeitet?
- Zusammenarbeit und Pflichten – allgemeine Regeln der Zusammenarbeit.
- Externe Dienstleistungen/Drittkosten – Regelung, wie mit Drittanbietern verfahren wird.
- Budgetplanung und Freigaben – Falls ein Jahresbudget oder Kampagnenbudget vereinbart ist, wird hier definiert, wie die Agentur dieses verwaltet.
- Vergütung und Zahlungsbedingungen – ausführliche Darstellung des Vergütungsmodells.
- Nutzungsrechte an Arbeitsergebnissen – wichtig vorwiegend bei kreativen Leistungen.
- Vertraulichkeit und Datenschutz – ausformulierte NDA-Klausel sowie Regelungen zur Einhaltung der DSGVO.
- Laufzeit und Kündigung – Angaben zur Vertragsdauer und zu Kündigungsfristen.
- Leistungen bei und nach Vertragsende – Regelung, was bei einer Beendigung des Vertrags passiert.

- Wettbewerbsklausel/Exklusivität – Falls vereinbart, steht hier die Klausel, die wechselseitige Exklusivität garantiert.
- Sonstige Bestimmungen – z. B. Schriftformklausel, salvatorische Klausel, Gerichtsstand/Rechtswahl.
- Anlagen (Code of Conduct, Compliance-Vereinbarung, Nachhaltigkeitsrichtlinien, Datenschutz- und IT-Sicherheitsrichtlinien, Diversity-, Equity- & Inclusion-Vereinbarung).

Diese Struktur kann je nach Einzelfall abgewandelt werden. Beispielsweise könnten bei einem internationalen Projekt zusätzliche Klauseln zu Sprache und Übersetzungen nötig sein, oder bei IT-nahen Marketingdienstleistungen ausführlichere SLA-Anhänge. Die genannten Punkte decken die essenziellen Inhalte eines Agenturvertrags ab.

Literatur- und Quellenverzeichnis

Absatzwirtschaft. (2013). *Verträge mit Agenturen rechtssicher gestalten.* https://www.absatzwirtschaft.de/vertraege-mit-agenturen-rechtssicher-gestalten-197344. Zugegriffen: 22. Apr. 2025.

BME-Fachgruppe Marketingeinkauf. (2018). *Einkauf von Marketingleistungen.* Bundesverband Materialwirtschaft, Einkauf und Logistik. https://www.bme.de/. Zugegriffen: 22. Apr. 2025.

GWA. (2019). *Muster-Agenturvertrag.* https://die-richtige-agentur.de/tools/muster-agenturvertrag. Zugegriffen: 22. Apr. 2025.

IHK. (2022). *Commercial Agency Contract (Handelsvertretervertrag).* https://www.frankfurt-main.ihk.de/recht/mustervertraege/commercial-agency-contract-5196836. Zugegriffen: 22. Apr. 2025.

Koch, T. (2017). Die Mediaagenturen haben ausgedient. *Werbewoche, 14/2017.* Galledia Fachmedien.

OWM. (2008). *Mediaagentur-Vertrag – Das neue Muster.* https://www.owm.de/presse/pressemitteilungen/pm-einzelansicht/mediaagentur-vertrag-das-neue-muster. Zugegriffen: 22. Apr. 2025.

Weiß & Partner. (2020). *Agenturvertrag: 11 Tipps für die Vertragsgestaltung.* https://weiss-partner.de/de/agenturvertrag-11-tipps-fuer-die-vertragsgestaltung. Zugegriffen: 22. Apr. 2025.

Weiterführende Literatur

Marketing-Börse. (2023). *Service Level Agreement – Die Schlüssel zur erfolgreichen Zusammenarbeit zwischen Dienstleistern und Kunden.* https://www.marketing-boerse.de/fachartikel/details/2340-service-level-agreement/192389. Zugegriffen: 22. Apr. 2025.

8

Spezielle Pitch-Situationen

„Standardregeln helfen – bis man auf Situationen trifft, für die sie nicht gemacht wurden.“ (anonym überliefert)

Zusammenfassung In diesem Kapitel werden drei besondere Pitch-Situationen im Marketing-Agentur-Ausschreibungsprozess vorgestellt: öffentliche Ausschreibungen, internationale Pitches, Bietergemeinschaften. Abschließend diskutiert das Kapitel verschiedene Wege, Pitches zu vermeiden oder alternativ zu gestalten.

8.1 Öffentliche Ausschreibungen

Öffentliche Ausschreibungen – also Pitches, die von Behörden oder öffentlich-rechtlichen Organisationen durchgeführt werden – unterliegen strengen formalen Regeln. Marketingverantwortliche und Einkäufer stehen hier vor der Aufgabe, strategische oder kreative Leistungen in einem komplexen Rahmen von Vergaberecht und Compliance zu bewerten, ohne die Qualität der Ergebnisse zu gefährden. Im Folgenden werden die besonderen Anforderungen und Regularien, Transparenz- und

© Der/die Autor(en), exklusiv lizenziert an Springer Fachmedien Wiesbaden GmbH, ein Teil von Springer Nature 2025
J. Erichsen, *Agenturauswahl im Marketing*,
https://doi.org/10.1007/978-3-658-48841-3_8

Compliance-Pflichten, typische Herausforderungen sowie Lösungsansätze erläutert.

8.1.1 Besondere Anforderungen und Regularien

Im deutschen Vergaberecht legt § 97 des Gesetzes gegen Wettbewerbsbeschränkungen (GWB) die Grundsätze des öffentlichen Vergaberechts fest, unter anderem Wettbewerbsgrundsatz, Transparenz, Gleichbehandlung und Wirtschaftlichkeit (GWB, 2022).

Über bestimmte Schwellenwerte (aktuell ca. 140.000 € für oberste Bundesbehörden als zentrale Auftraggeber) müssen Ausschreibungen europaweit öffentlich bekannt gemacht werden (Vergabeverordnung, 2022). Dies bedeutet, dass jedes interessierte Unternehmen – also auch jede Agentur – grundsätzlich die Chance zur Teilnahme erhalten muss. Kriterien für Eignung und Zuschlag sind vorab festzulegen und bekannt zu machen. Außerdem muss der gesamte Prozess lückenlos dokumentiert werden, um im Nachhinein nachvollziehbar und prüfbar zu sein.

Für Marketing- und Kreativleistungen gelten keine Sonderregeln: Sie werden vergaberechtlich als normale Dienstleistung behandelt und unterliegen den üblichen Wertgrenzen und Vorgaben (Vergabeverordnung, 2022 oder Unterschwellenvergabeordnung, 2017). Das heißt, auch ein Pitch für eine Werbekampagne muss die gleichen formalen Schritte durchlaufen wie eine IT-Beschaffung. In der Regel ist also ein förmliches Verfahren (offene Ausschreibung, nicht-offenes Verfahren mit Teilnahmewettbewerb etc.) durchzuführen, einschließlich der Veröffentlichung auf elektronischen Vergabeportalen.

Öffentliche Ausschreibungen erfordern unter anderem die Erstellung detaillierter Vergabeunterlagen (Leistungsbeschreibung, Bewerbungsbedingungen, Bewertungsmatrix), die Einhaltung vorgegebener Fristen und den Gleichbehandlungsgrundsatz. Während des Verfahrens herrscht striktes Kommunikationsverbot außerhalb offiziell vorgesehener Fragerunden, um keine Wettbewerbsverzerrung zu riskieren. Jede Entscheidung (z. B. welche Agenturen in die engere Wahl kommen oder wer den Zuschlag erhält) muss sachlich anhand der vorab definierten Kriterien erfolgen und begründet werden. Zudem sind Bieter in der

Regel über die Gründe einer Ablehnung zu informieren, um Transparenz zu gewährleisten.

Die Komplexität steigt, wenn es um Ausschreibungen außerhalb von Europa geht. Beispielhaft sind in Tab. 8.1. die Unterschiede von öffentlichen Vergabeverfahren in EU und USA im Vergleich zu privaten Verfahren dargestellt. In den USA unterliegen Regierungsaufträge dem Federal Acquisition Regulation (FAR), das ebenfalls einen Wettbewerb vorsieht und beispielsweise bestimmte Schwellenwerte für vereinfachte Verfahren festlegt. In anderen Ländern existieren lokale Vergabegesetze.

> **Wichtig**
>
> Gleichbehandlungsgrundsatz: Wesentliche Änderungen an den Vergabeunterlagen oder am Angebotsinhalt nach Zuschlag sind zu vermeiden, um den fairen Wettbewerb nicht zu gefährden. Bei öffentlichen Vergaben können unzulässige Nachverhandlungen dazu führen, dass das gesamte Verfahren angefochten wird (§ 97 GWB; § 2 VgV; Richtlinie, 2014/24/EU).

8.1.2 Transparenzpflichten und Compliance-Anforderungen

Transparenz ist ein zentrales Prinzip bei öffentlichen Pitches. Dieser Grundsatz durchzieht das gesamte Vergaberecht (§ 97 GWB; § 2 VgV; Richtlinie, 2014/24/EU). Der Auftraggeber muss einen angemessenen Grad an Öffentlichkeit herstellen, damit Chancengleichheit für alle Teilnehmer besteht. Praktisch bedeutet das: Die Ausschreibung wird zum Beispiel auf kommerziellen Plattformen wie TED (EU-Tenders Electronic Daily) oder nationalen Vergabeportalen veröffentlicht, und alle relevanten Informationen – etwa Eignungskriterien (z. B. Referenzen, finanzielle Kennzahlen) und Zuschlagskriterien (Bewertungsmaßstäbe für Konzeptqualität, Preis etc.) – werden vorab bekannt gemacht. Änderungen oder Bieterfragen und -antworten müssen allen Teilnehmern zeitgleich zugänglich gemacht werden. Dieses Transparenzgebot verpflichtet den öffentlichen Auftraggeber auch, das Verfahren vollständig zu dokumentieren. So wird sichergestellt, dass etwaige Prüfer oder

Tab. 8.1 Unterschiede regulatorischer Anforderungen bei Vergabeverfahren

Aspekt	Öffentliche Ausschreibung (Deutschland/EU)	Private Unternehmen (Deutschland/EU)	USA (Government Contracts)
Rechtsgrundlagen	EU-Vergaberichtlinien und deutsches Vergaberecht (GWB, VgV, UVgO etc.) ab bestimmten Auftragswerten. Verfahren: offen, nicht offen, Verhandlungsverfahren. EU-Schwellenwerte erfordern EU-weite Bekanntmachung und Wettbewerb	Kein gesetzlicher Zwang, aber interne Procurement-Guidelines in Großunternehmen. Verträge frei verhandelbar, müssen geltendem Recht entsprechen (BGB etc.)	Federal Acquisition Regulation (FAR) für Bundesaufträge, Prinzip Full and Open Competition. Small Business Act (Quoten), Truth in Negotiations Act (Offenlegung bei Verhandlungen)
Transparenz & Gleichbehandlung	Sehr hoch: Pflicht zur Veröffentlichung (TED), dieselben Informationen an alle Bieter. Bewertungskriterien müssen vorab bekannt sein und dürfen nicht willkürlich geändert werden	Freiwillig, aber aus Fairnessgründen oft ähnlich gehandhabt. Kein Rechtsanspruch der Verlierer auf Begründung; interne Compliance-Regeln zur Gleichbehandlung meist vorhanden	Hohe Transparenz: RFPs auf SAM.gov. Nach Zuschlag werden Award und Betrag oft veröffentlicht. Unterlegene Bieter können einen Bid Protest einlegen
Verfahrensdauer/Fristen	Gesetzlich vorgegebene Mindestfristen (Angebotsfrist 30–40 Tage, Bindefrist etc.). Längere Gesamtdauer durch formales Procedere	Frei wählbar, je nach Unternehmensbedarf. Kürzere Fristen bergen Risiko weniger oder schlechterer Angebote	FAR definiert teils Fristen, aber i. d. R. von der Behörde angesetzt. Bei DoD-RFPs meist 30 + Tage, Protestfristen möglich

(Fortsetzung)

Tab. 8.1 (Fortsetzung)

Aspekt	Öffentliche Ausschreibung (Deutschland/EU)	Private Unternehmen (Deutschland/EU)	USA (Government Contracts)
Zuschlagskriterien	Wirtschaftlich günstigstes Angebot: Kombination aus Preis und Qualität oder reine Preisbetrachtung (selten). Kriterien und Gewichtungen vorab fixiert und transparent	Frei definierbar, häufig Mischung aus Preis, Konzept, Referenzen etc. In Konzernen oft festgelegte Bewertungsskalen	Best Value oder Lowest Price Technically Acceptable (LPTA). Kriterien im RFP genannt, Gewichtung streng einzuhalten. Source-Selection Board, Debriefings bei Bedarf
Vertragsbedingungen	Oft Standardvertragsbedingungen der öffentlichen Hand (z. B. VOL/B, EVB-IT). Haftung, Zahlungsziele gesetzlich geregelt	Individuelle Ausgestaltung, Konzern-AGB oder Musterverträge häufig. Wichtige Punkte: IP-Rechte, Kündigungsklauseln, Zahlungsziele je nach Marktmacht, Eskalationsklauseln etc.	Enthält FAR-Klauseln (Termination for Convenience, Changes Clause, Audit Rights). IP-Rechte meist beim Staat (mindestens Nutzungsrechte)
Monitoring & Dokumentation	Strenge Dokumentationspflicht (Vergabevermerk, Archivierung), Nachprüfungsverfahren möglich	Internes Controlling, Revision im Konzern. Häufig vereinbarte SLA-Reports, regelmäßige Meetings zur Leistungskontrolle	Regelmäßige Reports, Audits (z. B. Defense Contract Audit Agency). GAO prüft Vergabeverfahren bei Protesten

(Fortsetzung)

Tab. 8.1 (Fortsetzung)

Aspekt	Öffentliche Ausschreibung (Deutschland/EU)	Private Unternehmen (Deutschland/EU)	USA (Government Contracts)
Besonderheiten	Vergabeverfahren kann nicht grundlos abgebrochen werden (Vertrauensverhältnis). Sehr formale Abläufe, hohe Rechtssicherheit, aber administrativ aufwendig	Unternehmen können Verfahren abbrechen, aber die Reputation bei Anbietern leidet; Compliance durch Sourcing Committees	Government kann multiple Awards oder Small Business Set-asides machen. Verstößt ein Anbieter gegen Regeln, droht Debarment. FAR enthält zahlreiche Zusatzklauseln (z. B. Buy American)

Nachverhandlungen im Rahmen öffentlicher Ausschreibungen sind geregelt durch GWB, VgV, UVgO bzw. SektVO. Je nach Verfahrensart (z. B. Verhandlungsverfahren § 17 VgV) ist eine begrenzte Nachverhandlung zulässig. Im offenen Verfahren (§§ 15 ff. VgV) dagegen entfällt eine gesonderte Verhandlungsphase – nach Angebotsabgabe und Prüfung folgt in der Regel der Zuschlag, ohne dass wesentliche Vertragspunkte verändert werden dürfen

unterlegene Bieter den Prozess nachvollziehen können – ein Schutz vor Willkürentscheidungen und Korruption.

Eng mit der Transparenz verknüpft sind Compliance-Anforderungen. Öffentliche Auftraggeber und ihre Einkaufsabteilungen unterliegen strengen Regeln, um Vetternwirtschaft und Bestechung vorzubeugen. Beispielsweise müssen beteiligte Mitarbeiter häufig Compliance-Erklärungen oder Unbefangenheitsbestätigungen abgeben. Der Gleichbehandlungsgrundsatz verlangt, dass kein Bieter bevorzugt oder benachteiligt werden darf – alle Angebote einer Ausschreibung, die die Bedingungen erfüllen, sind gleich fair zu behandeln. Dies schafft ein hohes Maß an Formalität: Schon kleine Formfehler können zum Ausschluss eines Angebots führen, damit die Akkuratesse und Neutralität des Verfahrens gewahrt bleiben.

Für Marketing-Pitches im öffentlichen Sektor bedeutet das oft einen Spagat: Einerseits der strategische oder kreative Anspruch – die

Kampagne soll effektiv sein und „gefallen" – andererseits ein rigides Regelkorsett. So darf etwa nicht allein der Preis entscheiden, wenn die gewünschte Qualität im Vordergrund steht. Allerdings ist es in förmlichen Vergaben schwierig, subjektive Kriterien wie Gefallen objektiv messbar zu machen (cosinex, 2018). Die Vergabestellen behelfen sich hier mit möglichst klaren Bewertungsrastern (z. B. Punkteskalen für Konzeptqualität, Kreativität, strategische Passgenauigkeit etc.). In der Praxis werden daher oft gewichtete Punktesysteme eingesetzt, bei denen etwa Qualität 70 % und Preis 30 % zählt. Dennoch bleibt eine Rest-Subjektivität – was im privatwirtschaftlichen Pitch durch rein subjektives Entscheiden gelöst wird, muss im öffentlichen Bereich durch Gremienentscheid und Aktenvermerke gerechtfertigt werden. Mit der strikten Einhaltung des in diesem Buch beschriebenen anforderungsbasierten Vorgehens, können Sie eine gute formale Grundlage für öffentliche Ausschreibungen legen.

Zudem gelten in öffentlichen Häusern häufig zusätzliche Compliance-Vorgaben: etwa die Pflicht, Interessenkonflikte offenzulegen (z. B. wenn ein Jurymitglied einen der Agenturbieter persönlich kennt) oder die Einhaltung von Datenschutz bei den übermittelten Konzeptunterlagen. Für Auftragnehmer (Agenturen) bedeutet Compliance auch, dass sie unter anderem Vorgaben zu Antikorruption einhalten oder eine Selbstverpflichtungserklärung zu Tariftreue oder Nachhaltigkeit abgeben müssen, je nach Ausschreibung. All dies erhöht die Aufwandsschraube im Vergleich zu einem normalen Pitch.

8.1.3 Typische Herausforderungen und Lösungsansätze

Die formalen Anforderungen führen zu typischen Herausforderungen im öffentlichen Pitch-Prozess:

- Hoher bürokratischer Aufwand: Agenturen müssen oft umfangreiche Unterlagen einreichen (Formblätter, Eigenerklärungen, Konzepte nach vorgegebenem Schema). Für kleinere Kreativagenturen ist das eine Hürde. Auftraggeber sollten den Prozess daher mehrstufig gestalten: Zunächst ein Teilnahmewettbewerb, bei dem nur

Eignungsnachweise abgefragt werden, um eine Shortlist qualifizierter Bieter zu erstellen. In Phase 2 werden dann nur die besten 3–5 Agenturen zum eigentlichen Kreativ-Pitch eingeladen. So hält man den Kreis überschaubar und zumutbar.

- Kreativität vs. Bewertbarkeit: Wie erwähnt, lässt sich Strategie- oder Kreativleistung schwer in starre Kriterien pressen. Oft besteht die Gefahr, dass das formal beste Angebot (höchste Punktzahl) nicht das tatsächlich kreativste ist, weil Kriterien unzureichend sind. Die in diesem Buch vorgestellten anforderungsbasierten Verfahren helfen dabei, die beste Agentur zu identifizieren.

- Lange Entscheidungswege: Öffentliche Vergaben dauern oft länger als private Pitches. Vom Ausschreibungstext über Fristen (häufig 4–6 Wochen Angebotsfrist) bis zur Auswertung und Zuschlagsfrist (Bindefrist) können Monate vergehen. Für dringende Marketingmaßnahmen ist das schwer vereinbar. Eine gründliche Vorausplanung ist daher essenziell. Marketing und Einkauf sollten gemeinsam frühzeitig die Ausschreibung vorbereiten, idealerweise schon bei der Jahresplanung antizipieren, welche Kampagnen anstehen. So kann man rechtzeitig das Vergabeverfahren starten. Außerdem sollte intern früh geklärt werden, wer in der Entscheidungsfindung involviert ist (Fachabteilung, Einkauf, gegebenenfalls Gremien) und deren Termine sollten entsprechend koordiniert werden.

- Eingeschränkter Dialog: In öffentlichen Verfahren sind Verhandlungen oder kreative Workshops mit Bietern nur in bestimmten Verfahrensarten (z. B. wettbewerblicher Dialog, Verhandlungsverfahren) zulässig und auch dann streng geregelt. Oft bleibt es bei schriftlichen Konzepten und einer einmaligen Präsentation. Das kann dazu führen, dass gute Ansätze wegen Missverständnissen unter Wert bleiben. Wo möglich, sollte der Auftraggeber Spielraum für Dialog nutzen – unter anderem Bieterfragen fördern (und ausführlich für alle beantworten) oder ein Verhandlungsverfahren wählen, bei dem nach ersten Konzeptabgaben mit den besten Bietern noch einmal Gespräche geführt und Optimierungen zugelassen sind. Ein Bietergespräch im Rahmen der Zulässigkeiten kann Klarheit schaffen und beiden Seiten helfen. Zudem lohnt es sich, für die Präsentation gleiche Bedingungen zu schaffen (gleiche Zeit, gleiche Ausstattung) und eine angenehme Atmosphäre, damit die Agenturen ihr Potenzial zeigen können.

* Aufwendige Gremienentscheidung und Dokumentation: Anders als im privaten Sektor, wo ein Firmenchef auch mal allein entscheiden kann, benötigt man im öffentlichen Bereich oft Entscheidungsgremien und umfangreiche Dokumentation für die Akten. Ein wertendes Auswahlgremium sollte idealerweise aus Marketing-Fachleuten und Einkäufern bestehen, um sowohl Fach-Expertise als auch Compliance zu vereinen. Diese Jury sollte sich vorab auf die Bewertungslogik einigen und im Anschluss die Entscheidung einstimmig oder mit klarer Mehrheit fällen, die dann protokolliert wird. Einheitliche Bewertungsbögen für alle Juroren sorgen dafür, dass die Beurteilung nachvollziehbar bleibt. Durch eine gute Vorbereitung und Moderation der Jurysitzung lässt sich der Prozess straffen, sodass am Ende ein belastbarer, dokumentierter Vergabevorschlag steht.

8.1.4 Checkliste: öffentliche Ausschreibung

* Bedarf klären und Verfahrensart wählen (GWB §§ 97 ff.; VgV/ UVgO je nach Auftragswert und Art der Leistung): Schwellenwerte prüfen und entscheiden, ob EU-weite oder nationale Ausschreibung.
* Vergabeunterlagen erstellen (z. B. gemäß § 29 VgV und §§ 7 ff. UVgO): Leistungsbeschreibung, Eignungskriterien, Zuschlagskriterien, Bewertungsmatrix, Vertragsentwurf.
* Veröffentlichung/Bekanntmachung (nach §§ 37 ff. VgV; TED bei EU-Verfahren): Ausschreibung rechtzeitig und formgerecht auf geeigneten Plattformen veröffentlichen (TED, DTVP etc.).
* Bieterfragen einholen und beantworten: (Transparenz- und Gleichbehandlungsgebot, § 97 GWB): Fragen sammeln, anonymisiert allen Bewerbern zugänglich machen.
* Angebote entgegennehmen und Öffnung dokumentieren (z. B. § 55 VgV): Elektronische Angebote fristgerecht sichern, Öffnung protokollieren (bei nationalen Verfahren ggf. UVgO-Regelungen beachten).

- Eignungsprüfung und Angebotsbewertung (gemäß vorher festgelegten Kriterien, § 56 VgV): Zunächst Eignung (Referenzen/Umsatz etc.) prüfen, dann Zuschlagskriterien (Qualität/Preis) anwenden.
- Zuschlagsentscheidung treffen und begründen (Vgl. § 127 GWB, Dokumentationspflicht § 8 VgV): Bewertung lückenlos dokumentieren, Entscheidung anhand des besten Preis-Leistungs-Verhältnisses.
- Informations- und Stillhaltephase beachten (gemäß § 134 GWB): Unterlegene Bieter über Gründe informieren, gesetzliche Wartefrist (i. d. R. 10–15 Tage) bis zum Zuschlag einhalten.
- Zuschlag erteilen und Vergabeverfahren abschließen (nach Ablauf der Stillhaltefrist, § 132 GWB für Änderungen): Vertrag abschließen, Vergabedokumentation vollständig archivieren. Anschließend Projekt-Kick-off mit dem Gewinner.

> **Wichtig**
>
> Jeder, der eine öffentliche Ausschreibung verantwortet, sollte sich zunächst intensiv mit den einschlägigen Regelungen im Gesetz gegen Wettbewerbsbeschränkungen (GWB) vertraut machen, denn dort sind ab § 97 die Leitprinzipien des Vergaberechts – Transparenz, Gleichbehandlung und Wettbewerb – verankert. Ergänzend hierzu regelt die Vergabeverordnung (VgV) die Details oberhalb der EU-Schwellenwerte, während unterhalb dieser Schwellen die Unterschwellenvergabeordnung (UVgO) maßgeblich ist. Auf EU-Ebene bilden die Richtlinien 2014/24/EU (klassischer Bereich) und 2014/25/EU (Sektorenbereich) den Rahmen. Da in den meisten Ausschreibungsprozessen auch zivilrechtliche Aspekte eine Rolle spielen, ist zudem ein Blick in das Bürgerliche Gesetzbuch (BGB) ratsam, beispielsweise wenn es um die Ausgestaltung von Verträgen oder Haftungsklauseln geht. Wer diese zentralen Rechtsquellen verstanden hat und bei Bedarf auch Kommentare und Leitfäden (etwa von Bund und Ländern) heranzieht, kann die formalen und inhaltlichen Anforderungen einer öffentlichen Ausschreibung rechtssicher und effizient erfüllen.

8.2   Internationale Pitches

In einer globalisierten Marketingwelt sind internationale Agentur-Pitches an der Tagesordnung – sei es, weil ein Unternehmen weltweit einen einheitlichen Auftritt anstrebt und dafür einen Netzwerkpartner sucht, oder weil Kampagnen lokal angepasst in verschiedenen Ländern ausgerollt werden müssen. Vermehrt erhoffen sich Kunden von internationalen Strukturen auch Kostenvorteile durch Minimierung lokaler Strategien oder Exekutionen und eine stärkere Zentralisierung.

Solche Pitches bringen besondere Herausforderungen mit sich: kulturelle Unterschiede, verschiedene rechtliche Rahmenbedingungen und logistische Hürden können den Auswahlprozess komplex machen. Gleichzeitig eröffnen internationale Ausschreibungen die Chance, bestmögliche Partner weltweit zu finden und innovative, multinationale Kampagnen umzusetzen. In diesem Abschnitt betrachten wir typische Stolpersteine und Erfolgsfaktoren internationaler Pitches.

8.2.1   Herausforderung Operating Model

Mit dem Begriff „Operating Model" wird häufig die konkrete organisatorische Aufstellung eines Unternehmens beschrieben. Insbesondere bei internationalen Strukturen ist die Frage entscheidend, wie stark Verantwortlichkeiten und Entscheidungsbefugnisse zentral oder dezentral verteilt sind. Sind die einzelnen Landesgesellschaften weitgehend eigenständig und tragen lokale Marketingbudgets, oder liegt die Entscheidungsgewalt – einschließlich Budgetkontrolle – beim Headquarter? Wenn Sie einen internationalen Pitch aufsetzen, sollten Sie diesen Umstand unbedingt berücksichtigen. Eine zentral geführte Agentursteuerung in einem ansonsten überwiegend dezentral arbeitenden Unternehmen wird in der Praxis häufig auf Widerstand und Ineffizienz stoßen. Umgekehrt wird eine hochgradig zentralisierte Organisation nicht von einem Pitch profitieren, dessen Struktur allein auf dezentrale Autonomie ausgelegt ist. Entscheidend ist also, das Operating Model früh zu analysieren und den Pitch-Prozess so anzulegen, dass er optimal zum bestehenden Organisationsgefüge passt.

8.2.2 Herausforderungen durch kulturelle Unterschiede und rechtliche Rahmenbedingungen

Eine der größten Hürden bei internationalen Ausschreibungen sind kulturelle Unterschiede zwischen Auftraggeber und Agenturen und zwischen den beteiligten Agenturteams aus verschiedenen Ländern. Marketing ist stets im kulturellen Kontext zu sehen – eine Kampagnenidee, die in Deutschland überzeugt, könnte in Asien oder Amerika missverstanden werden. Doch schon im Pitch-Prozess selbst spielen kulturelle Gepflogenheiten eine Rolle: Präsentationsstile, Kommunikationsformen und Erwartungen variieren von Land zu Land. US-Agenturen treten etwa in Pitches oft sehr selbstbewusst auf, während skandinavische Agenturen einen eher nüchtern-faktischen Stil pflegen. In Japan ist es üblich, viel Wert auf höfliche Formen und indirekte Kritik zu legen, was in einem gemeinsamen Workshop mit direkteren Europäern zu Misstönen führen kann.

Interkulturelle Sensibilität ist daher für Marketingentscheider und Beschaffer essenziell. Erfolgreiche internationale Pitches beginnen mit der Vorbereitung auf kulturelle Unterschiede: Briefing-Dokumente sollten gegebenenfalls lokalisiert oder zumindest in der Sprache verfasst sein, die alle verstehen (meist Englisch). Es kann sinnvoll sein, kulturelle Berater hinzuzuziehen oder Mitarbeiter aus den jeweiligen Regionen in das Pitch-Team zu integrieren, um Missverständnisse zu vermeiden. Auch bei der Bewertung der Agenturbeiträge muss man kulturelle Kontexte berücksichtigen – was als kreativer „Witz" in einem Land funktioniert, könnte anderswo als unpassend empfunden werden.

Neben der Kultur spielen rechtliche Rahmenbedingungen eine Rolle. In internationalen Vergaben – insbesondere wenn es sich um öffentliche Auftraggeber auf EU-Ebene oder Konzerne mit Compliance-Vorgaben handelt – muss geklärt werden, welches Recht angewendet wird (oft das des Sitzlandes des Auftraggebers) und welche vertraglichen Besonderheiten zu beachten sind. Beispielsweise unterscheiden sich Datenschutzbestimmungen (Stichwort DSGVO in Europa), Werberegulierung (etwa bei Alkohol- und Tabakwerbung), Agenturrecht oder Agenturhonorare teils erheblich. Im Pitch sollte daher die Agentur die lokalen rechtlichen

Implikationen mitdenken. Umgekehrt müssen Auftraggeber bei der Angebotsbewertung beachten, dass Kostenvoranschläge aus verschiedenen Ländern unterschiedlich strukturiert sein können (z. B. enthalten US-Angebote oft keine Umsatzsteuer, europäische schon; Stundensätze variieren je nach Landeskostenniveau).

Rechtlich bedeutsam ist zudem die Vertragsgestaltung bei globalen Pitches: Oft resultiert aus einem internationalen Pitch ein Rahmenvertrag, der dann in verschiedenen Ländern umgesetzt wird. Hier müssen Marketing und Einkauf klären, ob der Gewinner als Lead-Agentur fungiert, die wiederum lokale Partner steuert, oder ob ein Agenturnetzwerk mit Niederlassungen in vielen Ländern gewählt wird. Ein Netzwerk bietet vertraglich den Vorteil einer zentralen Ansprechstelle, aber auch hier sollten die Leistungen und Verantwortlichkeiten pro Land definiert werden. In manchen Fällen werden auch mehrere regionale Lots (Aufträge) vergeben (z. B. eine Agentur für Europa, eine für Asien etc.), was jedoch die Komplexität erhöht.

Unterschiedliche Kulturen erfordern angepasste Kommunikation und viel Empathie im Pitch-Prozess. Unterschiedliche Rechtsräume verlangen Klarheit darüber, unter welchen Bedingungen man verhandelt und wie das Ergebnis implementiert wird. Erfolgreiche internationale Ausschreibungen zeichnen sich dadurch aus, dass beide Aspekte – Kultur und Recht – proaktiv gemanagt werden, bevor Missverständnisse entstehen.

> **Exkurs: Beispiele länderspezifische Besonderheiten bei internationalen Marketing-Pitches zum Zeitpunkt der Buchveröffentlichung**
>
> - In Ungarn schreibt das Werbegesetz eine Mindestvergütung von 15 % der Mediakosten für Agenturen vor und untersagt zugleich jegliche verdeckte Rabatte.
> - In Brasilien sind Media-Einkäufe nur durch offiziell anerkannte Kreativagenturen erlaubt, wobei ein gesetzlich fixierter Standardrabatt von ca. 20 % ausschließlich an diese vergeben wird.
> - In der Schweiz verpflichtet Art. 400 OR die Agentur zur Herausgabe sämtlicher Mediaboni an den Auftraggeber, womit Media-Trading de facto stark eingeschränkt wird.

> Diese Vorschriften verdeutlichen, wie stark Regelwerke für Agenturho-
> norare und Provisionsmodelle je nach Land variieren können. Daher ist bei
> internationalen Ausschreibungen stets eine sorgfältige Prüfung und An-
> passung an die jeweiligen länderspezifischen Vorgaben unverzichtbar.

8.2.3 Logistische und kommunikative Hürden

Über Ländergrenzen hinweg zu pitchen, stellt auch ganz praktische logistische Herausforderungen dar. Unterschiedliche Zeitzonen können
die Terminfindung für gemeinsame Meetings erschweren. Wenn etwa
ein US-Team und ein europäisches Marketingteam zusammenkommen,
liegen deren Arbeitszeiten weit auseinander – Meetings müssen dann in
Randzeiten stattfinden.

In der heutigen Zeit wird vieles durch digitale Kommunikation erleichtert – Videokonferenzen sind im internationalen Pitch Standard.
Dennoch geht dabei manches verloren, was ein physisches Meeting
ausmacht: spontaner Austausch, nonverbale Kommunikation und das
Bauchgefühl beim persönlichen Kennenlernen. Eine Hürde ist oft die
Sprachbarriere: Selbst, wenn alle Englisch sprechen, ist es für Nicht-
Muttersprachler anstrengend, komplexe Ideen in einer Fremdsprache
gleichermaßen überzeugend zu verkaufen. Nuancen können untergehen. Außerdem müssen schriftliche Pitch-Unterlagen eventuell zwei-
sprachig erstellt werden, um lokale Entscheidungsträger einzubeziehen.

Kommunikationstechnisch muss auch intern beim Auftraggeber viel
koordiniert werden: Bei globalen Pitches sind häufig mehrere Stakeholder im Buying Center vertreten – zum Beispiel Ländervertretungen, die
jeweils ein Wörtchen mitzureden haben. Dies erfordert vom zentralen
Marketing/Einkaufsteam ein geschicktes Projektmanagement. Alle Beteiligten müssen mit den gleichen Informationen versorgt werden, Feedback aus verschiedenen Ländern ist einzuholen und in der Entscheidungsfindung zu berücksichtigen.

Hürden und mögliche Lösungen im Überblick:

• Zeitzonen-Management: Planung von Pitch-Präsentationen so, dass
  alle Teams live teilnehmen können. Nutzung asynchroner Formate:

zum Beispiel vorab aufgezeichnete Präsentationen, die von der Jury vor Ort gesichtet und später im Q&A diskutiert werden.

- Reisekosten und -planung: Budget für Reisekosten einplanen, aber auch überlegen, ob virtuelle Treffen akzeptabel sind. In frühen Phasen kann man Remote-Meetings nutzen und nur für Finalrunden persönliche Treffen ansetzen.
- Sprache: Dolmetscher oder zweisprachige Moderation in Betracht ziehen, falls nicht alle fließend in einer gemeinsamen Sprache sind. Wichtige Dokumente eventuell übersetzen lassen.
- Technische Infrastruktur: Sicherstellen, dass alle Beteiligten Zugang zu einer stabilen Videokonferenz haben, indem sie Zeitzonen im Kalendermanagement berücksichtigen.
- Datenaustausch: Große Dateien mit einheitlicher Versionierung über sichere Plattformen bereitstellen.
- Interne Kommunikation beim Auftraggeber: Regelmäßige Abstimmungsgespräche zwischen Zentrale und lokalen Vertretern einplanen, klare Verantwortlichkeiten definieren (z. B. ein Pitch-Projektleiter in der Zentrale).

8.2.4 Checkliste: Internationale Pitches

- Vorbereitung: Kulturell sensible Briefings erstellen, Sprachregelungen festlegen, rechtliche Zuständigkeiten klären (Vertragsrecht, Datenschutz).
- Kommunikation: Einen zentralen Pitch-Koordinator bestimmen (auf beiden Seiten).
- Toolset: Gemeinsame digitale Plattform für Datenaustausch und Kommunikation aufsetzen; Zeitzonen im Projektplan berücksichtigen.
- Kriterien: Bewertungsmaßstäbe definieren, die kulturelle Unterschiede mitbedenken.
- Präsentation: Geplante Abläufe mit Puffer für Q&A in verschiedenen Sprachen vorsehen.

- Nachverhandlung: Klar kommunizieren, wie mit unterschiedlichen Konditionen aus verschiedenen Ländern umgegangen wird (Währung, Steuern etc.).
- Integration: Falls mehrere Agenturen gemeinsam pitchen, lassen Sie bereits im Angebot Rollenverteilung und Verantwortlichkeiten definieren.
- Auswertung: Globale und lokale Stakeholder ins Boot holen, gegebenenfalls getrennte Bewertungen, die in ein Scoring zusammengeführt werden.
- Vertragsabschluss: Einheitlichen Rahmenvertrag erstellen, der lokale Ausprägungen zulässt; Kooperationsregeln zwischen Agenturpartnern festhalten.
- Kick-off: Nach Zuschlag internationales Kick-off-Meeting veranstalten, um die weitere Zusammenarbeit zu planen.

8.3 Bietergemeinschaften

Manchmal tun sich mehrere Agenturen zusammen, um gemeinsam an einer Ausschreibung teilzunehmen – sei es, um ihre Kompetenzen zu bündeln oder die Teilnahmevoraussetzungen zu erfüllen. Solche Bietergemeinschaften (auch Arbeitsgemeinschaften, ARGE oder Konsortien genannt) stellen eine besondere Konstellation im Pitch-Prozess dar. Für den Auftraggeber bedeutet das, er bekommt ein „Team" aus Agenturen als Anbieter; für die beteiligten Agenturen heißt es, sie teilen sich Arbeit, Umsatz und Verantwortung. Hier betrachten wir, wann Bietergemeinschaften sinnvoll sind, welche Vor- und Nachteile sie für beide Seiten mit sich bringen und worauf bei der Vertragsgestaltung und den Verantwortlichkeiten zu achten ist.

8.3.1 Wann sind Bietergemeinschaften sinnvoll?

Bietergemeinschaften kommen primär dann ins Spiel, wenn ein Einzelunternehmen die Anforderungen einer Ausschreibung nicht allein erfüllen kann oder will. Im Bereich Marketing und Kommunikation sind

Bietergemeinschaften eine beliebte Variante, um an größere Aufträge zu kommen, insbesondere für kleinere Agenturen (Werbemonitor, 2022). Beispielsweise fordert ein Großkunde in seiner Ausschreibung umfassende Leistungen: Strategieberatung, Kreativkonzept, Digitalmarketing, PR und internationales Rollout. Selten hat eine einzelne Agentur all diese Spezialisierungen intern auf Top-Niveau verfügbar. Durch Zusammenschluss können jedoch komplementäre Fähigkeiten abgedeckt werden.

Sinnvoll ist eine Bietergemeinschaft auch, wenn formale Eignungskriterien sonst nicht erfüllt würden. Öffentliche Auftraggeber setzen oft Mindestanforderungen (etwa eine bestimmte Mitarbeiterzahl, Umsatzhöhe oder Referenzen) voraus. Ein kleinerer Anbieter allein mag da ausscheiden. Zusammen mit einem Partner kann er jedoch die Anforderungen gemeinschaftlich erfüllen, denn rechtlich genügt es, dass die Mitglieder der Gemeinschaft zusammen alle Ausschreibungsanforderungen erfüllen (Werbemonitor, 2022). So eröffnet etwa das öffentliche Vergaberecht gezielt die Chance, dass auch kleine Unternehmen sich zu schlagkräftigen Bieter-Teams formieren können.

Bietergemeinschaften können auch für die folgenden Szenarien sinnvoll sein:

- Wenn der Auftrag ein großes geografisches Gebiet umfasst.
- Wenn zeitliche oder kapazitative Gründe es nahelegen (z. B. engere Deadlines).
- Wenn ein Innovationspartner nötig ist (z. B. klassische Werbeagentur plus Tech-Startup).
- Wenn eine politisch gewollte lokale Beteiligung gefordert ist.

Eine Bietergemeinschaft sollte nicht zum Selbstzweck gegründet werden. Sie macht Aufwand in Abstimmung und erfordert, dass die Partner wirklich gut zusammenpassen. Nur wenn man gemeinsam einen deutlichen Mehrwert für den Auftraggeber bieten kann, lohnt sich der Schritt.

8.3.2 Vorteile und Risiken für Auftraggeber und Agenturen

Aus Sicht des Auftraggebers bieten Bietergemeinschaften den Vorteil, dass er eine integrierte Lösung aus einer Hand bekommt, ohne auf die Vorteile von Spezialisten verzichten zu müssen. Außerdem erhöhen Bietergemeinschaften den Wettbewerb: Wenn sich dank Gemeinschaft mehr Agenturen bewerben können, hat der Auftraggeber eine größere Auswahl, was die Chance steigert, einen optimal passenden Partner zu finden.

Den Vorteilen stehen jedoch Risiken gegenüber. Zum Beispiel kann die Steuerung komplexer sein, weil mehrere Partner koordiniert werden müssen. Wenn eine der Agenturen ausfällt, steht der gesamte Auftrag auf der Kippe.

8.3.3 Vertragsgestaltung und Verantwortlichkeiten

Wenn sich Agenturen zu einer Bietergemeinschaft zusammenschließen, braucht es ein solides vertragliches Fundament. Meist wird hierzu ein Bietergemeinschaftsvertrag (bei Zuschlag dann oft fortgeführt als Konsortialvertrag) zwischen den Partnern geschlossen. Zivilrechtlich handelt es sich dabei häufig um eine Gesellschaft bürgerlichen Rechts (GbR).

Als Auftraggeber sollten Sie darauf achten, dass folgende Aspekte im Gemeinschaftsvertrag zwischen den Agenturen geregelt sind:

• Aufgaben- und Rollenverteilung: Wer übernimmt welche Leistungen?
• Vertretung nach außen: Wer ist der führende Partner (Lead-Agentur) mit entsprechender Bevollmächtigung?
• Haftungsregelung intern: Gesamtschuldnerische Haftung nach außen, interne Freistellungsregelungen für Fehler.
• Geheimhaltung und Wettbewerbsverbot: Gegenseitige Verschwiegenheitsklauseln und Abstimmung über mögliche Parallelgeschäfte.
• Steuerung und Entscheidungsfindung: etwa durch einen Lenkungsausschuss.

- Dauer und Austritt: Was passiert, wenn ein Partner vorher aussteigen will oder muss?

Oft wird vom Auftraggeber zudem eine Bietergemeinschaftserklärung gefordert, die klärt, dass alle Partner gemeinschaftlich auftreten und haften. In der Praxis tritt vorwiegend ein Partner nach außen auf (Rechnungsstellung, Kommunikation), verteilt aber intern die Anteile.

8.3.4 Checkliste: Bietergemeinschaft

Wenn Sie Bietergemeinschaften in Ihrer Ausschreibung zulassen, sollten Sie – zusätzlich zu den vertraglichen Grundlagen aus Kap. 7 – die folgenden Punkte berücksichtigen:

- Zulässigkeit in den Ausschreibungsunterlagen klären: Geben Sie deutlich an, dass Bietergemeinschaften erlaubt sind, und legen Sie fest, unter welchen Bedingungen sie antreten können.
- Haftung und Rechtsform bestimmen: Üblicherweise haften die Mitglieder einer Bietergemeinschaft gesamtschuldnerisch. Stellen Sie in den Vergabeunterlagen klar, welche Rechtsform akzeptiert wird und wie die Haftungsregelungen aussehen.
- Kartellrecht im Blick behalten: Achten Sie darauf, dass sich die Bietergemeinschaft nicht gegen wettbewerbsrechtliche Vorgaben stellt, etwa durch unzulässige Absprachen.
- Bietergemeinschaftsvereinbarung und Referenzen: Fordern Sie eine Vereinbarung an, in der die Partner ihre Aufgabenverteilung und Leistungsbeiträge festhalten. Die Gemeinschaft sollte zudem nachweisen, dass sie gemeinsam die geforderten Referenzen erfüllt.
- Einen Hauptansprechpartner definieren: Legen Sie vertraglich fest, wer gegenüber dem Auftraggeber die Kommunikations- und Koordinationsrolle übernimmt.
- Transparente Preisgestaltung: Lassen Sie sich ein gemeinsames Angebot mit aufgeschlüsselten Kostenanteilen der beteiligten Partner vorlegen, um eine faire und nachvollziehbare Preisbildung sicherzustellen.

- Wirtschaftliche Bewertung und Parallelangebote: Regeln Sie, wie Sie ggf. mehrere Angebote derselben Bietergemeinschaft bewerten (z. B. wenn einzelne Partner in verschiedenen Konsortien auftreten).
- Hauptvertrag mit allen Partnern abschließen: Sorgen Sie für eine einheitliche, rechtsverbindliche Grundlage, die alle Partner unterschreiben, und dafür, dass Haftung, Zahlungsmodalitäten sowie Leistungsumfang geklärt sind.
- Umgang mit Leistungsstörungen und Änderungen: Definieren Sie, was bei Leistungsabweichungen passiert und wie Sie Nachträge oder Änderungen handhaben.
- Projektorganisation, Kommunikation und Reporting festlegen
- Datenschutz und Geheimhaltung beachten

8.4 Alternativen zu klassischen Pitches

Der klassische Agentur-Pitch ist zwar weitverbreitet, wird jedoch zunehmend kritisch hinterfragt. Gründe dafür sind der hohe Ressourcenaufwand für beide Seiten und die Erkenntnis, dass sich nicht jede Zusammenarbeit über ein wettbewerbliches Konzeptverfahren am besten anbahnen lässt (Forrester, 2023). Im Folgenden werden alternative Vergabe- und Auswahlformen vorgestellt – von der Direktvergabe und strategischen Partnerschaften ohne Pitch über Pilotprojekte bis zu agilen, kooperativen Verfahren.

8.4.1 Direktvergabe und strategische Partnerschaften

Mitunter lohnt sich die Durchführung eines klassischen Pitches nicht, weil die Entscheidung für eine Agentur ohnehin feststeht oder andere Gründe Vorrang haben. In diesem Fall kann der Auftraggeber den Zuschlag direkt an einen bewährten Partner vergeben, ohne den Wettbewerb zu suchen. Außerhalb des öffentlichen Sektors – wo solche Direktvergaben bis auf wenige Ausnahmen (etwa bei Kleinaufträgen) in der Regel nicht zulässig sind (cosinex, 2018) – steht es Privatunternehmen frei, eine Agentur gezielt auszuwählen. Viele Marketing-Entscheider pflegen langjährige Beziehungen, verzichten bewusst auf kostenintensive Wettbewerbsverfahren und investieren stattdessen in kontinuierliche Verbesserung. Diese Form der Zusammenarbeit wird meist als strategische Partnerschaft bezeichnet. Sie beruht auf tiefem Markenverständnis und gewachsenen Prozessen, was für beide Seiten vorteilhaft sein kann (Forrester, 2023).

Strategische Partnerschaften werden häufig durch langfristige Rahmenverträge untermauert, die eine dauerhafte Zusammenarbeit und intensiven Wissenstransfer ermöglichen. Dies verschafft beiden Seiten Planungs- und Kostensicherheit, birgt jedoch die Gefahr, in eine gewisse „Komfortzone" zu geraten. Daher sind regelmäßige Reviews – beispielsweise in Form von Jahresgesprächen oder Audits – sinnvoll. Auf diese Weise bleibt gewährleistet, dass die Leistung der Agentur weiterhin zum aktuellen Bedarf passt und die Zusammenarbeit kontinuierlich optimiert wird. Dennoch bleibt die Direktvergabe aufgrund interner Compliance-Regeln in großen Konzernen eher die Ausnahme und wird vorrangig in überschaubaren Projekten praktiziert, bei denen das Risiko eines Fehlgriffs gering ist.

In einer Direktvergabe oder strategischen Partnerschaft ohne wettbewerbliches Verfahren kann der Auftraggeber nicht den klassischen Preiswettbewerb zwischen mehreren Bietern nutzen, um die wirtschaftlich günstigsten Konditionen zu erzielen. Um dennoch faire und marktgerechte Preise sicherzustellen, bieten sich verschiedene Mechanismen an:

- Periodische Benchmarking-Analysen: Der Auftraggeber kann regelmäßig vergleichen, wie sich Stundensätze und Honorarmodelle im Markt entwickeln. Externe Benchmarks (z. B. durch Berater, Branchenreports oder Verbände) liefern Vergleichsdaten, anhand derer sich beurteilen lässt, ob die eigenen Konditionen angemessen sind.
- Kostentransparenz und offene Kalkulation: Eine praxisnahe Methode ist die gemeinsame Kostenanalyse: Die Agentur legt ihre Aufwände, Stundensätze und Margen offen, sodass der Auftraggeber nachvollziehen kann, wie sich das Budget zusammensetzt. Das schafft Vertrauen und ermöglicht zielgerichtete Optimierungen bei Bedarf.
- Vertragliche Revisionsklauseln: Im Rahmenvertrag können Klauseln vereinbart werden, die es dem Auftraggeber gestatten, in definierten

Abständen oder bei bestimmten Ereignissen (z. B. Budgeterhöhung) eine Revision der Honorarkonditionen zu verlangen. So entsteht ein strukturiertes Vorgehen, um Preis-Leistungs-Verhältnisse bei Bedarf anzupassen.

- Performancemessung und Bonus-Malus-System: Werden Ergebnis-KPIs klar definiert (z. B. Conversions, Markenbekanntheit, Budgettreue), kann ein Bonus-Malus-Modell für die Agentur vorgesehen werden. Werden Ziele übererfüllt, erhält die Agentur einen Bonus; beim Nichterreichen kann das Honorar reduziert werden. Auf diese Weise orientieren sich die Kosten automatisch an der tatsächlichen Leistung und dem Mehrwert für den Auftraggeber.
- Regelmäßiger Austausch mit anderen Kunden oder interner Einkauf: Gerade in größeren Unternehmen übernehmen Einkaufsabteilungen oder Procurement-Teams das Monitoring der Agenturkonditionen und -honorare und haben oft auch Vergleichswerte aus anderen Vertragsverhältnissen. Zudem kann informeller Austausch unter Berücksichtigung kartellrechtlicher Regelungen mit anderen Branchenvertretern oder in Netzwerken helfen, Marktüblichkeiten abzuschätzen.
- Stichproben-Pitches oder Teil-Ausschreibungen: Eine weitere Möglichkeit besteht darin, bei neu hinzukommenden Leistungsbausteinen einen kleinen Teilbereich testweise auszuschreiben. So vergleicht man die Preise und Leistungen eines bewährten Partners mit anderen Marktteilnehmern und kann bei Abweichungen rechtzeitig gegensteuern.

Mit diesen Maßnahmen lässt sich auch in einer langjährigen, vertrauensvollen Agenturbeziehung sicherstellen, dass die Konditionen marktgerecht bleiben und der Auftraggeber für sein Budget die bestmögliche Leistung erhält.

8.4.2 Testphasen und Pilotprojekte als Entscheidungshilfe

Testphasen und Pilotprojekte stellen eine zunehmend verbreitete Alternative zu umfassenden Ausschreibungen oder Voll-Pitches dar. Anstatt mehrere Agenturen in einem zeitlich komprimierten Ideenwettbewerb gegeneinander antreten zu lassen, vergibt der Auftraggeber in diesem Modell einen realen, aber begrenzten Teilauftrag an eine oder mehrere potenzielle Partneragenturen. Damit entsteht eine bezahlte, praxisnahe Zusammenarbeit, in deren Verlauf beide Seiten die Prozesse, Arbeitsweisen und Kommunikation im echten Projektumfeld erproben können (Forrester, 2023).

Ein typisches Vorgehen: Aus einer Vorauswahl von zum Beispiel drei geeigneten Agenturen erhalten alle jeweils eine kleine Projektaufgabe, etwa die Konzeption einer Teilkampagne. Nach Abschluss dieser Pilotphase bewertet der Auftraggeber nicht nur die inhaltlichen Resultate, sondern auch Kriterien wie Budgettreue, Terminmanagement und Kooperationsverhalten. Auf Grundlage dieser realen Erfahrungswerte entscheidet er, welche Agentur die Hauptverantwortung für die vollständige Kampagne übernehmen soll.

Alternativ kann eine Art Probezeit vereinbart werden, in der eine Agentur zunächst auf Basis von Referenzen und Credentials gewählt wird. Innerhalb von drei Monaten wird dann anhand definierter KPI-Ziele überprüft, ob die Zusammenarbeit die erwartete Performance erbringt. Bei Erfolg der Testphase erfolgt der Ausbau der Kooperation auf weitere Projekte oder Bereiche.

Vorteile von Testphasen und Pilotprojekten liegen in der erhöhten Praxisrelevanz und in der Reduzierung des Risikos, eine ungeeignete Agentur zu beauftragen. Zudem wirken sich diese kleineren, realen Aufträge meist motivationssteigernd auf die Projektteams aus. Demgegenüber entstehen durch parallele Testaufträge höhere Kosten und ein erhöhter Koordinationsaufwand. Gleichwohl zeigt die Erfahrung, dass eine performancebasierte Agenturauswahl unter realen Bedingungen zuverlässigere Rückschlüsse auf die künftige Zusammenarbeit liefert als ein einmaliger Ideen-Pitch.

8.4.3 Vertragsverlängerung im Mediationsverfahren

Eine erneute Ausschreibung ist nicht immer notwendig, um eine langjährige und erfolgreiche Zusammenarbeit mit einer Marketingagentur fortzusetzen. Das Mediationsverfahren bietet eine strukturierte Alternative zur vollständigen Neuausschreibung, bei der beide Parteien ihre jeweiligen Interessen transparent darlegen und gemeinsam Lösungen entwickeln. Dies kann Zeit und Kosten sparen, vorausgesetzt, es werden klare Ziele definiert.

- Vorbereitung

  - Interne Zieldefinition: Welche Erwartungen hat das Unternehmen an die künftige Zusammenarbeit, und welche Punkte müssen verbessert werden?
  - Analyse bisheriger Ergebnisse: Welche KPIs wurden bislang erreicht, wo liegen Optimierungspotenziale?
  - Marktcheck: Durch Berater oder Branchenreports kann ermittelt werden, wie sich Stundensätze und Honorarmodelle entwickelt haben.
  - Prüfung neuer Anforderungen: Etwa digitale Erweiterungen, veränderte Marktgegebenheiten oder neu einzusetzende Tools.

- Verhandlung

  - Gemeinsames Gespräch mit definiertem Verhandlungsteam: In der Regel sind Marketing, Einkauf sowie die Rechtsabteilung beteiligt.
  - Transparenz über bisherige KPIs und Budgetstrukturen: Offenlegung von Benchmarks und relevanten Kennzahlen, um eine faktenbasierte Diskussion zu ermöglichen.
  - Einigung über Leistungsumfang und Zuständigkeiten: Welche Aufgaben sollen im neuen Vertragszeitraum durch die Agentur übernommen werden? Welche Tools und Reportings sind nötig?

Vertragsgestaltung bedeutet zunächst, klare Zielvorgaben und Erfolgsfaktoren festzulegen, damit die Zusammenarbeit ergebnisorientiert abläuft. Dafür ist es sinnvoll, KPIs, Qualitätskriterien und mögliche Leistungsboni so zu formulieren, dass beide Seiten Transparenz über Umfang und Qualität der Leistungen haben. Gerade bei kreativen oder digitalen Projekten ist es außerdem wichtig, alle Aspekte rund um Nutzungsrechte und Datenschutz eindeutig zu regeln, um Urheberansprüche von Anfang an abzusichern. Die Gesamtkonzeption des Vertrags sollte auch eine ausgewogene Laufzeit sowie angemessene Kündigungsfristen enthalten, damit sich beide Parteien bei Veränderungen am Markt flexibel anpassen können, ohne einseitigen Verpflichtungen ausgesetzt zu sein.

Auf diese Weise können Unternehmen und Agenturen konstruktiv zusammenarbeiten, ohne einen aufwendigen Pitch-Prozess zu durchlaufen – bei gleichzeitig transparenter Steuerung der anvisierten Ziele und Budgets.

8.4.4 Checkliste: Pitch-Alternativen

- Prüfen statt automatisieren: Hinterfragen, ob ein klassischer Pitch erforderlich ist oder alternative Vergabeverfahren sinnvoller sein könnten.
- Value statt Show: Wert auf konkrete Zusammenarbeit mit realen Aufgabenstellungen legen, statt bloß Konzeptpräsentationen.
- Angemessene Budgetierung: Auch für Pilotprojekte, Chemistry Meetings oder Testphasen ein geeignetes Honorar kalkulieren.
- Klare Bewertungskriterien: Transparente Ziele, KPIs und Erwartungen definieren, um Missverständnisse zu vermeiden.
- Einbinden der Kandidaten: Q&A-Sessions, gemeinsame Workshops oder Feedbackschleifen ermöglichen.
- Interne Abstimmung sicherstellen: Rechtzeitige Freigaben aus Einkauf, Management und Fachabteilungen einholen.
- Plan B formulieren: Bereits im Vorfeld überlegen, wie vorgegangen wird, falls es im Prozess zu keinem Ergebnis kommt.
- Kontinuierliches Lernen: Nach Abschluss des Verfahrens eine interne Evaluation durchführen und Schlüsse zur Optimierung ziehen.

Der klassische Pitch bleibt relevant, ist jedoch nicht in jeder Situation die optimale Wahl. Oftmals führt ein an die konkrete Ausgangslage angepasstes, flexibles Verfahren zu einer passgenaueren Abstimmung zwischen Kunde und Agentur – und schafft die Basis für eine langfristig erfolgreiche Zusammenarbeit.

Literatur- und Quellenverzeichnis

cosinex. (2018). *Designleistungen ausschreibungsfrei vergeben.* https://blog.cosinex.de/2018/01/25/design-und-marketing-leistungen-ausschreibungsfrei-vergeben/. Zugegriffen: 22. Apr. 2025.

Forrester. (2023). *Dysfunctional agency review: Ditch the pitch.* https://www.forrester.com/blogs/dysfunctional-agency-review-ditch-the-pitch/. Zugegriffen: 22. Apr. 2023.

Gesetz gegen Wettbewerbsbeschränkungen (GWB), §§ 97, 127, 132, 134 (BGBl. I S. 1750, zuletzt geändert am 20. Dezember 2022).

Richtlinie 2014/24/EU des Europäischen Parlaments und des Rates vom 26. Februar 2014 (ABl. L 94, S. 65).

Unterschwellenvergabeordnung (UVgO), 7. Februar 2017 (BAnz AT 07.02.2017 B1).

Vergabeverordnung (VgV), §§ 8, 15–18, 58 (BGBl. I S. 624, zuletzt geändert am 20. Dezember 2022).

Werbemonitor. (2022). *WM 04-22-LOWRES.* https://www.werbemonitor.at/medien/dateien/print/2022/WM%2004-22-LOWRES.pdf. Zugegriffen: 22. Apr. 2025.

Weiterführende Literatur

Bouckaert, J., & Van Moer, G. (2021). Joint bidding and horizontal subcontracting. *International Journal of Industrial Organization, 76*, Article 102727.

Bridgen, E. (2022). Pitch imperfect: Power relations and ceremonial values in the public relations pitching process. *Media Practice and Education, 23*(4), 347–364.

DTVP. (2025). *Transparenzgebot.* https://dtvp.de/info-center/vergabelexikon/transparenzgebot/. Zugegriffen: 22. Apr. 2025.

Jacobson, K., & Wernsten, L. (2015). *How quality is defined and judged in public procurements of creative services* (Master's thesis, University of Gothenburg).

Kanso, A. M., & LeBlanc, H. P. I. I. I. (2020). The dichotomy of advertising agency selection and media decisions: Applications in international markets. *Journal of Competitiveness Studies, 28*(3/4), 238–250.

von Lewinski, F. (2024). *Marketing agency pitches: Time for a comeback.* https://www.observatoryinternational.com/en-us/our-insights/the-pitch-time-for-a-comeback/. Zugegriffen: 22. Apr. 2025.

PAGE online. (2022). *So funktioniert die Auftragsvergabe.* https://page-online.de/branche-karriere/so-funktioniert-die-auftragsvergabe/. Zugegriffen: 22. Apr. 2025.

Smith, J. L. (2009). *Navigating through the pitch landscape: An examination of clients, consultants, and advertising agencies during the pitch process* (Doctoral dissertation, University of Texas at Austin).

9

Die Rolle von Pitch-Beratern

„Wer fragt, ist ein Narr für eine Minute. Wer nicht fragt, ist ein Narr sein Leben lang." (Konfuzius)

Zusammenfassung Dieses Kapitel beleuchtet, welche Rolle ein Pitch-Berater für die erfolgreiche Auswahl der passenden Agentur haben kann. Es zeigt, welche Kriterien bei der Beraterauswahl besonders wichtig sind, etwa Branchenexpertise, Methodik und Unabhängigkeit. Außerdem werden die Rolle von Pitch-Beratern in öffentlichen und internationalen Ausschreibungen sowie typische Interessenkonflikte thematisiert. Best Practices und praktische Checklisten illustrieren, wie Unternehmen einen Berater effizient einsetzen können.

Ein erfolgreicher Agenturpitch entscheidet mitunter über den künftigen Marketing-Erfolg eines Unternehmens – entsprechend kritisch ist die Auswahl der richtigen Agentur. Hier kommen Pitch-Berater ins Spiel. Als spezialisierte Berater für Agenturauswahl unterstützen sie Unternehmen dabei, einen strukturierten und effizienten Pitch-Prozess aufzusetzen.

© Der/die Autor(en), exklusiv lizenziert an Springer Fachmedien Wiesbaden GmbH, ein Teil von Springer Nature 2025
J. Erichsen, *Agenturauswahl im Marketing*,
https://doi.org/10.1007/978-3-658-48841-3_9

Ob ein Unternehmen einen Pitch-Berater einsetzt, sollte anhand mehrerer Kriterien entschieden werden. Zunächst ist die interne Ressourcensituation ausschlaggebend: Verfügen Sie im Unternehmen über ausreichend Erfahrung und Kapazität, um den komplexen Auswahlprozess selbst zu steuern? Bei strategisch wichtigen Projekten oder begrenztem Know-how kann ein externer Berater wertvolle Unterstützung bieten. Ein weiterer Faktor ist die Marktübersicht. In einem dynamischen Agenturmarkt kann ein Pitch-Berater durch umfassende Branchenkenntnisse den Zugang und die Bewertung zu passenden Kandidaten erheblich erleichtern. Zudem gewährleistet ein externer Berater durch seine Unabhängigkeit eine objektivere Entscheidungsfindung, was persönliche Präferenzen und interne Interessen weitgehend ausschließt. Auch die Effizienz und Qualität des Prozesses profitieren: Ein erfahrener Pitch-Berater bringt erprobte Methoden, standardisierte Bewertungsinstrumente und klare Entscheidungsstrukturen mit, die den Ausschreibungsprozess transparent und nachvollziehbar machen. Letztlich sollte die Entscheidung für einen Berater dann fallen, wenn der erwartete Mehrwert – in Form einer professionellen, strukturierten und zeitsparenden Auswahl – die zusätzlichen Kosten rechtfertigt. Dazu werden im folgenden Abschnitt die Kosten einer Ausschreibung betrachtet.

Neben diesen prozessualen Aspekten versprechen sich Unternehmen durch die Hinzunahme eines Beraters ein kommerziell besseres Ergebnis. Ob ein Berater letztlich zu besseren Verhandlungsergebnissen kommt, lässt sich nur schwer einschätzen. Wenn Sie wie in diesem Buch beschrieben einen anforderungsbasierten und strukturierten Prozess führen, sollten Sie auch ohne externe Berater zu guten Ergebnissen kommen. Wenn Ihnen Benchmarks und externe Erfahrungswerte wichtig sind, kann ein Berater wertvolle Hilfe leisten.

9.1   Kosten einer Ausschreibung

Typische Kosten einer Ausschreibung sind in Tab. 9.1 dargestellt. Die Kalkulation zeigt: Neben Honoraren und internen Personalkosten schlagen auch versteckte Posten zu Buche – etwa der Zeitaufwand für Briefings, Stakeholder-Abstimmungen und Angebotsbewertungen (hier

Tab. 9.1 Typische Kosten für eine Ausschreibung ohne Beraterhonorare

Kostenposition	Budget 0,1 Mio. €	Budget 1 Mio. €	Budget 10 Mio. €
Interner Zeitaufwand (inkl. Abstimmung, 5/15/30 PT à 1000 €)	5000 €	15.000 €	30.000 €
Pitch-Honorar (0,5 % vom Budgets)	500 €	5000 €	50.000 €
Reise- und Bewirtungskosten	1000 €	3000 €	10.000 €
Externe Rechtsberatung	2000 €	4000 €	10.000 €
Tools/Plattform	1000 €	3000 €	10.000 €
Pilotprojekte/Testphasen	1000 €	5000 €	20.000 €
Gesamt	13.500 €	41.000 €	145.000 €

pauschal mit 1000 € pro Tag kalkuliert). Berücksichtigt ist hier auch ein Pitch-Honorar (hier mit 0,5 % des Marketingbudgets angesetzt). Weitere mögliche Kostenfaktoren sind Reisekosten, Rechtsberatung, Pilotprojekte, Testphasen sowie Tools oder Plattformen zur Vergabesteuerung. Die tatsächlichen Kosten variieren je nach Unternehmensstruktur und Projektrahmen – die Tabelle dient daher nur als grobe Orientierung.

Bei kleineren Ausschreibungsprojekten kommt schnell ein Betrag von über 10 % der Ausschreibungssumme zusammen. Der zusätzliche Einsatz eines Beraters muss demnach gut abgewogen werden.

Mögliche Aufgaben eines Pitch-Beraters sind in Tab. 9.2 erläutert. Wobei nicht zwingend alle Aufgaben von einem Berater durchgeführt werden müssen.

9.2   Auswahl eines geeigneten Pitch-Beraters

Der Markt der Pitch-Berater ist vielfältig – vom Einzelberater über spezialisierte Boutiquen bis zu großen Beratungsfirmen. Nicht jeder Berater passt zu jedem Unternehmen. Daher ist die sorgfältige Auswahl

Tab. 9.2 Zentrale Aufgaben eines Pitch-Beraters

Aufgabenbereich	Beschreibung
Bedarfsanalyse und Zieldefinition	Ermitteln, welchen konkreten Bedarf das Unternehmen hat (z. B. Kampagnenumfang, Spezialkompetenzen) und welche Ziele mit dem neuen Agenturpartner verfolgt werden
Erstellung der Agentur-Longlist	Recherchieren und identifizieren potenziell geeigneter Agenturen anhand von Kriterien wie Branche, Größe, Spezialisierung und geografischer Präsenz
Agentur-Shortlist und Vorauswahl	Eingrenzen der Longlist anhand festgelegter Eignungs- und Leistungskriterien, um eine überschaubare Auswahl an leistungsfähigen Kandidaten zusammenzustellen
Pitch-Briefing und Unterlagen	Ausarbeiten eines klaren, strukturierten Briefings (Ziele, Aufgabenstellung, Budgetrahmen, Zeitplan), inkl. Vorgaben zu Präsentationsformaten und Deadlines
Q&A-Management	Koordination aller Rückfragen seitens der Agenturen, Sammeln und Verteilen von Antworten, um gleiche Informationsgrundlagen zu gewährleisten
Prozessmoderation und Zeitmanagement	Festlegen und Überwachen des Ablaufs (Fristen, Präsentationstermine, Auswahlprozesse), um einen reibungslosen, effizienten Pitch-Prozess sicherzustellen
Evaluationsmethodik und Bewertungskriterien	Entwickeln eines nachvollziehbaren Scoring-Modells (z. B. Punktesystem, Gewichtung von Konzeptqualität, Kosten, Referenzen), um Angebote fair und objektiv zu bewerten
Unterstützung bei der Präsentationsphase	Organisieren der Pitch-Präsentationen, Sicherstellen gleicher Rahmenbedingungen für alle Teilnehmer, ggf. Begleitung der Auftraggeberjury während des Bewertungsprozesses

(Fortsetzung)

Tab. 9.2 (Fortsetzung)

Aufgabenbereich	Beschreibung
Vergleich und Empfehlung	Systematische Auswertung der Angebote, Dokumentation von Stärken und Schwächen jeder Agentur, Empfehlung einer geeigneten Auswahlentscheidung oder Finalistenliste
Verhandlungsbegleitung	Unterstützung des Auftraggebers bei Honorar- und Vertragsverhandlungen, ggf. Moderation zwischen den Parteien und Beratung zu marktüblichen Konditionen
Dokumentation und Abschluss	Zusammenfassen der Ergebnisse und Learnings aus dem Pitch, Übergabe relevanter Unterlagen und Empfehlungen für künftige Zusammenarbeit mit der ausgewählten Agentur

entscheidend, bei der die in diesem Buch beschriebenen Techniken einer anforderungsgeleiteten Auswahl unter Berücksichtigung möglicher Verzerrungen und Selbstdarstellungstechniken zielführend sind.

In diesem Abschnitt betrachten wir, welche Kriterien bei der Auswahl im Vordergrund stehen, welche Beratermodelle es gibt und worauf Unternehmen besonders achten sollten, um den perfekten Partner für ihre Agenturauswahl zu finden. Wenn Sie diese Kriterien mit Ihren Anforderungen spiegeln, sind Sie auf einem guten Weg, den für Sie passenden Berater zu finden.

9.2.1 Wichtige Kriterien bei der Auswahl

Die folgenden Auswahlkriterien sollen Ihnen bei der Auswahl eines Beraters helfen:

- Branchenerfahrung und Kompetenz: Prüfen Sie, ob der Pitch-Berater Erfahrung in Ihrer Branche und mit Ihrem Aufgabentyp hat. Die Anforderungen für einen kreativen Agenturpitch unterscheiden sich von denen eines Media-Agenturpitch. Ein kompetenter Berater kann anhand von Referenzen zeigen, dass er ähnliche Projekte erfolgreich betreut hat. Achten Sie auch auf internationale Erfahrung, falls Ihr Pitch länderübergreifend ist. Ein globaler Werbungtreibender berichtete etwa von Problemen, als ein Berater ohne Erfahrung im internationalen Media-Pitch beauftragt wurde – das Ergebnis war wenig erfolgreich. Die persönliche Erfahrung der Berater ist Gold wert. Fragen Sie bei der Vorauswahl beispielsweise danach: „Wie viele Pitches dieser Art haben Sie bereits geleitet?"

- Strukturierte Pitch-Methodik: Ein guter Pitch-Berater verfügt über eine bewährte Methode zur Agenturauswahl. Er sollte in der Lage sein, einen klaren Ablaufplan vorzulegen – idealerweise untermauert durch Templates für (kommerzielle) Briefings, Bewertungsmatrizen etc. –, der sich in früheren Projekten bewährt hat. Pitch-Berater Philippe Dominois betont, dass exzellente Berater ihre Erfahrungen kodifizieren und einen reproduzierbaren Prozess entwickeln, der zu Ergebnissen führt (Abintus Consulting, 2022). Fragen Sie also nach dem Pitch-Prozess des Beraters: Welche Phasen durchläuft das Projekt? Gibt es klare Meilensteine (etwa Briefing-Phase, Longlist/Shortlist, Präsentationen, Verhandlung)? Ein strukturierter Ansatz steigert die Chance, die passende Agentur zu finden.
- Unabhängigkeit und Transparenz: Ein Ausschlusskriterium für einen Berater sollte sein, wenn er nicht unabhängig agiert. Einige wenige Pitch-Berater finanzieren sich teils über Zahlungen von Agenturen – etwa in Form von Mitgliedsgebühren, damit Agenturen in einer Datenbank gelistet werden oder an Projekten teilnehmen dürfen (Business Insider, 2021). Dieses „Pay-to-Play"-Modell wird von Branchenexperten scharf kritisiert: „Es ist absurd, einerseits einem Kunden unabhängige Beratung zu versprechen und andererseits Geld von den Agenturen anzunehmen", bringt es Graham Brown auf den Punkt (Business Insider, 2021). Tatsächlich haben US-Verbände wie die ANA (Association of National Advertisers) und die 4As (American Association of Advertising Agencies) angekündigt, solche Praktiken zu untersuchen und Leitlinien zu formulieren (Flock Associates, 2021). Unternehmen sollten sich nur auf Berater einlassen, die nachweislich 100 % vom Auftraggeber bezahlt werden (Flock Associates, 2021). Nur so vermeiden Sie Interessenkonflikte und stellen sicher, dass die Empfehlung des Beraters allein Ihrem Nutzen dient.

- Nachweisbare Erfolge und Referenzen: Vertrauen ist gut, Kontrolle ist besser – lassen Sie sich Referenzen geben. Zufriedene Kundenstimmen und erfolgreiche vergangene Pitch-Projekte sind ein guter Indikator dafür, dass der Berater das liefert, was er verspricht. Fragen Sie nach konkreten Fallbeispielen: Welche Herausforderungen gab es dort, und wie wurden sie gemeistert? Ein erfahrener Pitch-Berater kann in der Regel zufriedene Auftraggeber vorweisen, die bereit sind, ihre positiven Erfahrungen zu teilen. Auch ein Blick auf die Kundenliste des Beraters schadet nicht: Hat er vorwiegend mit großen Konzernen oder Mittelständlern gearbeitet? Passt das zu Ihrem Unternehmen?
- Marktkenntnisse und Datenbasis: Die Agenturlandschaft ist riesig und ständig im Wandel – neue Spezialagenturen entstehen, andere fusionieren, Leistungsprofile ändern sich. Kaum ein Marketing-Team kann den gesamten Markt überblicken. Ein guter Pitch-Berater punktet hier mit Marktkenntnissen und Zugang zu aktuellen Agentur-Daten. Insbesondere im Media-Bereich benötigt er unabhängige Informationen über Leistungswerte und Konditionen der Agenturen (Abintus Consulting, 2022). Fragen Sie potenzielle Berater in diesem Kontext: „Wie halten Sie Ihre Agenturdatenbank aktuell? Arbeiten Sie mit Benchmarking-Tools?" Einige Beratungshäuser haben eigene Agentur-Intelligence-Systeme und Tools entwickelt, um Konditionen objektiv vergleichen zu können. Diese Ressourcen können den Unterschied machen, ob Ihr Pitch wirklich die Besten der Besten ans Licht fördert.
- Prozess- und Projektmanagement-Fähigkeiten: Ein Pitch ist ein zeitkritisches Projekt mit vielen Beteiligten und Aufgaben. Daher sollte Ihr Berater überzeugende Projektmanagement-Skills und geeignete Tools mitbringen. Prüfen Sie, ob er Kollaborationsplattformen nutzt, klare Timelines aufstellt und Meetings effizient moderiert. Professionelle Pitch-Berater wissen, dass Organisationstalent essenziell ist, um parallel Informationen zu verwalten und Deadlines einzuhalten. Lassen Sie sich im Zweifel einen beispielhaften Projektplan zeigen.
- Chemie und kulturelles Verständnis: Last, but not least – stimmt die Chemie? Ihr Pitch-Berater wird eng mit Ihrem Team zusammenarbeiten, oft über mehrere Monate. Deshalb sollte die persönliche Ebene passen. Idealerweise wird der Berater zum verlängerten Arm

Ihres Teams, wie ein fester Bestandteil auf Zeit. Unternehmen berichten, dass langfristige Zusammenarbeit (über mehrere Projekte hinweg) möglich ist, wenn der Berater sich nahtlos ins Team integriert (Storyboard18, 2023). Versteht der Berater Ihre Unternehmenswerte und spricht er Ihre Sprache? Kann er sowohl mit Marketing-Teams als auch mit Einkauf und Management auf Augenhöhe kommunizieren? Ein kompetenter, zugänglicher Kommunikationsstil ist wichtig, damit alle Stakeholder Vertrauen fassen.

Diese Kriterien dienen als Leitfaden. Natürlich wird kein Auswahlprozess komplett schematisch ablaufen – letztlich entscheidet eine Mischung aus harten Fakten (Erfahrung, Methode, Referenzen) und weichen Faktoren (Chemie, Vertrauen). Haben Sie aber die obigen Punkte sorgfältig geprüft, stehen die Chancen gut, einen Pitch-Berater zu finden, der fachlich passt.

9.2.2 Unterschiedliche Beratermodelle und worauf Sie achten sollten

Nicht jeder Pitch-Berater arbeitet nach dem gleichen Modell. Es lohnt sich, die Geschäftsmodelle und Ansätze der Anbieter zu verstehen, um die für Sie beste Wahl zu treffen. Hier einige gängige Modelle und Besonderheiten:

- Klassische Pitch-Beratung (Honorar vom Auftraggeber): Dies ist das bevorzugte Modell aus Kundensicht. Der Berater wird ausschließlich vom suchenden Unternehmen bezahlt, meist auf Basis eines vorher vereinbarten Honorars (Pauschale oder Tagessatz) oder einer projektbezogenen Pauschale. Vorteil: Klare Auftragsbeziehung ohne Interessenkonflikte. Sie haben die Gewissheit, dass der Berater nur Ihren Erfolg im Blick hat. Achten Sie bei diesem Modell auf eine transparente Honorarstruktur und gegebenenfalls Stundennachweise bei Tagessatz-Vereinbarung.
- Berater mit „Doppelrolle" (Agenturfinanzierung): Wie bereits erwähnt, gibt es Berater, die zusätzlich von Agenturen finanziert wer-

den – sei es durch Mitgliedsgebühren für eine Listung in ihrer Datenbank, Vermittlungsprovisionen oder andere Kick-backs (Business Insider, 2021). Nachteil: Auch wenn solche Berater behaupten, es gäbe keinen Einfluss auf die Empfehlung, bleibt immer ein Geschmäckle. Die Agenturen, die zahlen, könnten bevorzugt werden (Business Insider, 2021). Brancheninsider berichten von Abmachungen, wo Agenturen stillschweigend davon ausgehen, für ihre Zahlung auch zu Pitches eingeladen zu werden (Business Insider, 2021). Unser Rat: Meiden Sie dieses Modell, wenn Ihnen objektive Beratung wichtig ist. Fragen Sie im Zweifel nach der Einhaltung von Branchenrichtlinien. In Deutschland hat der OWM einige Verhaltensrichtlinien für Berater in den Code of Conduct aufgenommen. In den USA gibt es die „Rules of the Road" von 4As/ANA (ANA/4As, 2023).

- Pitch-Beratung als Nebenleistung: Manche Media-Audit-Beratungen oder Marketing-Consultants bieten Pitches als Zusatzservice an (Flock Associates, 2021). Ihr Kerngeschäft liegt woanders (etwa im Prüfen von Mediaabrechnungen), aber sie übernehmen auf Wunsch auch die Agenturauswahl. Vorteil: Sie kennen die Media-Kennziffern gut, was bei Media-Pitches helfen kann. Nachteil: Pitch-Management ist nicht ihr Hauptfokus, möglicherweise fehlt die Erfahrung in komplexer Prozessgestaltung (Flock Associates, 2021).
- Spezialisierte Boutiquen vs. große Beratungen: Es gibt Boutique-Berater (oft kleine Teams oder Einzelpersonen), die sich ganz der Pitch-Beratung verschrieben haben, und es gibt große Beratungsfirmen (teilweise Ableger von Werbeholdinggesellschaften oder Unternehmensberatungen), die Agenturauswahl anbieten. Boutiquen punkten oft mit persönlicher Betreuung und großer Flexibilität; häufig sind es ehemalige Marketing- oder Agenturmanager, die sehr praxisnah arbeiten. Große Beratungen haben dafür oft internationale Netzwerke und mehr Ressourcen, wie Datenbanken oder Tools, und können große globale Pitches stemmen. Ihr Ansatz ist manchmal eher formalisiert. Überlegen Sie, was besser zu Ihrer Aufgabe passt: Brauchen Sie jemanden vor Ort, der eng mit Ihrem Team arbeitet? Oder planen Sie einen globalen Pitch, bei dem ein Netzwerk in verschiedenen Ländern hilfreich ist?

Worauf sollten Unternehmen also besonders achten? Kurz gesagt: auf Integrität, Expertise und Passgenauigkeit. Ein paar praktische Tipps zum Abschluss dieses Abschnitts:

- Sondierungsgespräch führen: Laden Sie 2–3 Berater zu einem unverbindlichen Gespräch oder Pitch ihrer Leistungen ein. Stellen Sie gezielte Fragen zu den oben genannten Punkten. So bekommen Sie ein Gefühl für Arbeitsweise und Persönlichkeit.
- Vertragliche Klarheit schaffen: Halten Sie im Vertrag fest, dass der Berater keine Vergütung von Dritten annimmt und zur Verschwiegenheit verpflichtet ist. Klären Sie den Leistungsumfang (etwa Anzahl der zu findenden Agenturen, Unterstützung bei Verhandlungen etc.) und ein Erfolgskriterium.
- Eigenes Bauchgefühl ernst nehmen: Neben aller Objektivität darf auch Ihr Eindruck zählen. Sie werden eng mit dem Berater zusammen arbeiten – Vertrauen und gute Kommunikation sind unerlässlich. Wenn ein Kandidat etwa Ihren Briefing-Entwurf kaum kritisiert und nur nach dem Mund redet, während ein anderer konstruktive Fragen stellt und auch mal widerspricht, deutet letzteres auf echtes Engagement hin.

Hat man diese Hausaufgaben erledigt, steht einer erfolgreichen Zusammenarbeit mit dem gewählten Pitch-Berater nichts mehr im Weg. Wie diese im Idealfall aussieht, beleuchten wir im nächsten Abschnitt.

9.3   Zusammenarbeit mit Pitch-Beratern

Die Zusammenarbeit mit einem Pitch-Berater ist ein wenig wie ein Staffellauf: Es gibt klare Übergaben zwischen Unternehmen und Berater, und beide müssen synchron laufen, damit am Ende der beste Agenturpartner ins Ziel kommt. In diesem Kapitel schauen wir uns an, wie ein effizienter und transparenter Pitch-Prozess gestaltet werden kann und welche Aufgaben der Pitch-Berater übernimmt. Ebenso wichtig: Wo sollte das Unternehmen selbst aktiv bleiben, um die Entscheidung sicher zu steuern?

9.3.1 Aufgaben des Pitch-Beraters vs. Aufgaben des Unternehmens

Für eine erfolgreiche Agenturauswahl ist es entscheidend, die Rollen zwischen Unternehmen und Pitch-Berater klar zu definieren. Der Pitch-Berater sollte sich auf die methodische und organisatorische Steuerung des Prozesses konzentrieren. Dazu gehört die Erstellung und Pflege von Zeitplänen, die Entwicklung und der Versand von Briefings, die Strukturierung der eingehenden Informationen sowie die objektive Bewertung der Agenturpräsentationen. Zudem moderiert er wichtige Termine, unterstützt bei Verhandlungen und sorgt für eine lückenlose Dokumentation des gesamten Ausschreibungsverfahrens.

Das Unternehmen hingegen sollte stets die inhaltliche Führung behalten. Es definiert die benötigten Leistungen, gibt interne Freigaben, beantwortet fachspezifische Fragen und bewertet die Angebote eigenständig. Auch die Abstimmung mit der Geschäftsleitung und dem Einkauf liegt in seiner Verantwortung. Letztlich trifft das Unternehmen die finale Entscheidung und unterschreibt den Vertrag.

Dieses klare Rollenverständnis stellt sicher, dass der Pitch-Berater seine Markt- und Prozesskenntnisse optimal einbringen kann, während die inhaltliche Steuerung und die Entscheidungshoheit im Unternehmen bleiben – genau dort, wo sie hingehören.

9.3.2 Interessenkonflikte vermeiden

Auf Interessenkonflikte sind wir bereits bei der Beraterauswahl eingegangen – hier wollen wir noch einmal betonen, wie wichtig es ist, solche Konflikte von vornherein auszuschließen und professionell zu managen.

Besonders kritisch ist die bereits angesprochene finanzielle Unabhängigkeit des Pitch-Beraters. Wird dieser von Agenturen bezahlt, droht ein Verlust der Objektivität. Deshalb fordern Branchenverbände wie 4As, ANA oder die OWM volle Transparenz über Vergütungsquellen und raten, dass Berater ausschließlich im Interesse des Auftraggebers handeln. Lassen Sie sich idealerweise schriftlich bestätigen, dass keine Zuwendungen von Agenturseite fließen. Damit haben Sie auch nach dem Pitch ein rechtliches Instrument an der Hand.

Ein weiterer Aspekt sind mögliche persönliche Vorlieben von Beratern. Hat der Berater vielleicht Lieblingsagenturen oder eine Agenda? Manche Berater könnten dazu neigen, immer wieder die gleichen Agenturen zu empfehlen, weil sie mit deren Arbeitsweise vertraut sind oder schon mehrfach dort erfolgreiche Pitches betreut haben. Das ist menschlich, kann aber dazu führen, dass andere, vielleicht innovativere Anbieter unter dem Radar bleiben. Achten Sie darauf, dass Ihr Berater offen für neue Vorschläge bleibt und nicht nur aus dem eigenen Adressbuch schöpft. Fragen Sie ruhig: „Wie kommen Sie auf diese Longlist – sind das alles persönliche Kontakte oder haben Sie auch unabhängige Quellen genutzt?". Wenn Sie merken, dass immer dieselben Namen fallen, haken Sie nach, ob es wirklich die passendsten sind oder nur die bekanntesten.

Klare Regeln, Offenheit und Kontrolle minimieren Interessenkonflikte und schützen letztlich Ihre Entscheidungssicherheit und Reputation. Wenn alle Beteiligten – Berater, Unternehmensvertreter, Agenturen – wissen, dass genau hingeschaut wird, sinkt die Wahrscheinlichkeit von Unstimmigkeiten deutlich.

9.3.3 Pitch-Berater in öffentlichen Ausschreibungen

Öffentliche Auftraggeber wie Regierungsstellen oder kommunale Betriebe müssen bei Marketingpitches strenge Vergaberegeln einhalten. Hier kann ein Pitch-Berater unterstützen, indem er das Verfahren methodisch absichert, die Ausschreibungsunterlagen präzise formuliert und für eine lückenlose Dokumentation sorgt. Im öffentlichen Sektor sind transparent festgelegte Punktesysteme und Gleichbehandlung aller Bieter besonders wichtig; spontane Änderungen oder zusätzliche Verhandlungstermine sind nur stark eingeschränkt möglich. Der Berater achtet zudem darauf, dass Vergaberechtskompetenz und Marktkenntnis optimal verzahnt werden – er ersetzt nicht die interne Vergabestelle, sondern ergänzt sie mit seinem Wissen über Agenturmärkte sowie formale und inhaltliche Anforderungen.

9.3.4 Herausforderungen bei internationalen Pitches

Wer einen internationalen Pitch ausruft, benötigt einen Berater, der mit globalen Strukturen vertraut ist und interkulturelle Kompetenz mitbringt. Von unterschiedlichen Zeitzonen und Präsentationsgewohnheiten bis hin zu länderspezifischen Rechts- und Compliance-Vorgaben. Für die Auswahl eines passenden Pitch-Beraters gilt daher, auf dessen internationale Projekterfahrung, Netzwerkverbindungen und Fähigkeit zur neutralen Moderation zu achten. So lassen sich Effizienz, Fairness und Qualität in einem globalen Vergabeprozess sicherstellen.

9.3.5 Best Practices im Überblick

Aus den obigen und weiteren Fällen lassen sich einige Best Practices destillieren:

- Berater nach Spezialgebiet (International, Media, öffentliche Ausschreibung etc.) wählen.
- Vor Pitch-Start Klarheit über Anforderungen schaffen: Wer genau weiß, was gebraucht wird, kann den Prozess zielgerichtet aufsetzen.
- Nicht am falschen Ende sparen: Einen Pitch-Berater zu engagieren kostet Geld – aber einen missglückten Pitch neu zu machen, kostet mehr.
- Interne Stakeholder früh einbinden: Das Kernteam sollte von Anfang an informiert sein, damit es am Ende keine Überraschungen gibt.
- Fairness und Professionalität gegenüber Agenturen: Die besten Agenturen haben hinreichend Aufträge und achten darauf, wie fair ein Pitch abläuft. Ein Berater kann hier Struktur und klare Kommunikation sicherstellen.
- Nach dem Pitch ist vor dem Erfolg: Der Berater kann unterstützen, damit die Vertragsgestaltung und Onboardingphase optimal laufen. So trägt die Entscheidung Früchte und verpufft nicht auf halbem Wege.

Diese Best Practices mögen selbstverständlich klingen, sind in der Realität aber nicht immer leicht umzusetzen. Daher kann es helfen, sie schriftlich zu haben und vor jedem Pitch als Check heranzuziehen.

9.4   Fazit

Pitch-Berater können eine entscheidende Rolle spielen, wenn es darum geht, im Dschungel der Agenturangebote den Überblick zu behalten und fundierte Entscheidungen zu treffen. Wie wir gesehen haben, kommt es jedoch darauf an, den richtigen Berater auszuwählen, eng und transparent mit ihm zusammenzuarbeiten und die typischen Fallstricke zu umschiffen. Mit den in diesem Buch vorgestellten anforderungsbasierten und strukturierten Verfahren sollte es aber auch ohne Berater möglich sein, einen erfolgreichen Pitch durchzuführen.

9.5   Checkliste: Pitch-Berater

Bevor Sie einen Berater engagieren, gehen Sie die folgenden Punkte durch, um sicherzustellen, dass er der Richtige für Ihre Bedürfnisse ist:

- Klare Anforderungen definiert: Haben wir intern festgelegt, welche Art von Agentur wir suchen (Kompetenzen, Markt, Größe) und welche Unterstützung wir vom Berater erwarten?
- Beratererfahrung geprüft: Bringt der Berater nachweislich Erfahrung in unserem spezifischen Bereich mit? Gibt es Referenzprojekte oder Fallstudien, die er nennen kann?
- Methodik und Tools erfragt: Verfügt der Berater über einen strukturierten Pitch-Prozess und eigene Tools/Templates? Hat er einen Beispielprojektplan oder Pitch-Ablauf skizziert?
- Unabhängigkeit zugesichert: Wurde ausdrücklich geklärt, dass der Berater keine Vergütung von Agenturen erhält und keinerlei „Pay-to-Play"-Praktiken betreibt?
- Konfliktfreiheit geprüft: Gibt es potenzielle Interessenkonflikte, zum Beispiel betreut der Berater parallel einen Wettbewerber von uns?

- Team und Kapazitäten: Wer genau wird uns beraten? Lernen wir die Hauptansprechpartner kennen? Sind genügend Ressourcen verfügbar, um unseren Zeitplan zu halten?
- Chemie-Check: Fühlen wir uns im Gespräch verstanden? Kommuniziert der Berater klar und verständlich? Passt sein Stil zu unserer Kultur?
- Transparenz von Kosten und Leistung: Liegt ein Angebot vor, was der Berater für welches Honorar liefert? Sind alle Phasen abgedeckt? Ist die Reisekostenregelung geklärt?
- Vergleich von 2 bis 3 Anbietern: Haben wir einen Vergleich gezogen, um ein Gefühl für Marktpreis und Leistungsumfang zu bekommen?
- Vertragspunkte definiert: Wurden im Vertrag die Leistung, Zahlungsmodalitäten, Vertraulichkeit, Kündigungsrechte und Erfolgskriterien fixiert?

Wenn Sie alle Punkte mit gutem Gefühl abhaken können, haben Sie wahrscheinlich einen geeigneten Pitch-Berater gefunden. Jetzt kann die eigentliche Zusammenarbeit beginnen.

Literatur- und Quellenverzeichnis

Abintus Consulting. (2022). *Assessing media agency pitch consultants: The key criteria you need to know.* https://abintus.com. Zugegriffen: 18. Apr. 2025.

ANA/4As. (2023). *Cost of the Pitch – Research Report.* https://www.ana.net. Zugegriffen: 18. Apr. 2025.

Business Insider. (2021). *Inside the lucrative and murky world of advertising search consultants.* https://www.businessinsider.com. Zugegriffen: 18. Apr. 2025.

Flock Associates. (2021). *How to pick an agency pitch consultant.* https://www.flockassociates.com. Zugegriffen: 18. Apr. 2025.

Storyboard18. (2023). *Who are advertising „pitch consultants" and what do they actually bring to the pitch table?* https://www.cnbctv18.com. Zugegriffen: 18. Apr. 2025.

Weiterführende Literatur

American Association of Advertising Agencies & Association of National Advertisers. (2020). *Best practice guidelines for agency search consultants.* https://www.ana.net. Zugegriffen: 18. Apr. 2025.

Beard, F. K. (2002). Exploring the use of advertising agency review consultants: Relationship success, reasons for use, and extent of influence. *Journal of Advertising Research, 42*(1), 39–50.

ID Comms. (2022). *How to select a media agency pitch consultant.* https://www.idcomms.com. Zugegriffen: 18. Apr. 2025.

Incorporated Society of British Advertisers & Institute of Practitioners in Advertising. (2019). *Finding an agency: Best-practice guide on agency search and selection.* ISBA/IPA.

VoxComm. (2025). *Pay-to-play pitch schemes are putting agency/client relationships at risk.* https://voxcomm.org. Zugegriffen: 18. Apr. 2025.

Waller, D. S. (2004). Developing an account-management lifecycle for advertising agency–client relationships. *Marketing Intelligence & Planning, 22*(1), 95–112.

10

Die Zukunft des Pitch-Wesens

„Wer morgen bestehen will, kann nicht mit den Werkzeugen von gestern denken.“
(anonym überliefert)

Zusammenfassung Dieses Kapitel beleuchtet den Wandel im Pitch-Wesen, bei dem weitere digitale Tools, KI-gestützte Verfahren und datenbasierte Bewertungsmodelle die bisherigen Prozesse ergänzen oder weiterentwickeln. Nachhaltigkeit rückt stärker in den Fokus, was neben ökologischen und sozialen Kriterien auch die langfristige Partnerschaftsqualität zwischen Kunden und Agentur einschließt. Neue Ansätze wie psychometrische Tests oder Multi-Kriterien-Verfahren helfen bei einer objektiveren und transparenteren Auswahl.

Die im Folgenden vorgestellten Ansätze und Verfahren befinden sich in der Entwicklung oder sind noch zu jung, um valide Rückschlüsse auf deren Wirksamkeit zu ziehen. Es ist aber absehbar, dass die beschriebenen Entwicklungen, insbesondere der Einsatz von künstlicher Intelligenz, zu weitgehenden Veränderungen führen werden. Die vorgestellten Ansätze werden daher hier wertneutral und deskriptiv beschrieben.

© Der/die Autor(en), exklusiv lizenziert an Springer Fachmedien Wiesbaden GmbH, ein Teil von Springer Nature 2025
J. Erichsen, *Agenturauswahl im Marketing*,
https://doi.org/10.1007/978-3-658-48841-3_10

Ein größerer Wandel ist bereits absehbar. Stärkere Analysekapazitäten sowohl für die anforderungsbasierte Durchführung von Ausschreibungen als auch für die kommerziellen Angebotseinholung und -auswertung sind vorhanden und auch die Möglichkeiten diese einzusetzen haben sich stark vereinfacht. Der Aufwand für die Durchführung von Ausschreibungen wird sinken, ebenso der Bedarf für externe Berater.

10.1 Digitalisierung von Prozessen

Die vollständige Digitalisierung des Ausschreibungsprozesses hat sich von einer Option zu einer Notwendigkeit entwickelt. Aktuelle Ausschreibungsplattformen ermöglichen mittlerweile die nahtlose Integration aller Prozessschritte – von der ersten Bedarfsermittlung über die Angebotsabgabe bis hin zur Vertragsverwaltung und Leistungsbewertung. Dabei werden Medienbrüche, die noch vor wenigen Jahren alltäglich waren, konsequent eliminiert. Beschaffungsverantwortliche können heute auf cloudbasierte Lösungen zurückgreifen, die Echtzeit-Kollaboration zwischen allen Beteiligten ermöglichen und gleichzeitig für vollständige Dokumentation und Nachvollziehbarkeit sorgen. Besonders bemerkenswert ist die zunehmende Verknüpfung von Ausschreibungsplattformen mit Beschaffungs-, ERP- und Vertragsmanagement-Systemen, was eine durchgängige Datennutzung ohne Systembrüche gewährleistet und manuelle Fehlerquellen minimiert (Accenture, 2024).

Spezialisierte Plattformen und E-Sourcing-Tools für Marketingagentur-Ausschreibungen bieten Unternehmen einige Vorteile. Sie erleichtern zunächst die Suche und Vorauswahl, indem sie große Agenturdatenbanken automatisiert nach Kriterien wie Branche, Budget oder Dienstleistungsschwerpunkten durchsuchen und so schnell eine Longlist erstellen können. Das spart nicht nur Zeit gegenüber zeitaufwendigen Eigenrecherchen, sondern erhöht auch die Chancen, anforderungsbasiert die passenden Agenturpartner zu finden.

Auf E-Sourcing-Plattformen lassen sich sämtliche Ausschreibungsunterlagen, Fristen und Kommunikationswege an einem Ort bündeln. Unternehmen können Angebote, Q&A und Bewertungen strukturiert verwalten, was Fehler reduziert und dafür sorgt, dass alle Beteiligten stets auf dem gleichen Informationsstand sind. Die Integration von KI-gestützten Funktionen geht dabei noch einen Schritt weiter, indem sie etwa Texte in Angebotsunterlagen semantisch analysiert, Budgetprognosen erstellt oder passende Agenturen auf Basis historischer Projekterfolge empfiehlt.

Ebenso führen automatisierte Abläufe zu spürbaren Zeit- und Kostenersparnissen: Vom Erstellen der Briefings bis zur finalen Vergabe werden viele Einzelschritte deutlich effizienter. Gleichzeitig ermöglicht die globale Ausrichtung vieler Plattformen den Zugang zu spezialisierten Agenturen weltweit. Gerade bei digitalen Kampagnen kann dieser erweiterte Talentpool neue Perspektiven eröffnen. Die gesammelten Daten bleiben zudem dokumentiert, sodass Unternehmen Feedbackschleifen nach dem Pitch durchführen und daraus lernen können – sowohl hinsichtlich der eigenen Vorgehensweise als auch für den Aufbau positiver Beziehungen zu unterlegenen Anbietern.

In der Praxis legen Unternehmen ein Profil auf der Plattform an, geben das Pitch-Briefing ein und laden Agenturen gezielt ein oder veröffentlichen ihre Ausschreibung im offenen Markt. Fragen werden in einem Q&A-Bereich geklärt, häufig ergänzt durch Chatfunktionen oder Videokonferenzen. Bewerber können ihre Präsentationen und Kalkulationen direkt hochladen. Die Bewertung erfolgt meist über digitale Scoring-Modelle, in denen Entscheider unabhängig voneinander Punkte vergeben, die das System später zu einer Gesamtsicht zusammenfasst. Schließlich kommuniziert das Unternehmen seine Entscheidung über dieselbe Plattform und kann den Pitch über strukturierte Feedback-Reports dokumentieren.

Insgesamt bringen spezialisierte Plattformen und E-Sourcing-Tools für Marketingausschreibungen somit mehr Struktur, Tempo und Transparenz in die Agenturauswahl. KI-gestützte Prozesse und die globale Reichweite solcher Lösungen vergrößern die Auswahl an Dienstleistern, während gleichzeitig der manuelle Aufwand durch automatisierte Abläufe sinkt. Auf diese Weise profitieren sowohl die ausschreibenden Unternehmen als auch die teilnehmenden Agenturen von effizienteren, klar nachvollziehbaren Verfahren.

> **Wichtig**
>
> Wenn Sie sich für E-Sourcing-Plattformen entscheiden sollten, achten Sie auf die Funktionsfähigkeit. Es handelt sich vielfach um komplexe Systeme, die entsprechend fehleranfällig sind. Zu diesen Fehlern gehören sowohl falsch verknüpfte Daten, falsche Zuordnungen als auch durch Fehler verursachte Offenlegung vertraulicher Daten. Da kann gerade bei kommerziellen Abfragen auch Schadenersatzforderungen nach sich ziehen.

10.2 Einsatz von KI und LLMs in Ausschreibungsprozessen

Künstliche Intelligenz (KI) und speziell Large Language Models (LLMs), bieten neue Möglichkeiten, Ausschreibungen effizienter zu gestalten und deren Bewertung objektiver zu machen.

Ein traditioneller Ausschreibungsprozess für Marketingdienstleistungen umfasst mehrere Schritte: Anforderungserstellung, Versendung und Rücklauf von Angeboten sowie deren Bewertung und Verhandlung. Die Qualität einer Ausschreibung wird meist an der Tiefe der Informationen, am zugeschnittenen Briefing und an der Präzision der Bewertungskriterien gemessen (Brown, 2023). KI kann an diesen Punkten im Prozess wertvolle Unterstützung leisten.

10.2.1 Einsatzmöglichkeiten von LLMs in der Bewertung

LLMs (Large Language Models) sind KI-Modelle, die auf enormen Textmengen trainiert werden und dadurch in der Lage sind, kontextbezogene Antworten und Analysen zu liefern.

Faktisch reichen inzwischen ein paar Prompts, um sich den gesamten Pitch-Prozess von einem LLM erstellen zu lassen. Wenn Sie dieses Buch in Ihr KI-Modell hochladen, erhalten Sie einen strukturierten und anforderungsbasierten Vorschlag für den kompletten Pitch von Anforderungsdefinition bis Auswertung. Für gute Ergebnisse ist es dabei sinnvoll, die jeweiligen Premium-Bezahlvarianten der LLM-Anbieter zu nutzen. Noch ist dann einiges an Feintuning notwendig, um den Prozess wirklich wasserdicht zu machen. Zur Illustration sind im Folgenden einige wesentliche Einzelschritte zur Nutzung von LLMs aufgeführt.

Vergegenwärtigen wir uns den in diesem Buch vorgestellten idealen Pitch-Prozess, so kann KI an jeder Stufe des Prozesses nicht nur Ressourcen einsparen, sondern auch zu besseren Ergebnissen verhelfen. Das beginnt bereits bei der wichtigen Definition von Anforderungen. Ich habe beispielsweise einen KI-Assistenten erstellt, der im Rahmen eines strukturierten Dialoges Anforderungen und deren Operationalisierungen sowie beobachtbare Verhalten ableiten kann. Diesen können Sie gerne auf meiner Internetseite www.isitamatch.de testen. Das Ergebnis lässt sich dann weiter nutzen, um einem LLM geeignete Verfahren zur Beobachtung der Anforderungen erstellen zu lassen, um ein Briefing schreiben zu lassen, um Interviewleitfäden für Chemistry Meetings zu erstellen oder um Bewertungssystematiken für die gewählten Verfahren zu erhalten.

Ein entscheidender Punkt bei der Bewertung von Agenturen sind deren Referenzen. KI kann durch das Screening öffentlicher Quellen oder Social-Media-Profile schnell einen Eindruck gewinnen, wie erfolgreich frühere Kampagnen der Agentur waren. Diese Einschätzung kann zusätzlich durch automatisierte Sentimentanalysen aus Reviews, Fachartikeln oder Branchenforen untermauert werden. Damit wird der Referenzcheck beschleunigt und faktenbasierter.

Weiterhin lassen sich mithilfe von Natural Language Processing (NLP) sowohl der sprachliche Stil als auch die inhaltliche Qualität der Einreichungen untersuchen. Auf diese Weise können erste Indizien für die Professionalität einer Agentur sowie deren Fähigkeit, komplexe Themen präzise darzustellen, abgeleitet werden (Brown, 2023). Ein weiterer zentraler Aspekt ist die Identifikation relevanter Kompetenzen und Soft Skills: Gerade in Chemistry Meetings oder Tools Sessions steht neben fachlicher Expertise auch die zwischenmenschliche Komponente im Vordergrund. KI-gestützte Analysetools, die etwa auf Transkripten oder Gesprächsprotokollen basieren, können Aufschluss darüber geben, ob die Agentur bereits einschlägige Branchenerfahrung mitbringt, wie die

Teamstrukturen aussehen und ob die erforderlichen Soft Skills vorhanden sind (Kaplan, 2021).

Auch lässt sich der Vergleich eingereichter kommerzieller Angebote deutlich einfacher abbilden. KI kann helfen, verschiedene Kosten- und Szenario-Modelle zu berechnen. So lässt sich bereits in der Auswahlphase ermitteln, welche Angebote kommerziell attraktiv und kompatibel mit den Unternehmenszielen sind. Unternehmen können dadurch aufwendige Kalkulationen einsparen und fokussierter verhandeln.

Viele Ausschreibungen münden in komplexen Vertragsverhandlungen. KI-Systeme können Vertragsentwürfe vorbereiten, nach bestimmten Klauseln durchsuchen und potenzielle Risiken oder Compliance-Verstöße aufdecken (z. B. fehlende Haftungsregelungen, Datenschutz). Damit reduziert sich der Zeit- und Kostenaufwand im Abgleich mit internen Rechtsabteilungen.

> **Wichtig**
>
> Diese Erläuterungen lassen bereits erahnen, dass ein massives Einsparpotenzial bei der Umsetzung von Ausschreibungen besteht. Üblicherweise werden solche Potenziale rasch gehoben. Sie sind inzwischen sicherlich mit den Möglichkeiten vertraut. Experimentieren Sie mit vorhandenen KI-Modellen, fordern Sie Ihre Datenschützer zu schnellen Lösungen im Hinblick auf die betriebliche Anwendung von KI-Modellen auf und investieren Sie für beste Ergebnisse in Modelle mit hoher Reasoning-Funktionalität.

10.2.2 Vorteile und Chancen

Der Einsatz von KI in Ausschreibungsprozessen für Marketingdienstleistungen bietet eine Reihe von Vorteilen und Chancen. Zum einen können Unternehmen durch den Einsatz von KI-Tools einen Großteil der ansonsten zeitintensiven manuellen Arbeit einsparen und ihre Teams entlasten. Dies steigert die Effizienz erheblich, da sich die Beteiligten stärker auf die qualitativen Aspekte der Angebote konzentrieren können, während repetitive Aufgaben automatisiert ablaufen (Smith, 2022). Überdies wird die Entscheidungsfindung objektiver, da KI-Systeme menschliche Vorurteile zumindest teilweise ausgleichen. Eine einheitliche Bewertung aller Angebote erhöht die Transparenz im Vergabeprozess und schafft eine faire Basis für alle Beteiligten (Brown, 2023).

Ein weiterer bedeutender Aspekt ist die Skalierbarkeit: Unternehmen, die regelmäßig Ausschreibungen durchführen, können KI-Systeme in ihre Prozesse integrieren und damit große Datenmengen analysieren. Auf diese Weise lässt sich eine Vielzahl von Angeboten binnen kurzer Zeit bewerten, was besonders für global tätige Konzerne ein entscheidender Wettbewerbsvorteil sein kann (Kaplan, 2021). Ferner ermöglichen Machine-Learning-Mechanismen ein kontinuierliches Lernen der Systeme. Je mehr Daten ein Modell verarbeitet, desto präziser und zuverlässiger werden die Analyseergebnisse. Dies führt zu einer stetigen Verbesserung der Vorhersagen und bietet langfristig ein beachtliches Potenzial für die Optimierung von Ausschreibungsprozessen (Jiang, 2021).

10.2.3 Herausforderungen und Grenzen

Trotz der vielfältigen Vorteile müssen Marketing- und Beschaffungsverantwortliche auch zentrale Herausforderungen berücksichtigen. Ein entscheidender Aspekt ist der Datenschutz und die Einhaltung von Compliance-Richtlinien. In Ausschreibungsprozessen werden häufig vertrauliche Informationen, wie Preisstrukturen oder interne Strategien, offengelegt. Unternehmen müssen daher sicherstellen, dass sämtliche Daten in den KI-Systemen sicher gespeichert und verarbeitet werden, damit unter anderem die Anforderungen der DSGVO erfüllt sind (Smith, 2022).

Hinzu kommen potenzielle Verzerrungen (Bias) und Fehlinterpretationen. Da KI-Modelle auf Basis ihrer Trainingsdaten lernen, können unvollständige oder einseitige Datensätze zu verfälschten Ergebnissen führen (Brown, 2023). Gerade im kreativen Bereich des Marketings besteht zudem die Gefahr, dass qualitative Faktoren, die sich nicht klar in Kennzahlen abbilden lassen, übersehen werden. Die noch begrenzte Kontextfähigkeit der LLMs kann darüber hinaus dazu führen, dass bestimmte Details missinterpretiert werden, wenn diese nicht eindeutig formuliert sind. In solchen Fällen bleibt die Expertise erfahrener Fachkräfte unverzichtbar, um Interpretationsspielräume zu erkennen und zu bewerten (Kaplan, 2021).

Nicht zuletzt ist die Akzeptanz bei Stakeholdern ein kritischer Faktor. Da der Einsatz von KI-Systemen oft mit grundlegenden Veränderungen im Arbeitsablauf verbunden ist, müssen sowohl Beschaffungsverantwortliche als auch Agenturen Vertrauen in diese Technologien aufbauen. Erst wenn alle Beteiligten die Methoden als Mehrwert wahrnehmen, kann das Potenzial von KI in Ausschreibungsprozessen umfassend ausgeschöpft werden (Jiang, 2021).

10.3 Nachhaltigkeit

Nachhaltigkeit und CO_2-Vermeidung gewinnen auch im Kontext von Ausschreibungen an Relevanz. Sowohl EU-Regulierungen, UNO-Nachhaltigkeitsziele als auch verschiedene Unternehmensprogramme erfordern eine stärkere Berücksichtigung von CO_2-Emissionen der verschiedenen Medienarten.

Eine wichtige Regelung für europäische Unternehmen ist die Corporate Sustainability Reporting Directive (CSRD). Diese verpflichtet Unternehmen, ihre CO_2-Emissionen, einschließlich jener aus digitaler Werbung, zu melden. Diese Regelungen erhöhen den Druck auf Marketingagenturen, nachhaltige Praktiken zu integrieren und ihren Kunden bei der Einhaltung zu helfen, was besonders relevant für Ausschreibungen ist.

Die Messung der CO_2-Emissionen von Mediaschaltungen (z. B. TV, Radio, Digital, Print, OOH) ist noch ein relativ neues Feld, sodass sich der Markt gerade in Bewegung befindet und sich schnell weiterentwickelt. In Deutschland gibt es dafür sowohl spezialisierte Klimaberatungen (wie zum Beispiel ClimatePartner, scope3) als auch Mediaagenturen, die eigene Tools entwickelt haben oder internationale Lösungen einsetzen. Daneben gibt es weitere Beratungen (z. B. Sphera, EcoAct, Plan A), die zwar nicht immer ausschließlich auf Werbung/Mediaschaltungen fokussiert sind, aber bei der CO_2-Bilanzierung von (Teil-)Bereichen wie Marketing helfen können.

Um eine fundierte Entscheidung über die Wahl der Medien für Werbekampagnen zu treffen, ist es wichtig, die CO_2-Emissionen der verschiedenen Medienarten zu verstehen. Noch gibt es keinen durchgängig verbindlichen oder genormten Standard, wie einen ISO-Standard für die Bilanzierung von CO_2 -Emissionen bei Media-Ausspielungen. Häufig beruhen die Kalkulationen auf Annahmen zum Strommix, zur Zahl der erreichten Kontakte (etwa TV-Zuschauer) oder zur übertragenen Datenmenge im Online-Bereich. Gleichzeitig erleben Medienhäuser und Agenturen einen rasanten Wandel, in dem sie eigene oder kooperative Tools entwickeln. Fast kontinuierlich kommen neue Anbieter und Lösungsansätze hinzu. Wer nur den Geräteverbrauch beim Endnutzer misst, erhält zudem oft andere Resultate, als wenn die gesamte Wertekette betrachtet wird – von Rechenzentren und Druckereien über Netzbetreiber bis hin zur Hardware für Out-of-Home-Displays (Tab. 10.1).

Tab. 10.1 CO_2 -Verbrauch von Medien (unterschiedliche Berechnungen)

Medium	Einheit (normiert)	Emissionen (Spanne)	Quellen
Buch (gedruckt)	g CO_2/Seite	3–7	Oeko-Institut (2020), Shift (2020)
Zeitung (gedruckt)	g CO_2/Seite	4–6	Greenoco (2022), Shift (2020)
E-Mail (Senden/ Lesen)	g CO_2/Sekunde	0.02–0.04	Berners-Lee (2020), UBA (2020)
Webseite (Lesen)	g CO_2/Seite	0.1–1.0	Greenoco (2022), Oeko-Institut (2020)
Video-Streaming (HD, Festnetz)	g CO_2/Sekunde	0.0005–0.014	UBA (2020), Shift (2020)
Musik-Streaming (Audio)	g CO_2/Sekunde	0.002–0.015	New Statesman (2021), Shift (2020)
Instagram (Scrollen)	g CO_2/Sekunde	0.017–0.033	Greenspector (2020), Shift (2020)
Radio (klassischer Empfänger)	g CO_2/Sekunde	0.001–0.003	Berners-Lee (2020), Shift (2020)
TV (LED-Fernseher ~ 70 W)	g CO_2/Sekunde	0.005–0.015	UBA (2020), Berners-Lee (2020)
OOH-Werbung (digitales Billboard)	g CO_2/Sekunde	0.20–0.40 (Display gesamt)	Greenoco (2022), Shift (2020)
Kino (pro Person)	g CO_2/Sekunde	0.005–0.010	Shift (2020), UBA (2020)

Bücher und Zeitungen verursachen ihren Hauptanteil an CO_2-Emissionen durch Herstellung und Druck. Dabei wirken sich Faktoren wie die Papierherstellung und der Energieeinsatz im Druckprozess stark auf den Fußabdruck pro Seite aus. Die Lebensdauer eines Buchs – besonders bei mehrfacher Nutzung – senkt diesen Wert jedoch, weshalb Studien teils abweichende Annahmen treffen. Im Gegensatz dazu sind E-Mail-Kommunikation und das Lesen von Webseiten stark von Datenvolumen, Strommix und Endgerät abhängig. Während Berners-Lee für eine typische E-Mail nur wenige Gramm CO_2 annimmt, kommen etwa das Umweltbundesamt oder das Öko-Institut bei anderen Szenarien und einem weniger optimistischen Strommix zu höheren Werten.

Beim Streaming von Videos oder Audioinhalten variieren die Emissionen noch stärker, weil sich Unterschiede bei der Übertragungsart (Glasfaser, WLAN, Mobilfunk), der Videoauflösung und der Effizienz der Rechenzentren addieren. Radio und lineares Fernsehen hingegen verursachen in der Regel weniger CO_2 pro Sekunde pro Person, da sie „parallel" für viele Hörer oder Zuschauer ausgestrahlt werden. Für den individuellen Fußabdruck zählt hier vorwiegend der Energieverbrauch des Endgeräts, während die Infrastrukturkosten sich auf eine große Nutzerzahl verteilen.

Bei digitaler Out-of-Home-Werbung wird hingegen oft nur die Gesamtleistung der Bildschirme bewertet. Pro Betrachter lässt sich daraus nur ein angenäherter Wert ableiten, da je nach Standort, Tageszeit und Frequenz ganz unterschiedliche Menschenmengen erreicht werden. Ein ähnliches Verteilungsprinzip gilt fürs Kino, wo sich die Projektorleistung und die notwendige Beleuchtung auf alle Zuschauerinnen und Zuschauer im Saal verteilen. Quellen wie Shift oder das Umweltbundesamt legen hier unterschiedliche Kinosaalgrößen oder Auslastungsgrade zugrunde und gelangen so zu leicht variierenden Werten.

Betrachtet man alle diese Formate zusammen, zeigt sich jedoch in vielen Fällen, dass digitale Medien durch ihren Energiebedarf in Rechenzentren, Netzwerken und Endgeräten einen höheren CO_2-Ausstoß verursachen als klassische Print- oder Broadcast-Angebote. So kann selbst das Lesen kurzer Artikel oder das Versenden von E-Mail News-lettern im Extremfall zu mehr Emissionen führen, als es bei der einmaligen Produktion eines physischen Mediums und seiner wiederholten Nutzung der Fall wäre.

10.4 Weitere Trends im Pitch-Wesen

Während der Einsatz künstlicher Intelligenz und die Berücksichtigung von CO_2-Fußabdrücken bereits zum Standard in fortschrittlichen Beschaffungsprozessen gehören, zeichnen sich zahlreiche weitere Entwicklungen ab, die das Ausschreibungswesen nachhaltig verändern. Diese Transformationen reagieren auf gesellschaftliche, wirtschaftliche und technologische Herausforderungen und bieten gleichzeitig neue Chancen für innovative Beschaffungsansätze.

10.4.1 Psychometrische Tests

Ein neuer Aspekt sind psychometrische Tests und Assessments, die über die üblichen Pitch-Präsentationen hinausgehen. In der Personalrekrutierung sind psychologische Eignungstests längst etabliert – Studien zeigen, dass der Einsatz solcher Tests die Erfolgsprognose erheblich steigert (bis zu 14-mal aussagekräftiger für die Jobleistung als ein alleiniges Interview; PMaps, 2023). Übertragen auf die Agenturauswahl bedeutet dies: Man könnte auch die „weichen Faktoren" systematisch erheben. Beispielsweise lassen sich Teamprofile erstellen, die Werte, Arbeitsstile oder Problemlösungsansätze abbilden, um zu sehen, wie gut diese zum Kulturprofil des Kunden passen. Denkbar wäre ein kurzer Persönlichkeitstest für das vorgestellte Kernteam der Agentur oder ein Assessment-Center-ähnlicher Workshop, in dem Auftraggeber und Agenturcrew gemeinsam Aufgaben bearbeiten. Die Ergebnisse – etwa Beobachtungen zur Teamdynamik, Stressresistenz oder Kreativität unter Druck – könnten in die Entscheidung einfließen, zusätzlich zu den inhaltlichen

Konzeptbewertungen. Solche Verfahren liefern eine objektivere Basis für den oft beschworenen Chemistry-Fit, anstatt diesen dem Zufall eines einmaligen Präsentationstermins zu überlassen (Is it a match?, 2025).

10.4.2 Blockchain für Transparenz und Nachvollziehbarkeit

Die Blockchain-Technologie revolutioniert das Vertrauen in Ausschreibungsverfahren durch ihre inhärente Manipulationssicherheit. Immer mehr Organisationen integrieren Blockchain-Lösungen, um die Integrität ihrer Ausschreibungsprozesse zu garantieren (Becker & Schmidt, 2023). Durch die dezentrale, unveränderliche Speicherung aller Transaktionen und Dokumentänderungen wird jeder Schritt des Verfahrens transparent und dauerhaft nachvollziehbar. Dies schafft insbesondere bei öffentlichen Ausschreibungen, wo Korruptionsvorwürfe und Manipulationsverdacht immer wieder für Schlagzeilen sorgen, ein neues Maß an Vertrauen. Die Technologie ermöglicht zudem automatisierte Compliance-Prüfungen und unterstützt die Einhaltung regulatorischer Anforderungen. Bemerkenswert ist auch, dass blockchainbasierte Smart Contracts zunehmend die automatische Ausführung von Vertragsbedingungen ermöglichen, was administrative Prozesse verschlankt und Rechtssicherheit erhöht.

10.4.3 Social Procurement

Die soziale Dimension der Beschaffung gewinnt ebenfalls an Bedeutung. Unter dem Begriff „Social Procurement" integrieren fortschrittliche Ausschreibungen gezielt Kriterien, die gesellschaftlichen Mehrwert schaffen (Bundesministerium für Wirtschaft & Klimaschutz, 2024). Dabei geht es längst nicht mehr nur um Mindestlöhne und Arbeitssicherheit. Vielmehr werden komplexe soziale Wertschöpfungsaspekte berücksichtigt: die Förderung benachteiligter Gruppen, Geschlechtergerechtigkeit, soziale Inklusion und lokale Wirtschaftsförderung. Viele ausschreibende Organisationen verlangen inzwischen detaillierte Nachweise über soziale Praktiken der gesamten Lieferkette. Besonders interessant ist die Entwicklung quantifizierbarer Metriken, die soziale Wertschöpfung messbar machen und in Bewertungsmatrizen direkt mit Kosten- und Leistungsfaktoren vergleichbar werden lassen. In einigen Märkten sind diese sozialen Kriterien bereits gesetzlich verankert und bei öffentlichen Ausschreibungen verpflichtend zu berücksichtigen.

10.4.4 Agile Beschaffungsmethoden

Um einen höheren Flexibilitätsgrad zu erreichen, eignen sich agile Beschaffungsmethoden (Fischer & Neumann, 2023). Statt umfangreiche, detaillierte Spezifikationen vorab festzulegen, arbeiten Beschaffer und Anbieter in agilen Modellen kollaborativ zusammen. Die Anforderungen werden kontinuierlich verfeinert, Zwischenergebnisse evaluiert und Anpassungen vorgenommen. Besonders im IT-Bereich und bei komplexen Dienstleistungen ermöglicht dieser Ansatz eine bedarfsgerechtere Lösung. Rechtliche Rahmenbedingungen, insbesondere im öffentlichen Sektor, werden zunehmend angepasst, um agile Verfahren zu ermöglichen. Innovative Ausschreibungsformate wie wettbewerbliche Dialoge, Innovationspartnerschaften und mehrstufige Verfahren mit Prototyping-Phasen gewinnen an Bedeutung. Sie erlauben es, das Potenzial verschiedener Lösungsansätze zu erkunden, bevor endgültige Entscheidungen getroffen werden.

10.4.5 Kollaborative Beschaffung

Jenseits klassischer Einkaufsgemeinschaften sind kollaborative Netzwerke entstanden, die Ressourcen, Expertise und Marktmacht teilen. Intersektorale Kooperationen – etwa zwischen öffentlichen Einrichtungen, Privatwirtschaft und Non-Profit-Organisationen – ermöglichen innovative Ausschreibungskonzepte mit teils erheblichen Synergiepotenzialen (Harvard Business Review, 2024). Die Digitalisierung hat diese Entwicklung massiv beschleunigt: Cloud-Plattformen ermöglichen die nahtlose Zusammenarbeit geografisch verstreuter Teams, gemeinsame Datenanalysen und koordinierte Marktansprachen. Besonders bemerkenswert ist der Wissenstransfer zwischen den kollaborierenden

Organisationen, der zu einer kontinuierlichen Professionalisierung des Ausschreibungswesens beiträgt. In einigen Sektoren bilden sich spezialisierte Kompetenzcluster, die komplexe Ausschreibungen für ganze Branchen koordinieren und damit erhebliche Effizienzgewinne realisieren.

10.4.6 Resiliente Lieferketten

Die multiplen Krisen der jüngeren Vergangenheit – von der COVID-19-Pandemie über geopolitische Konflikte bis hin zu Naturkatastrophen – haben die Verwundbarkeit globaler Lieferketten drastisch vor Augen geführt. Gerade bei internationalen oder globalen Agentur-Konstellationen spielt das eine Rolle. Als Reaktion darauf können Resilienz-Kriterien systematisch in den Ausschreibungsprozess integriert werden (Cooper & Meyer, 2024). Anbieter müssen detaillierte Konzepte vorlegen, wie sie Versorgungssicherheit auch unter widrigen Umständen gewährleisten können. Multi-Sourcing-Strategien, geografische Diversifizierung und redundante Kapazitäten werden zu Wettbewerbsvorteilen. Die Rückverlagerung kritischer Produktionsschritte und die Priorisierung regionaler Lieferketten sind deutlich erkennbare Trends in vielen Branchen (World Economic Forum, 2024). Ausschreibungen verlangen zudem zunehmend detaillierte Notfallpläne und regelmäßige Belastungstests für kritische Lieferketten.

10.4.7 ESG-Integration

Die ganzheitliche Integration von ESG-Kriterien (Environmental, Social, Governance) verändert Ausschreibungsprozesse ebenfalls. Anders als bei früheren Ansätzen, bei denen Nachhaltigkeitsaspekte oft als optionale Zusatzkriterien behandelt wurden, durchdringen ESG-Überlegungen heute den gesamten Beschaffungszyklus – von der Bedarfsanalyse über die Marktansprache bis zur Vertragsverwaltung (KPMG International, 2024). Ausschreibende Organisationen entwickeln immer differenziertere Methoden zur Quantifizierung und Bewertung von ESG-Faktoren. Die Verifizierung von ESG-Angaben wird zunehmend durch spezialisierte Auditoren und innovative Technologien wie

Blockchain und IoT unterstützt, die lückenlose Nachverfolgung ermöglichen. Besonders bemerkenswert ist die zunehmende regulatorische Verankerung von ESG-Anforderungen in vielen Jurisdiktionen. Lieferkettengesetze, Transparenzverpflichtungen und erweiterte Berichtspflichten machen ESG zu einem geschäftskritischen Faktor, der systematisch in Ausschreibungsstrategien integriert werden muss. Manche Organisationen nutzen Ausschreibungen gezielt als strategisches Instrument, um ihre eigenen ESG-Ziele zu erreichen und gleichzeitig Transformationsprozesse bei ihren Lieferanten anzustoßen.

10.5 Fazit

Die hier dargestellten Entwicklungen verdeutlichen den umfassenden Wandel im Ausschreibungswesen. Ausschreibungen entwickeln sich von einem rein transaktionalen Prozess zu einem strategischen Instrument, das Wertschöpfungsnetzwerke gestaltet und transformative Veränderungen vorantreibt. Die Beschaffungsfunktion nimmt dabei eine zentrale Rolle in Organisationen ein und entwickelt sich teilweise zum Motor für Innovation und nachhaltige Entwicklung. Für Praktiker im Ausschreibungswesen bedeutet dies, kontinuierlich neue Kompetenzen zu entwickeln und traditionelle Herangehensweisen kritisch zu hinterfragen. Die Zukunft gehört integrierten, kollaborativen Ansätzen, die Technologie intelligent nutzen und ganzheitliche Wertschöpfung in den Mittelpunkt stellen.

Literatur- und Quellenverzeichnis

Accenture. (2024). *Digital procurement revolution: The end-to-end transformation of sourcing practices.* https://www.accenture.com/de-de/insights/digital-procurement-transformation. Zugegriffen: 18. Apr. 2025.

Becker, J., & Schmidt, M. (2023). Blockchain-based procurement systems: Ensuring transparency and integrity in public tenders. *Journal of Public Procurement, 25*(3), 187–204.

Berners-Lee, M. (2020). *How bad are bananas? The carbon footprint of everything*. Profile Books.

Brown, A. (2023). Advances in AI-driven procurement strategies. *Journal of Marketing Procurement, 12*(2), 45–60.

Bundesministerium für Wirtschaft und Klimaschutz. (2024). *Leitfaden für sozial verantwortliche öffentliche Beschaffung*. https://www.bmwk.de/Redaktion/DE/Publikationen/Wirtschaft/leitfaden-soziale-beschaffung.html. Zugegriffen: 18. Apr. 2025.

Cooper, R., & Meyer, T. (2024). Supply chain resilience in the post-pandemic era: New priorities for procurement professionals. *Supply Chain Management Review, 28*(2), 42–58.

Fischer, H., & Neumann, K. (2023). Agile Methoden in der öffentlichen Beschaffung: Rechtliche Rahmenbedingungen und praktische Umsetzung. *Vergaberecht, 23*(4), 412–428.

Harvard Business Review. (2024). *The collaborative advantage: How cross-sector procurement partnerships deliver superior value*. https://hbr.org/2024/02/collaborative-procurement-advantages. Zugegriffen: 18. Apr. 2025.

Is it a match. (2025). *Blog #1 Agentursuche neu gedacht: Wie „Is it a match?" Ihre Pitchprozesse verbessert*. https://isitamatch.de/de/besser_pitchen/agentursuche-neu-gedacht-wie-wissenschaft-ihre-pitchprozesse-ergänzt. Zugegriffen: 9. Mai 2025.

Jiang, B. (2021). Machine learning applications in proposal evaluations: A case study. *International Journal of Procurement Analytics, 9*(1), 21–33.

Kaplan, K. (2021). Large language models in marketing: Opportunities and challenges. *Marketing Technology Review, 7*(3), 12–27.

KPMG International. (2024). *ESG in procurement: From compliance to value creation*. https://kpmg.com/xx/en/home/insights/2024/esg-procurement-value.html. Zugegriffen: 18. Apr. 2025.

PMaps. (2023). *Top 7 psychometric tests companies in 2023*. https://www.pmapstest.com/blog/top-7-psychometric-tests-companies-in-2023. Zugegriffen: 18. Apr. 2025.

Smith, L. (2022). Implementing NLP in B2B Purchasing: A comprehensive guide. *Procurement Journal, 15*(4), 56–68.

World Economic Forum. (2024). *Supply Chain Resilience Initiative: Global Risk Report*. https://www.weforum.org/reports/global-risks-report-2024/supply-chain-resilience. Zugegriffen: 18. Apr. 2025.

Weiterführende Literatur

DTAD. (2023). *KI im Ausschreibungsverfahren: Neue Chancen für Bieter.* DTAD Blog. https://www.dtad.com/de/blog/ki-im-ausschreibungsverfahren. Zugegriffen: 18. Apr. 2025.

Francis, S. (2022). *How the industry should be preparing itself for 2023 and beyond.* Creative Salon. https://creative.salon/articles/features/future-of-intermediaries/simon-francis-flock-future-of-new-business. Zugegriffen: 18. Apr. 2025.

Guida, M., Caniato, F., Moretto, A., & Ronchi, S. (2023). The role of artificial intelligence in the procurement process: State of the art and research agenda. *Journal of Purchasing and Supply Management, 29*(2), Artikel 100823.

Hart, A. (2024). *7 Ways to integrate ESG into procurement RFPs.* https://www.agiloft.com/blog/7-ways-to-integrate-esg-into-procurement-rfps/. Zugegriffen: 18. Apr. 2025.

IEEE. (2023). *Decision making on optimal selection of advertising agencies using machine learning.* https://ir.vistas.ac.in/7025/1/Decision%20Making%20on%20Optimal%20Selection%20of%20Advertising%20Agencies%20using%20Machine%20Learning%20_%20IEEE%20Conference%20Publication%20_%20IEEE%20Xplore.pdf. Zugegriffen: 18. Apr. 2025.

Lee, J. (2022). *How can the broken pitching process be fixed?* https://creative.salon/articles/features/qotw-fixing-broken-pitching. Zugegriffen: 18. Apr. 2025.

McKinsey & Company. (2023). *Cybersecurity in the procurement lifecycle: Building security by design.* https://www.mckinsey.com/business-functions/risk-and-resilience/our-insights/cybersecurity-procurement. Zugegriffen: 18. Apr. 2025.

OECD. (2024). *Public procurement outlook 2024: Trends and best practices.* OECD Publishing.

Peniston-Baines, L. The Observatory International. (2023). *Ready. Set. Pitch. But Sustainably: How new business is changing.* https://creative.salon/articles/features/future-of-intermediaries/the-observatory-international-the-future-of-new-business. Zugegriffen: 18. Apr. 2025.

Schröder, L., Haupt, M., & Weber, C. (2023). Innovative Vertragsmodelle im öffentlichen Beschaffungswesen: Anreizstrukturen und Risikoverteilung. *Der Betrieb, 76*(8), 326–341.

The Marketing Society. (2020). *Overhaul your brand without meeting your agency.* https://www.marketingsociety.com/think-piece/overhaul-your-brand-without-meeting-your-agency. Zugegriffen: 18. Apr. 2025.

WFA. (2021). *WFA define eleven world-class standards for marketing procurement.* https://www.mxpiq.com/wfa-defines-eleven-world-class-standards-for-marketing-procurement. Zugegriffen: 18. Apr. 2025.

The manufacturer's authorised representative in the EU is Springer
Nature Customer Service Centre GmbH, Europaplatz 3, 69115 Heidelberg,
Germany. If you have any concerns regarding our products, please
contact ProductSafety@springernature.com

Printed and bound by CPI Group (UK) Ltd, Croydon, CR0 4YY

24/04/2026

02096375-0002